D1721255

buch + digital

Zusätzlich zu diesem Buch erhalten Sie:

- die Web-App
- die PDF-Version zum Download
- die App für Ihr iPad
- alle Kapitel für Ihren Kindle

Hier Ihr individueller Freischaltcode:

Viy-MWC-SA4

Um die digitalen Medien zu installieren, rufen Sie im Browser bitte folgende Seite auf:
www.symposion.de/freischaltcode

Die Neue Führungskunst

Unternehmensressource Gesundheit

Weshalb die Folgen schlechter Führung kein Arzt heilen kann

www.symposion.de/fuehrung

Herausgegeben von
WALTER KROMM, GUNTER FRANK

Redaktion
CHRISTIAN DEUTSCH

Mit Beiträgen von
BERNHARD BADURA, LUTZ BECKER, DOROTHEA BENZ, CHRISTINE BUCHHOLZ,
DANIELA EBERHARDT, JOACHIM E. FISCHER, GUNTER FRANK, MICHAEL GADINGER,
INES HARTMANN, WALTER KROMM, FRANZ NETTA, GUDRUN SANDER, GREGOR
SCHÖNBORN, MARTIN J. THUL

Impressum

Unternehmensressource Gesundheit
Weshalb die Folgen schlechter
Führung kein Arzt heilen kann

Herausgeber
WALTER KROMM, GUNTER FRANK

Projektentwicklung
MARKUS KLIETMANN,
Symposion Publishing

Redaktion
CHRISTIAN DEUTSCH

Satz
KAREN FLEMING, MARTINA THORENZ
Symposion Publishing

Druck
dd ag
Frensdorf

Umschlaggestaltung
Karen Fleming

Photo
Fotolia.de

ISBN 978-3-939707-44-8
1. Auflage 2009
© Symposion Publishing GmbH,
Düsseldorf
Printed in Germany

Begleitdienst zu diesem Buch
www.symposion.de/fuehrung

Redaktionelle Post bitte an
Symposion Publishing GmbH
Werdener Straße 4
40227 Düsseldorf

Bibliografische Information der Deutschen Bibliothek:
Die Deutsche Bibliothek verzeichnet diese Publikation
in der Deutschen Nationalbibliografie; detaillierte
bibliografische Daten sind im Internet über
http://www.ddb.de abrufbar.

Die Neue Führungskunst

Unternehmensressource Gesundheit

Weshalb die Folgen schlechter Führung kein Arzt heilen kann

www.symposion.de/fuehrung

Woran liegt es, wenn Mitarbeiter erkranken und Leistungen plötzlich einbrechen? Gesundheit im Unternehmen hat weniger mit Medizin als mit Führung zu tun. Sind die Mitarbeiter krank, ist die Firma der Patient.

Dieses Buch untersucht die Potenziale ertrags- und gesundheitsorientierter Unternehmensführung und deckt brachliegende Ressourcen in deutschen Führungsetagen auf.

Um diese Thematik ging es auf einem vom Wolfsberg Forum, der Kaderschmiede der Schweizer UBS AG, veranstalteten Symposium »Leadership and Health«.

Die Ergebnisse des Forums, an dem mehr als 120 Wissenschaftler und Führungskräfte mitwirkten, werden in diesem Buch erstmals veröffentlicht.

Im Mittelpunkt stehen dabei die folgenden Fragen:

⇨ Welches sind die wichtigsten gesundheitsbeeinflussenden Faktoren in einem Unternehmen?

⇨ Welcher Zusammenhang besteht zwischen Gesundheit und Betriebsergebnis?

⇨ Was hilft Leistungsträgern – trotz vieler potenziell gesundheitsgefährdender Einflüsse – gesund zu bleiben?

⇨ Weshalb sind es die Führungskräfte und nicht die Ärzte, die den entscheidenden Beitrag für ein »gesundes« Unternehmen leisten?

Das Buch wendet sich an Führungskräfte in Wirtschaft, Politik und Verwaltung.

Über Symposion Publishing

Symposion ist ein Fachverlag für Management-Wissen und veröffentlicht Bücher, Studien, digitale Fachbibliotheken und Onlinedienste.

Das Programm steht auch zum Download zur Verfügung – über das Verlagsportal kann der Leser nach Kapiteln suchen und diese individuell zusammenstellen. Wissen ist damit blitzschnell verfügbar – jederzeit, praktisch überall und zu einem attraktiven Preis.

www.symposion.de

Die Neue Führungskunst

Unternehmensressource Gesundheit

Weshalb die Folgen schlechter Führung kein Arzt heilen kann

Grußworte 11
HEINRICH HAASIS, KLAUS-PETER MÜLLER

Vorwort der Herausgeber der Buchreihe.................... 15
LUTZ BECKER, JOHANNES EHRHARDT, WALTER GORA

Einleitung 17
GUNTER FRANK, WALTER KROMM

Die Sicht des Mediziners

Sich tot arbeiten – und dabei gesund bleiben 27
WALTER KROMM, GUNTER FRANK, MICHAEL GADINGER

Stress, Produktivität und Gesundheit........................ 53
JOACHIM E. FISCHER

Gesundheit und Betriebsergebnis

Gesunde Mitarbeiter – gesunde Bilanz 71
FRANZ NETTA

Unternehmenskultur – Erfolgstreiber und Erfolgsbremsen 91
GREGOR SCHÖNBORN, CHRISTINE BUCHHOLZ

Gesundheit und Management

Berichtswesen – Warum Sozialkapital in die Bilanz muss 117
BERNHARD BADURA

Gesunde Mitarbeiter – Ziel nachhaltiger Unternehmensführung.................. 133
MARTIN J. THUL

Integriertes Gesundheitsmanagement – Ein Leitfaden.............................. 181
DOROTHEA BENZ

Gesundheitsmonitor für Unternehmen........................ 215
JOACHIM E. FISCHER

Gesund Führen

Erhöhter Stress bei weiblichen Führungskräften 241
GUDRUN SANDER, INES HARTMANN

Gesundheitsförderlich führen 267
DANIELA EBERHARDT

Gesundheit ist Führungsthema – ein Disput der Herausgeber 303
LUTZ BECKER, GUNTER FRANK, WALTER KROMM

6

Herausgeber

Dr. med. WALTER KROMM
ist seit Jahren betreuender Arzt und Berater von Führungskräften.
Bei seinen Forschungsaktivitäten beschäftigt er sich mit »Ertrags-
und gesundheitsorientierter Unternehmensführung«. Diesbezüglich
doziert er an unterschiedlichen Institutionen im In- und Ausland.
Weitere Einzelheiten unter www.weka-shape.de

Dr. med. GUNTER FRANK
ist niedergelassener Allgemeinarzt, ärztlicher Leiter des Heidelberger
Präventions- und Gesundheitsnetzes und Dozent & Senior Projekt-
manager im Bereich Healthmanagement an der St. Galler Business
School. Als bekannter Autor, Forscher, Referent und Berater namhafter Unternehmen und Führungskräfte liegt sein Schwerpunkt in
der Konzeption und Umsetzung qualitätsgesteuerter Präventions-
und Gesundheitsprogramme.
Weitere Informationen unter www.gunterfrank.de

Autoren

Prof. Dr. BERNHARD BADURA
(Jahrgang 1943); Soziologe und Gesundheitswissenschaftler; Emeritus der Fakultät für Gesundheitswissenschaften der Universität Bielefeld; langjähriger Vorsitzender der Deutschen Gesellschaft für Public Health; Sprecher des NRW-Public-Health-Forschungsverbundes (1992 - 2000); Vorsitzender der Aufbaukommission der Fakultät für Gesundheitswissenschaften der Universität Bielefeld (1992 - 1994). Kontakt: bernhard.badura@uni-bielefeld.de

Prof. Dr. LUTZ BECKER
lehrt Unternehmensführung und internationales Management an der Karlshochschule International University in Karlsruhe und leitet dort den Masterstudiengang »Leadership«. Er ist viele Jahre als Managementberater und IT-Unternehmer (www.inscala.com), tätig und hat sich als Autor zahlreicher Buch- und Zeitschriftenveröffentlichungen zu Technologie- und Managementfragen einen Namen gemacht.

Dr. DOROTHEA BENZ
Diplom-Psychologin und Diplom-Sozialpädagogin (BA), ist seit 2002 Prozessberaterin und Führungskräftecoach bei der Daimler AG; nebenberuflich ist sie als Beraterin tätig mit den Schwerpunkten Change Management, Gesundheitsmanagement sowie Coaching & Supervision. Von 1995 bis 2001 war sie Wissenschaftliche Mitarbeiterin am Lehrstuhl für Arbeits-, Betriebs- und Organisationspsychologie an der Universität Heidelberg, 2002 Promotion zum Thema »Motivation und Befinden bei betrieblichen Veränderungen«.

Dr. CHRISTINE BUCHHOLZ
Dipl. oec.troph, Jahrgang 1972, ist wissenschaftliche Mitarbeiterin der Deep White GmbH in Bonn. Sie studierte von 1995 bis 2000 Oecotrophologie mit Schwerpunkt Marktforschung an der Universität Bonn, 2000-2003 Promotion am Institut für Marktforschung der Universität Bonn zum Thema »Die Effizienz der Conjoint-Analyse zur Reduktion von Antwortverzerrungen in demoskopischern Erhebungen«.

Prof. Dr. DANIELA EBERHARDT
leitet das Institut für Angewandte Psychologie IAP der ZHAW in
Zürich. Als Leiterin Management Development eines international
tätigen IT-Unternehmens, Beraterin, Trainerin und Dozentin war sie
international für die Gestaltung von Führungssystemen und -Instru-
menten, Weiterbildung, Beratung und Coaching von Führungskräften und für die Forschung und Entwicklung in führungspsycholo-
gischen Fragestellungen zuständig.

Prof. JOACHIM E. FISCHER
Direktor des Mannheimer Instituts für Public Health an der Medizinischen Fakultät Mannheim, Universität Heidelberg mit For-
schungsschwerpunkt Arbeitsbedingungen, psychosozialer Stress und
vorzeitiges Altern. Studium der Medizin in Freiburg, Neuseeland,
Heidelberg. Nach langjähriger klinischer Tätigkeit Weiterbildung an
der Harvard School of Public Health, Boston. Bis 2006 Leiter einer
stressbiologischen Forschungsgruppe an der Eidgenössisch Technischen Hochschule (ETH) in Zürich. Gründer des ETH-Spinoff-
Unternehmens HealthVision GmbH.

MICHAEL GADINGER
studierte Psychologie an der Universität Trier und arbeitet als wissenschaftlicher Mitarbeiter am Mannheimer Institut für Public
Health. Im Rahmen seiner Promotion beschäftigt er sich mit dem
Einfluss von Arbeitsbedingungen auf die Gesundheit von Managern
und Führungskräften. Weiterhin arbeitet er als Psychologischer Psy-
chotherapeut (Verhaltenstherapie) am Zentralinstitut für Seelische
Gesundheit, Mannheim.

INES HARTMANN,
M. A. HSG, Unternehmensberaterin bei der Organisationsberatung
Dr. Gudrun Sander, St. Gallen sowie HSP Consulting AG, St.
Gallen. Geschäftsführerin des Vereins und Projekts Gleichstellungs-
Controlling. Arbeitsschwerpunkte: Finanzielle Führung und Gleich-
stellungs-Controlling

Dr. Franz Netta
(Jahrgang 1947), Ass. jur., Vice President HR im zentralen Personalwesen der Bertelsmann AG, in den 70er Jahren Entwicklung und Einführung zahlreicher Bausteine des »sozialen Modells Bertelsmann« mit Reinhard Mohn, z.B. Mitarbeiterbefragung und bidirektionale Feedbackgespräche, in den 80er Jahren Gründung und wirtschaftlich erfolgreiche Führung einer Bertelsmann-Tochterfirma, u.a. interaktive Selbstlernprogramme umfassend, in den 90er Jahren neben der operativen Leitung der zentralen Personaldienste schwerpunktmäßig Neuformierung sozialer Systeme wie Gewinnbeteiligung und Altersversorgung, in der laufenden Dekade u.a. Aufbau eines umfassenden Gesundheitsmanagements bei Bertelsmann und Entwicklung eines »Lern- und Berichtssystems« zur Unternehmenskultur.

Dr. Gudrun Sander
Vizedirektorin an der Executive School of Management, Technology and Law an der Universität St. Gallen (HSG), Schweiz, Unternehmensberaterin, Dozentin an der HSG und ZHAW. Arbeits- und Forschungsschwerpunkte: Gleichstellung als Führungsaufgabe, Gender- und Diversity-Management, Gleichstellungs-Controlling, Strategisches Management und Controlling für Non-Profit-Organisationen.

Gregor Schönborn
Dipl. Kommunikationswirt, Jahrgang 1959, ist Geschäftsführer der von ihm 2004 gegründeten Unternehmensberatung Deep White GmbH in Bonn. Kompetenz und Schwerpunktthemen: Werteforschung und Wertemanagement, Soft Facts, Identity-Prozesse, Reputationsmanagement, Public Relations, CSR Corporate Social Responsibility, Krisen- und Risikokommunikation, Public Affairs, Consulting und Coaching.

Dr. Martin J. Thul
ist stellvertretender wissenschaftlicher Leiter des Instituts für Technologie und Arbeit an der TU Kaiserslautern. Er ist dort für die Bereiche integrative Managementsysteme und Organisational Excellence verantwortlich. Neben seiner wissenschaftlichen Tätigkeit arbeitet der Autor als Berater sowie Managementtrainer und ist geschäftsführender Gesellschafter der IMS-Cert GmbH.

Grußworte

Wenn Unternehmen Kredite benötigen, liegt es in der Natur der Sache, dass die Kreditinstitute wissen möchten, ob der Kreditnehmer das Geld auch wieder zurückzahlen kann. Schon seit geraumer Zeit spielen bei der Einschätzung der Zahlungsfähigkeit nicht nur harte Bilanzzahlen eine wichtige Rolle, sondern auch die Qualität von Management und Unternehmensführung. Hierzu wurden Messinstrumente entwickelt, deren Ergebnisse direkt in das Rating einfließen.

Das Besondere am vorliegenden Buch liegt darin, dass es die Aspekte von Gesundheits- und Ertragsorientierung im Unternehmen zusammenführt und beides miteinander verknüpft. Guter Gesundheitszustand der Belegschaft und Unternehmenserfolg gehen auffallend häufig miteinander einher. Als Hauptverantwortlichen für den Gesundheitszustand der Belegschaft identifizieren die Autoren die Qualität der Führung: Langfristig gesunde und motivierte Mitarbeiter und der langfristige betriebswirtschaftliche Erfolg eines Unternehmens sind die zwei Seiten der gleichen Medaille – und beide werden zentral beeinflusst von den Bestimmungsfaktoren guter Führung.

Eine Unternehmensführung, die dazu beiträgt, dass Arbeitnehmer motiviert und körperlich wie mental gesund sind und so langfristig ihre Arbeit bewältigen können, liegt deshalb auch aus ökonomischen Gründen im Interesse von Kreditinstituten, die entsprechende Ergebnisse auch zunehmend in ihre Kreditentscheidungen mit einfließen lassen könnten. Gerade mit Blick auf die demographische Entwicklung ist dies gesamtgesellschaftlich eine drängende Frage.

Es ist das Verdienst der Ärzte Dr. Kromm und Dr. Frank, diesen Zusammenhang gerade aus der Sicht des für die Gesundheit zuständigen Berufsstandes zu verdeutlichen – und den Unternehmen und Kreditgebern die besondere Verantwortung guter Führung vor Augen zu halten. Aus der Sicht der Kreditgeber ist es wünschenswert, diese Zusammenhänge noch näher zu erforschen und in Zukunft durch geeignete Systeme auch im Rahmen von Unternehmensratings nutzbar zu machen.

Auch im eigenen Interesse wünsche ich daher den beiden Herausgebern und den Mitautoren dieses außergewöhnlichen Buches viel Erfolg.

HEINRICH HAASIS
Präsident des Deutschen Sparkassen- und Giroverbandes

In einem großen Forschungsprojekt werden unter der Leitung der Mediziner Dr. Walter Kromm und Dr. Gunter Frank am Mannheimer Institut für Public Health – in Zusammenarbeit mit der Frankfurt School of Finance – relevante Einflüsse auf Gesundheit und Lebensqualität von Führungskräften im deutschsprachigen Kulturraum untersucht.

Führungskräfte werden mit enormen Arbeitsanforderungen konfrontiert. Daher interessierte die Wissenschaftler: Was ist das Geheimnis von Leistungsträgern, die trotz ihrer beruflichen Ambitioniertheit keinen gesundheitlichen Schaden nehmen?

Der wirtschaftliche Erfolg eines Unternehmens hängt direkt von der Leistungsfähigkeit der Verantwortungsträger ab. Daher interessierte die Wissenschaftler: Was muss sich in Unternehmen ändern, damit die Leistungsträger ihre mentale und körperliche Gesundheit dauerhaft bewahren können, um so den wirtschaftlichen Erfolg des Unternehmens dauerhaft zu sichern?

Die bisherigen Ergebnisse ergeben bereits zu diesem Zeitpunkt interessante und neuartige Einblicke in die Lebensrealitäten der Führungskräfte. Führungskräfte erleben deutlich höhere Arbeitsanforderungen als die Allgemeinbevölkerung. Allerdings führt die dauerhafte Beanspruchung durch überhöhte Arbeitanforderungen nicht, wie lange angenommen, auch zu mehr körperlichen Beschwerden.

Die Ergebnisse der SHAPE-Studie zeigen, dass vielmehr das Fehlen von psychosozialen »Schutzfaktoren« mit dem Auftreten von gesundheitlichen Beschwerden zusammenhängen. Das bedeutet: Unabhängig von den Arbeitsanforderungen kann eine Führungskraft – so die Ergebnisse der Studie – anhaltend gesund und leistungsfähig sein, wenn ihr nicht gleichzeitig gesunderhaltende Ressourcen vorenthalten werden.

Wer nun aber glaubt, wir reden hier von einem »Nice-to-have Thema«, von schönen Wünschen, die jedoch in der rauen, wirtschaftlichen Realität schnell unter die Räder kommen, wird nach dem Lesen dieses Buches seine Meinung ändern.

Wenn es zutrifft – wie in diesem Buch beschrieben – dass sich Gesundheit der Leistungsträger kombinieren lässt mit dem wirtschaftlichen Erfolg deutscher Unternehmen, dann wäre das eine echte Win-Win Situation! Ertragsorientierte Unternehmensführung und gesundheitsorientierte Unternehmensführung wären dann zwei Seiten der gleichen Medaille.

Es wäre deshalb wünschenswert, dass eine interdisziplinäre Institution – die frei von Dogmen der Medizin bis hin zur Betriebswirtschaft – wissenschaftliche Kennzahlen zur Messung von Führung objektiviert und evaluiert.

Prof. Dr. h.c. KLAUS-PETER MÜLLER
Aufsichtsratsvorsitzender der Commerzbank
Vorsitzender der Regierungskommission Deutscher Corporate-Governance-Kodex

Vorwort der Herausgeber der Buchreihe

Inzwischen ist die Reihe »Die Neue Führungskunst – The New Art of Leadership« auf sechs Bände angewachsen – und jeder neue Band ist wieder Anlass, die Frage, was denn *gute* Führung ist, neu zu stellen. Gute Ergebnisse mögen ein Hinweis auf gute Führung sein, aber sie sind keine hinreichende Erklärung.

Mit Hilfe der Forschungsarbeiten der Mediziner Dr. med. Gunter Frank und Dr. med. Walter Kromm kommen wir der Antwort ein gutes Stück näher. Diesmal liefert uns die Medizin deutliche und messbare Hinweise auf gute Führung – messbar an der Gesundheit der Mitarbeiter und dem Nachweis, dass Leistungsträger auch bei hohen Anforderungen keinen gesundheitlichen Schaden nehmen müssen. Oder einfach gesagt: Gesundheit im Unternehmen hat weniger mit Medizin als mit Führung zu tun. Sind die Mitarbeiter krank, ist die Firma der Patient.

Wie gute Führungskräfte mit im Grunde recht einfachen Schritten krank machende und Mitarbeiter verschleißende Faktoren vermeiden können, zeigt uns dieser Band.

Wir danken den beiden Herausgebern, Dr. med. Gunter Frank und Dr. med. Walter Kromm, sowie dem Lektor, Dipl.-Vw. Christian Deutsch, für die engagierte und vertrauensvolle Zusammenarbeit und das Engagement, mit dem sie diesen wirklich spannenden Band geschaffen haben. Wir, die Herausgeber der Reihe, haben viel gelernt und viel dabei mitgenommen.

LUTZ BECKER – JOHANNES EHRHARDT – WALTER GORA

Einleitung

Weshalb die Folgen schlechter Führung kein Arzt heilen kann

Aufgrund eigener Erfahrungen in verschiedenen Krankenhäusern und später auch durch Beratung von Menschen in hohen Führungspositionen und deren Unternehmen hegten wir schon lange den Verdacht, dass Motivation, Leistung und gesundheitliche Befindlichkeit sich gegenseitig bedingen und maßgeblich durch die Qualität der Führung beeinflusst werden. Im Sommer 2008 konnten wir im Rahmen des interdisziplinären Forums Leadership and Health auf Schloss Wolfsberg, dem Schulungszentrum der Schweizer UBS, zusammen mit ausgewiesenen Experten aus verschiedenen Fachgebieten diese Thematik intensiv beleuchteten.

Die Ergebnisse des Forums, an dem mehr als 120 Wissenschaftler und Führungskräfte aus Deutschland und der Schweiz mitwirkten, gaben schließlich den Impuls für dieses Buch.

Rund 80 Prozent der Beschwerden, weshalb Menschen einen Arzt aufsuchen, lassen sich nicht auf eine organische Ursache zurückführen. Dies besagen Schätzungen und dies entspricht auch unserer Erfahrung, zum Beispiel wenn wir bei Führungskräften Checkup-Untersuchungen durchführen. Wir finden zwar immer wieder Einzelfälle, bei denen eine moderne medizinische Therapie sogar lebensrettend ist, meistens besprechen wir im Abschlussgespräch jedoch lästige »Befindlichkeitsstörungen«. Wie auch der Beitrag von Prof. Badura in diesem Buch zeigt, haben die psychosozialen Diagnosen bis hin zum Burnout bei den betrieblichen Fehlzeiten die klassischen Arbeitsunfälle bei weitem überholt. Die Ursachen solcher Diagnosen lassen sich kaum objektivieren – trotz modernster diagnostischer Methoden von Labor bis Computertomogramm.

Für den Arzt eine schwierige Situation, denn ohne Kenntnis der Ursache ist es schwer, eine Therapie zu finden.

Nun könnte man sich auf den Standpunkt stellen, Menschen mit chronischen Kopfschmerzen, Stimmungsschwankungen, Schlafstörungen oder Rückenschmerzen sollten sich nicht so anstellen, schließlich sind sie ja nicht wirklich krank. Doch greift dies zu kurz – nicht nur, weil diese Patienten auch ohne organische Erkrankung einen großen Leidensdruck haben, sondern weil ihre Leiden die Spitze eines Eisberges darstellen. Befasst man sich nämlich eingehender mit den Ursachen, führt die Suche sehr schnell aus der ärztlichen Sprechstunde hinaus. Denn jede dieser Diagnosen hat meist eine lange Vorgeschichte, ausgehend von einer belastenden Lebenssituation, deren Ursache häufig den Arbeitsplatz betrifft. Der Eisberg reicht aber noch tiefer: eine Häufung solcher Diagnosen im Unternehmen lässt stets auch auf die Qualität der Arbeitssituation bei den verbleibenden Mitarbeitern schließen, wie Frau Dr. Benz in ihrem Beitrag veranschaulicht.

Welche Gesundheit ist gemeint?

Die Häufung dieser psychosozialen Diagnosen erstaunt andererseits, denn Gesundheitsförderung und Prävention liegen im Trend – und auch Unternehmen bieten immer mehr Programme an, um »etwas für die Gesundheit ihrer Mitarbeiter zu tun«. Auch in diesem Buch wird etwa in den Beiträgen von Dr. Netta und Prof. Badura deutlich, wie wichtig eine betriebliche Gesundheitsförderung allein schon aus Gründen der demographischen Entwicklung sein wird.

Doch sind die traditionellen Programme, die auf gesunde Ernährung, Bewegung und Entspannung zielen, wirklich zielführend? Prof. Fischer zeigt in seinem ersten Beitrag, dass die klassischen Risikofaktoren, auf deren Vermeidung die meisten Gesundheitsprogramme zielen, überdacht und modifiziert werden müssen. Denn der zu erwartende Nutzen allein aus Veränderungen am Ernährungs- oder Bewegungsverhalten ist nach heutigem Wissen eher als gering einzustufen. Der Einfluss von unterschiedlichen Facetten des chronischen Stresses auf die Gesundheit und die Lebensqualität gewinnt dagegen immer mehr an Bedeutung.

Auch unser eigener Beitrag in diesem Buch zeigt, dass es nicht die klassischen so genannten Zivilisationskrankheiten sind, die den Leistungsträgern in Unternehmen zu schaffen machen. Wir beziehen uns hierbei auf die SHAPE–Studie, eine der größten Untersuchungen auf diesem Gebiet. Die Studie zeichnet ein umfassendes Bild von der Welt der Führungskräfte, ihren persönlichen Problemen und ihren Kraftquellen. Besonderes Augenmerk widmeten wir der Frage: Was hilft ambitionierten Menschen – trotz vieler potenziell gesundheitsgefährdender Einflüsse – gesund zu bleiben? Es ergab sich eine sehr klare Antwort: Gerade bei Führungskräften treten gesundheitliche Beschwerden vor allem dann auf, wenn psychosoziale »Schutzfaktoren« fehlen. Das gilt in besonderem Maße für weibliche Führungskräfte – den Hintergründen dieser für uns überraschenden Beobachtung widmet sich der Beitrag von Frau Dr. Sander.

Will man also effektive Gesundheitsprogramme in den Unternehmen angehen, müssen andere Ansätze entwickelt werden, als allein auf einen gesunden Lebensstil hinzuwirken.

Der Beitrag von Dr. Netta, begründet auf jahrzehntelanger Forschungsarbeit, richtet in eindrucksvoller Weise den Fokus auf den Hauptstellhebel: den Führungsstil. Entspricht dieser nicht einem Verständnis von Partnerschaft und Fairness, steigen die Fehlraten. Nicht dass wir bestehende Anstrengungen, wie beispielsweise das Essens- oder Bewegungsangebot zu verbessern, schlecht reden wollen, sie haben ihre Bedeutung. Geschieht dies jedoch ohne den Führungsstil im Unternehmen zu reflektieren, werden die Ergebnisse kaum im messbaren Bereich liegen.

Werden solche Aktivitäten sogar als Alibi benutzt, um bei bestehenden schlechten Gesundheitskennzahlen vordergründig eine Mitarbeiterorientierung zu demonstrieren, wird das Ganze schnell zum Bumerang. Fehlen Transparenz und Fairness, empfinden Mitarbeiter solche Angebote dann sogar als zynisch und werden sie auch nicht annehmen. Wie sogar eine einzige Führungsperson die Fehlraten ganzer Unternehmen negativ beeinflussen kann, trotz Fitnessangebote, wird im Beitrag von Frau Dr. Benz deutlich.

Möchten Unternehmen ein modernes Gesundheitsmanagement einführen, geht dies nur im Rahmen einer Unternehmensführung, die Nachhaltigkeit zu einem zentralen Handlungsprinzip macht. Mitnahmeeffekte, wie zum Beispiel Anreizsysteme von Krankenkassen, können ein solches Projekt kurzfristig attraktiv erscheinen lassen. Doch Dr. Thul macht in seinem Beitrag klar, dass nur im Rahmen einer nachhaltigen, sich selbst reflektierenden Unternehmensführung eine effektive Gesundheitsförderung gedeihen kann.

Soft Issues – hard benefits

Wer nun aber glaubt, wir reden hier von einem »Nice-to-have-Thema«, von schönen Wünschen, die jedoch in der rauen, wirtschaftlichen Realität schnell unter die Räder kommen, wird nach dem Lesen der Beiträge von Dr. Netta und Herrn Schönborn seine Meinung ändern.

Führungsstil und Kultur, Gesundheitskennziffern und der betriebliche Erfolg gehen stets Hand in Hand und bedingen sich gegenseitig. Gesundheit im Unternehmen ist auch ein ökonomisches Thema und damit ein strategisches Führungsthema. Führung, die dieses Thema hinunterdelegiert, wird ihm nicht gerecht – und zwar aus betriebswirtschaftlichen Gründen!

Genau deshalb fordert Prof. Badura getreu dem Motto »If you can´t measure it, you can´t manage it« auch die routinemäßige Erhebung von Gesundheitskennziffern und die Integration dieser Zahlen in das Berichtswesen an die Unternehmensführung. Allerdings fehlt bis heute eine interdisziplinäre Institution, die frei von Dogmen – von der Medizin bis hin zur Betriebswirtschaft – solche Kennziffern objektiviert, evaluiert und darauf aufbauend die passenden Interventionen identifiziert. Der zweite Beitrag von Prof. Fischer gibt die Richtung vor.

Doch Kennziffern allein garantieren keine Glaubwürdigkeit. Sie sind zwar zur Steuerung moderner Unternehmen unabdingbar. Hinter den Kennziffern eines gesundheitsorientierten Führungsstils muss aber auch eine glaubhafte Haltung stehen. Gerade beim Thema

Gesundheit spüren die Menschen, ob es sich um Fassade oder echtes Interesse handelt.

Beides, sowohl Kennziffern wie auch die innere Haltung der einzelnen Führungskräfte führen erst zu einer glaubwürdigen Annäherung an einen gesundheitsorientierten Führungsstil und dessen Integration in eine moderne Unternehmensführung. Möchten Unternehmen hier erfolgreich sein, brauchen sie Führungspersonal, die dies in der täglichen Arbeit umsetzen, sowohl als Vorbild wie auch als Vorgesetzter.

Wie Führungskräfte mit solchen Kompetenzen identifiziert bzw. sensibilisiert und fortgebildet werden können, thematisiert der Beitrag von Frau Prof. Eberhardt. Als Lackmustest für die Glaubwürdigkeit kann dabei durchaus der Umgang der Führungskräfte untereinander herangezogen werden.

Wir bedanken uns

Bedanken möchten wir uns ausdrücklich bei den Mitautoren dieses Buches. Es ist uns eine Ehre, so hervorragende Experten für dieses Buchprojekt gewonnen zu haben!

Für die außerordentliche Unterstützung und die phantastische Gastfreundschaft bei der Präsentation der ersten Ergebnisse der SHAPE-Studie und beim Forum »Leadership and Health« bedanken wir uns herzlich bei dem Leiter von Schloss Wolfsberg, Herrn Dr. Toni Schönenberger und seinem Team.

Aufgrund der großen Resonanz der letztjährigen Veranstaltungen wird nun einmal jährlich in dem wunderschönen Ambiente auf Schloss Wolfsberg das Forum »Leadership and Health« fortgeführt. Wir freuen uns sehr auf die zukünftigen Veranstaltungen.

Bedanken möchten wir uns auch bei den Mitgliedern des Beirates zur SHAPE-Studie. Ein ganz besonderes Anliegen ist es uns, Herrn Klaus-Dieter Gröb, Vorstand der Landesbank Hessen-Thüringen, herzlich zu danken. Ohne seine Mithilfe bei der Finanzierung, verbunden mit dem Glauben an unser Projekt, hätte es keine SHAPE-Studie und ohne sie auch dieses Buch nicht gegeben.

Weiterhin bedanken wir uns bei all den Wissenschaftlern unterschiedlicher Fachrichtungen, ohne deren Unterstützung das Projekt nicht hätte gelingen können. Besonderer Dank gilt dabei Frau Prof. Dr. Gisela Fischer, Direktorin von Lehrstuhl und Abteilung Allgemeinmedizin der Medizinischen Hochschule Hannover a.D. und ehem. Mitglied des Sachverständigenrates zur Begutachtung der Entwicklung im Gesundheitswesen, die die wissenschaftliche Leitung dieses großen Forschungsprojektes übernommen hat und uns immer mit Rat und Tat zu Seite stand.

Bei Herrn Prof. Dr. Erich Barthel, Frankfurt School of Finance & Management, bedanken wir uns für die wertvolle und kompetente Unterstützung bei den Vorbereitungen zur SHAPE-Studie und für die Bereitschaft, auch in Zukunft bei der Anschlussforschung hilfreich zur Seite zu stehen. Weiterhin ist es uns ein Anliegen, uns bei Herr Prof. i.R. Dr. Peter Becker, Psychologie Universität Trier, zu bedanken, dessen Arbeiten und persönlichen Ratschläge uns sehr inspiriert haben.

Eine besondere Ehre ist es für uns Ärzte, dass Herr Prof. Dr. h.c. Klaus Peter Müller, Aufsichtsratsvorsitzender der Commerzbank und Vorsitzender der Regierungskommission Deutscher Corporate-Governance-Kodex, sowie Herr Heinrich Haasis, Präsident des Deutschen Sparkassen- und Giroverbandes, diesem Buch ein Grußwort mit auf die Reise gegeben haben, das die ökonomische Bedeutung dieses Themas aus Sicht der Banken und Kreditinstitute eindrücklich aufzeigt. Und last but not least Herrn Deutsch für sein umsichtiges Lektorat sowie die gewohnt kompetente Begleitung des gesamten Projektes zusammen mit Prof. Lutz Becker und Herrn Klietmann vom Symposion Verlag.

Mit diesem Buch möchten wir das Augenmerk auf den Hauptstellhebel zur Verbesserung betrieblicher Gesundheit lenken: Auf die Kultur des Miteinander unter besonderer Verantwortung der Führung. Die wunderbare Erkenntnis hieraus ist es, dass sich Gesundheit und Lebensqualität in einem Unternehmen kombinieren lassen mit dem wirtschaftlichen Erfolg. Gesunde Unternehmen sind nicht nur gesund

in Bezug auf das Betriebsergebnis, sondern auch gesund in Bezug auf die Mitarbeiterinnen und Mitarbeiter.
Eine echte Win-Win-Situation!
Wir wünschen viel Freude beim Lesen und viel Erfolg bei der Umsetzung gewonnener Erkenntnisse.

Gelnhaar/Heidelberg August 2009
Die Herausgeber
Dr. med. WALTER KROMM
Dr. med. GUNTER FRANK

Die Sicht des Mediziners

Sich tot arbeiten – und dabei gesund bleiben...................... 27
WALTER KROMM, GUNTER FRANK, MICHAEL GADINGER

Stress, Produktivität und Gesundheit 53
JOACHIM E. FISCHER

Sich tot arbeiten –
und dabei gesund bleiben

Die Managerkrankheit entpuppt sich als Mythos: Im Vergleich zur Gesamtbevölkerung sind Führungskräfte keineswegs besonders anfällig für Herz-Kreislauferkrankungen und vegetative Störungen. Wissenschaftliche Erkenntnisse erlauben eine Neuformulierung des Gesundheitsrisikos von Führungskräften.

In diesem Beitrag erfahren Sie:
- ob Führungskräfte eine Hoch-Risikogruppe für Gesundheitsstörungen darstellen,
- ob Führungskräfte mehr Stress erleben als die Allgemeinbevölkerung,
- welche Arbeitsbedingungen Führungskräften helfen, trotz hoher Belastung gesund zu bleiben.

Walter Kromm, Gunter Frank, Michael Gadinger

Die Gesundheitssituation von Führungskräften: Zwischen Leistungsdruck und Vorbildfunktion

Die Gesundheit der Führungskräfte entspricht nicht nur einem entscheidenden Erfolgsfaktor für die Produktivität und Wettbewerbsfähigkeit des Unternehmens [4], sondern hat auch bedeutsame Auswirkungen auf die Gesundheit der im Unternehmen beschäftigten Angestellten. Führungskräfte, die selbst gesund sind und sich körperlich wohl fühlen, sind wesentlich besser in der Lage, Führungsaufgaben wahrzunehmen und gesundheitsförderliches Führungsverhalten zu zeigen [5, 6]. Daher ist ein Verständnis der Einflussfaktoren auf die Gesundheit von Managern und Führungskräften von großer Bedeutung.

Ferner besteht die Relevanz des Gesundheitsverhaltens von Führungskräfte in der Vorbildfunktion, die sie für ihre Mitarbeiter haben

[6]. Es liegt in der Natur der Sache, dass Entscheider von Gesundheitsaktivitäten immer auch zunächst selbst im Fokus stehen und damit als Vorbild agieren. Führen Unternehmen Fitnessprogramme ein, und die Führungskräfte fallen durch Nichtbeachtung solcher Angebote auf, wird das Interesse schwinden. Werden Naprooms eingeführt für Mitarbeiter, die durch einen kurzen Mittagsschlaf ihre Leistungsfähigkeit für den späten Nachmittag fördern können, wird niemand in solchen Räumen anzutreffen sein, wenn der Chef darüber die Nase rümpft.

Wie also steht's um die Gesundheit in Deutschlands Chefetagen? Wie krank sind unsere Manager selbst – und was benötigen sie, um gesund zu bleiben? In diesem Beitrag wird erstmals über die Ergebnisse der größten deutschen wissenschaftlichen Studie zur Gesundheit von Führungskräften (SHAPE-Studie) berichtet.

Die SHAPE Studie: Überprüfung des Mythos »Managerkrankheit«

Die Arbeitsanforderungen, die Manager und Führungskräfte bewältigen müssen, werden häufig als überaus belastend und stressauslösend beschrieben [1, 2]. Ausgehend von der Annahme einer im Vergleich zu den übrigen Berufsgruppen stark erhöhten Stressbelastung, werden Manager und Führungskräfte als Hoch-Risikogruppe stressbedingter Krankheiten betrachtet. Dieser angenommene, enge Zusammenhang zwischen der hohen Arbeitsbelastung einerseits und dem stark erhöhten Risiko stressbedingter Erkrankungen andererseits, schlägt sich in einem Eintrag im Brockhaus-Lexikon nieder. Dort wird die »Managerkrankheit« als *»volkstümliche Bezeichnung für eine Erkrankung des Herz-Kreislauf-Systems mit vegetativen Störungen infolge dauernder körperlicher und psychischer Überbeanspruchung«* definiert [3]. Bei einer genauen Betrachtung dieser Definition der »Managerkrankheit« wird deutlich, dass die Definition auf drei Annahmen beruht:

⇨ Führungskräfte erleben deutlich mehr Erkrankungen des Herz-Kreislauf-Systems und deutlich mehr vegetative Störungen als die Allgemeinbevölkerung.

⇨ Führungskräfte erleben deutlich mehr chronische körperliche und psychische Überbeanspruchung (Stress) als die Allgemeinbevölkerung.

⇨ Chronische Überbeanspruchung (Stress) ist ein kausaler Faktor für die Entstehung von Herz-Kreislauf Erkrankungen und vegetativen Störungen.

Ein Ziel der SHAPE-Studie (Studie an beruflich hoch ambitionierten Persönlichkeiten) ist die wissenschaftliche Überprüfung des »Mythos Managerkrankheit« sowie dessen zu Grunde liegender Annahmen. Die SHAPE-Studie stellt für den deutschsprachigen Sprachraum (Deutschland, Österreich, Schweiz) die bisher umfangreichste wissenschaftliche Studie an Managern dar. Studienteilnehmer waren knapp 500 Führungskräfte des mittleren und oberen Managements, die einen umfangreichen Fragebogen zur Selbstauskunft ausfüllten. Der Fragebogen umfasste mehr als 500 Fragen zur Messung des aktuellen und habituellen Gesundheitszustandes, beruflichen und privaten Belastungen bzw. Arbeits- und Lebensbedingungen, Persönlichkeitseigenschaften sowie zur Work-Life-Balance. Ferner wurden gesundheitliche Schutzfaktoren wie gesundheitsförderliche Arbeitsbedingungen und protektives Gesundheitsverhalten erfasst.

Aufgrund der Vielzahl der erfassten gesundheitsrelevanten Variablen lässt sich mit der SHAPE-Studie der »Mythos Managerkrankheit« wissenschaftlich untersuchen und feststellen:

⇨ ob bei Führungskräften tatsächlich eine höhere Prävalenz stressbedingter Erkrankungen vorherrscht als in der Normalbevölkerung,

⇨ ob Herzprobleme typische »Managererkrankungen« sind

⇨ ob Führungskräfte tatsächlich einer stärkeren Stressbelastung ausgesetzt sind als die Normalbevölkerung

⇨ ob chronische Überbeanspruchung tatsächlich zu einer Gefährdung der Gesundheit beiträgt oder ob Umweltfaktoren bei der Arbeit und im Privatleben existieren, die Führungskräften helfen, die hohen Arbeitsanforderungen mit ihren gesundheitsgefährdenden Potenzialen effektiv abzupuffern.

Körperliche Gesundheit bei deutschen ManagerInnen

In der SHAPE-Studie wurden mehrere inhaltlich distinkte Messinstrumente zur Beurteilung der körperlichen Gesundheit eingesetzt, die es erlauben, die Gesundheit von Führungskräften in ihren unterschiedlichen Dimensionen zu erfassen. Wichtig war uns von Anfang an zu unterscheiden zwischen einerseits manifestierten, das heißt mit den Methoden der modernen Medizin (zum Beispiel mittels Labor oder Röntgen) nachweisbaren Erkrankungen und andererseits vielfältigen Befindlichkeitsstörungen, die aber keinen Niederschlag in Form pathologischer Befunde haben. Wenn man langjährig Vorsorgeuntersuchungen (Check-ups) durchführt, ist das Ergebnis häufig medizinisch unauffällig, aber dennoch liegt eine verminderte Befindlichkeit zum Beispiel durch Schlafstörungen oder Schmerzsyndrome vor. Wir verwendeten den Giessener Beschwerdebogen (GBB-24) [7], der körperliche Beschwerden erfasst und die Bestimmung der Höhe des globalen körperlichen Beschwerdedrucks wie Erschöpfung, Magen-, Glieder- und Herzbeschwerden erlaubt. Dabei ist zu beachten, dass der GBB-24 keine Symptomliste ist, mit deren Hilfe organische Krankheiten zu diagnostizieren sind. So konnten bisherige Forschungsergebnisse zeigen, dass die Nennung subjektiver Beschwerden im GBB-24 kaum mit medizinischen Befunden korrelierte [8].

Inwieweit Befindlichkeitsstörungen später zu manifestierten Krankheiten führen ist also unklar und ein wichtiger Aspekt aktueller Stressforschung. Von einem Automatismus sollte man jedoch nicht ausgehen, so dass der Bereich der Befindlichkeitsstörungen zunächst als eigenständige Beeinträchtigung einer aktuellen Gesundheitseinschätzung betrachtet werden sollte. Deshalb schlagen wir vor, analog zur Gesundheitsdefinition der WHO (»Gesundheit ist ein Zustand des vollständigen körperlichen, mentalen und sozialen Wohlbefindens und nicht nur die Abwesenheit von Krankheit und Schwäche«) das Thema Gesundheit aus zwei zunächst getrennten Blickwinkeln zu betrachten:

⇨ erstens den Bereich manifestierter Krankheiten bzw. Risikokonstellationen, die nachweisbar zu solchen Krankheiten führen, und

⇨ zweitens den Bereich Wohlbefinden, in dem Befindlichkeitsstörungen und psychosoziale Faktoren dominieren.

Der GBB-24 scheint sehr geeignet, um körperliche Beschwerden zu
erfassen, die psychosomatisch bedingt sind. Der GBB-24 wird durch
den Fragebogen zur habituellen körperlichen Gesundheit (FHKG) [8]
ergänzt. Der FHKG wurde eingesetzt, um die Auftretenshäufigkeit
manifester körperlicher Krankheiten zu erfassen. Im FHKG werden
somit »harte« medizinische Daten erhoben. Weiterhin erfasst der
FHKG krankheitsbezogene Konsequenzen, die globale subjektive Ein-
stufung der Gesundheit und der körperlichen Fitness.

Der eher »weiche« Bereich Befindlichkeitsstörungen dominiert inzwischen die Fehlzeitenstatistik [16]. Insofern erscheint die Frage zunehmend wichtig, mit welchen »Therapien« , also Maßnahmen und
Programmen, man in diesem Bereich »heilen« kann – und ob hier
weitergehende Ansätze notwendig sind als klassische Gesundheitsprä-
ventionsprogramme, die zum Beispiel auf Ernährung und Bewegung
zielen.

Befindlichkeitstörungen: Vergleich deutscher ManagerInnnen mit der Allgemeinbevölkerung

Für den GBB-24 liegen geschlechtsspezifische Normierungen für die
deutsche Allgemeinbevölkerung vor. Daraus ergibt sich die Möglichkeit zu überprüfen, ob sich die Höhe der durchschnittlich berichteten
körperlichen Beschwerden in dem Kollektiv der Führungskräfte signifikant von der Beschwerdelast der deutschen Allgemeinbevölkerung
unterscheidet.

Bei einem Vergleich mit der deutschen Allgemeinbevölkerung
wurde deutlich, dass es nötig ist, zwischen männlichen und weiblichen Führungskräften zu unterscheiden. Bezogen auf den insge-
samten körperlichen Beschwerdedruck gibt es einen deutlichen Ge-
schlechtseffekt. Während die untersuchten männlichen Manager über

tendenziell weniger körperliche Beschwerden als ein durchschnitt-
licher deutscher Mann klagen, berichten weibliche Führungskräfte
über einen signifikant *erhöhten* körperlichen Beschwerdedruck im
Vergleich zur weiblichen Allgemeinbevölkerung (vgl. Abbildung 1).
Vor allem weibliche Führungskräfte scheinen gemäß den Ergebnissen
zum GBB-24 eine vulnerable Personengruppe für körperliche Beschwerden und Missempfindungen darzustellen.

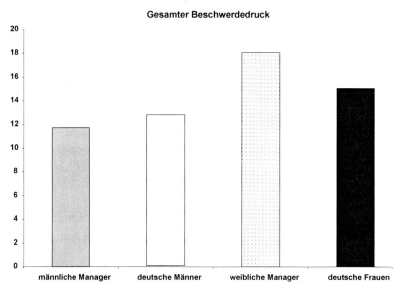

Abb. 1:   *Körperliche Beschwerden insgesamt: Vergleich weiblicher und männlicher Manager mit
der deutschen Allgemeinbevölkerung.*

Eine spezifischeren Betrachtung der Einzelskalen erbrachte weitere
interessante Ergebnisse: Sowohl weibliche als auch männliche Führungskräfte berichten im Vergleich mit der männlichen bzw. weiblichen Allgemeinbevölkerung über eine signifikant ausgeprägtere
Erschöpfung. Die Arbeit als Führungskraft scheint daher verstärkt zu
Mattigkeit, Schlafdefizit, erhöhtem Schwächegefühl und Erschöpf-
barkeit zu führen. Manager beiderlei Geschlechts berichten jedoch
über signifikant *weniger* Herzbeschwerden (zum Beispiel Atemnot,

Herzbeschwerden, Herzklopfen, Schwindelgefühl) im Vergleich zur männlichen bzw. weiblichen deutschen Allgemeinbevölkerung (vgl. Abbildung 2).

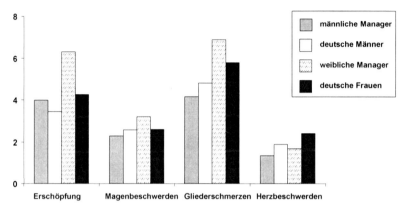

Abb. 2:   *Spezifische Beschwerden: Vergleich weiblicher und männlicher Manager mit der deutschen Allgemeinbevölkerung in den vier Unterskalen des GBB-24.*

Dieser Befund kann als erstes Indiz dafür gewertet werden, dass es sich bei der Einschätzung von Herz-Kreislauf-Erkrankungen als typische »Managerkrankheit« um einen Mythos handelt.

Manifestierte Erkrankungen: Vergleich deutscher ManagerInnen mit der Allgemeinbevölkerung

Ähnlich wie beim GBB-24 liegen nach ersten annähernd bevölkerungsrepräsentativen Untersuchungen die Stichprobenverteilungskennwerte des Fragebogens zur habituellen körperlichen Gesundheit (FHKG) vor [9]. Das Vorliegen solcher Stichprobenkennwerteverteilungen erlaubt den Vergleich der Gesundheitseinschätzungen der untersuchten Manager mit dieser annähernd bevölkerungsrepräsentativen Stichprobe (nachfolgend Eichstichprobe genannt).

Die Skala »Krankheiten in den vergangenen fünf Jahren« erfasst eine Vielzahl manifester körperlicher Erkrankungen. Im Vergleich zur Eichstichprobe berichten männliche Führungskräfte über tendenziell weniger, weibliche Führungskräfte sogar über signifikant weniger manifeste körperliche Erkrankungen (vgl. Abbildung 3). In der Skala »Krankheiten in den vergangenen fünf Jahren« werden auch Durchblutungsstörungen am Herzen, Angina pectoris und Herzinsuffizienz erfasst. Im Vergleich zur deutschen Gesamtbevölkerung im Erwerbsalter (< 65) ist das Auftreten von Herzerkrankungen von deutschsprachigen ManagerInnen keinesfalls erhöht. Dies kann als weiteres Indiz gewertet werden, dass es sich bei Herzerkrankungen als typische »Managerkrankheit« um einen Mythos handelt.

In den weiteren Skalen des FHKG zeigten sich, analog zu den Ergebnissen im GBB-24, Geschlechtsunterschiede: Im Vergleich zur Eichstichprobe des FHKG berichten männliche Manager über

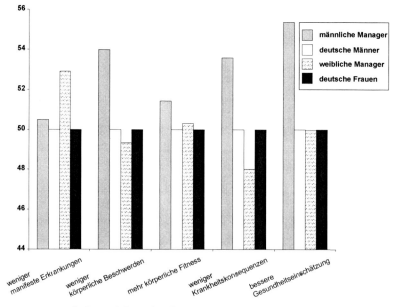

Abb. 3: *Vergleich männlicher und weiblicher Manager in den Skalen des FHKG mit der Eichstichprobe des FHKG. (Höhere Werte stehen für bessere Gesundheit!)*

weniger körperliche Beschwerden, erhöhte körperliche Fitness (zum Beispiel Heben schwerer Lasten, Treppen steigen etc.), weniger krankheitsbezogene Konsequenzen (zum Beispiel Arbeitsunfähigkeit, Arztbesuche, Bettruhe) und eine insgesamt vorteilhaftere globale subjektive Gesundheitseinschätzung (alle genannten Unterschiede sind signifikant). Weibliche Führungskräfte hingegen berichten im Vergleich zur Eichstichprobe über tendenziell *mehr* körperliche Beschwerden.

Zusammenfassung der Ergebnisse zur körperlichen Gesundheit

Die Befunde zur körperlichen Gesundheit lassen sich folgendermaßen zusammenfassen:

1. In Bezug auf manifeste körperliche Erkrankungen, inklusive Herz-Kreislauferkrankungen, sind weibliche und männliche Manager keinesfalls als vulnerable Personengruppe zu betrachten. Herz-Kreislauferkrankungen stellen somit keine typische »Managerkrankheit« dar.
2. In Bezug auf »weichere« Gesundheitsindikatoren wie körperliche Beschwerden / vegetative Störungen ergeben sich bedeutsame Geschlechtsunterschiede: Während männliche Führungskräfte über deutlich weniger körperliche Beschwerden berichten, geben weibliche Führungskräfte mehr körperliche Beschwerden an als die Gesamtbevölkerung.
3. Im Vergleich zur deutschen Allgemeinbevölkerung erleben Führungskräfte beiderlei Geschlechts eine deutlich intensivere Erschöpfung. Lediglich Erschöpfung stellt somit eine typische, häufig auftretende psychophysiologische Störung unter weiblichen und männlichen Managern dar.

Chronischer Stress bei deutschen ManagerInnen

In der Definition der »Managerkrankheit« , wie sie im Brockhaus Lexikon [3] zu finden ist, wird die erhöhte Prävalenz von Herz-Kreislauf Erkrankungen und vegetativen Störungen unter Führungskräften auf die »*dauernde körperliche und psychische Überbeanspruchung*« zurückgeführt. Um zu überprüfen, ob es sich bei der Annahme, dass Manager unter überdurchschnittlich intensiver, chronischer Stressbelastung stehen, wurden die Stressangaben der Führungskräfte mit den Stressangaben der deutschen Allgemeinbevölkerung verglichen. Das Trierer Inventar zum chronischen Stress (TICS) [11] stellt für den deutschen Sprachraum das bisher einzige bevölkerungsrepräsentativ normierte Instrument zur fragebogenbasierten Diagnostik chronischen Stresses dar und erlaubt daher den Vergleich der Intensität chronischen Stresses unter Managern mit der Stressbelastung der deutschen Gesamtbevölkerung.

Das TICS erfasst zwei voneinander verschiedene Arten chronischen Stresses.

⇨ *Chronischer Stress aufgrund hoher Anforderung*: Diese Stressart wird durch die drei Skalen »Arbeitsüberlastung«, »soziale Überlastung« und »Erfolgsdruck« erfasst. Das Gemeinsame dieser Skalen besteht darin, dass sie sich auf Stress beziehen, der aus hohen *quantitativen* Anforderungen resultiert, welche mit den spezifischen Arbeitsbedingungen und sozialen Bedingungen verbunden sind.

⇨ *Chronischer Stress aufgrund eines Mangels an Bedürfnisbefriedigung*: Diese Stressart wird durch die fünf Skalen »Arbeitsunzufriedenheit« , »Überforderung bei der Arbeit« , »Mangel an sozialer Anerkennung« , »Soziale Spannungen« und »Soziale Isolation« gemessen. Das Gemeinsame dieser Skalen besteht darin, dass sie sich auf Stress beziehen, der aufgrund unzureichender Befriedigung menschlicher Grundbedürfnisse resultiert. Unbefriedigt bleiben dabei die Bedürfnisse nach Selbstaktualisierung (Arbeitsunzufriedenheit), das Bedürfnis nach Sicherheit, Orientierung und Kontrolle (Überforderung bei der Arbeit), das Bedürfnis nach Achtung (Mangel an sozialer Anerkennung) sowie das Bedürfnis nach Liebe und Bindung (soziale Isolation, soziale Spannungen); für die zu Grunde liegende Bedürfnistheorie sei auf [8] verwiesen.

Chronischer Stress: Vergleich Manager mit der Allgemeinbevölkerung

Um zu möglichst aussagekräftigen Ergebnissen zu gelangen, wurde in der SHAPE-Studie der Vergleich der Manager mit der Allgemeinbevölkerung getrennt nach Geschlecht und den beiden unterschiedlichen Stressarten vorgenommen.

Beim Faktor »chronischer Stress aufgrund hoher Anforderungen« zeigte sich, dass sowohl männliche als auch weibliche Führungskräfte im Vergleich zur deutschen Gesamtbevölkerung über signifikant mehr »Arbeitsüberlastung« (zum Beispiel zu viele Aufgaben zu erledigen zu haben), »soziale Überlastung« (zum Beispiel die Notwendigkeit, sich um zu viele Probleme anderer Menschen zu kümmern) und »Erfolgsdruck« (zum Beispiel Aufgaben erfüllen müssen, die mit hohen Erwartungen verknüpft sind) berichten (vgl. Abbildung 4). Manager beiderlei Geschlechts erleben somit signifikant mehr chronischen

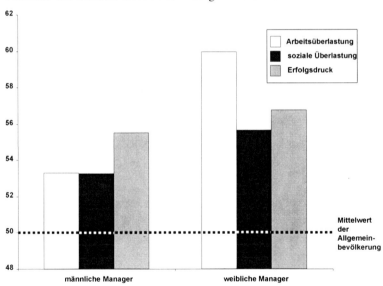

Abb. 4:   *Chronischer Stress aufgrund hoher Anforderung: Vergleich männlicher und weiblicher Manager mit der Allgemeinbevölkerung*

37

Stress aufgrund exzessiver quantitativer Anforderungen. Dieses Ergebnis dürfte niemanden überraschen, der die Lebensrealität von Führungskräften kennt.

Ein anderes Bild ergibt sich, wenn man »chronischen Stress aufgrund eines Mangels an Bedürfnisbefriedigung« betrachtet: Im Vergleich zur Allgemeinbevölkerung berichten männliche Führungskräfte über signifikant mehr »Mangel an sozialer Anerkennung« , jedoch über signifikant weniger »Arbeitsunzufriedenheit« (vgl. Abbildung 5). In den weiteren Skalen finden sich keine signifikanten Mittelwertsdifferenzen. Dieses Ergebnis bedeutet, dass männliche Manager deutlich zufriedener mit ihrer Arbeit sind und ihr Bedürfnis nach Selbstaktualisierung (= Bedürfnis, eigene Interessen und Begabungen entfalten zu können) zufriedenstellender befriedigt wird als bei einem durchschnittlichen deutschen Mann. Im Gegensatz dazu erfahren männliche Manager trotz ihrer herausragenden Stellung deutlich weniger Achtung und Anerkennung.

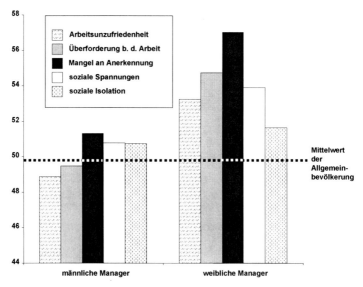

Abb. 5: *Chronischem Stress aufgrund eines Mangels an Bedürfnisbefriedigung: Vergleich männlicher und weiblicher Manager mit der Allgemeinbevölkerung*

38

Bei weiblichen Führungskräften fällt der Vergleich mit durchschnittlichen deutschen Frauen wesentlich ungünstiger aus: Weibliche Manager erleben signifikant mehr Arbeitsunzufriedenheit, mehr Überforderung bei der Arbeit, mehr Mangel an Anerkennung und mehr soziale Spannungen. Am stärksten wird auch bei weiblichen Managern das Bedürfnis nach Achtung und Wertschätzung frustriert. Im Vergleich zur weiblichen Allgemeinbevölkerung gelingt es weiblichen Führungskräften somit deutlich schlechter, die grundlegenden Bedürfnisse nach Selbstaktualisierung, Sicherheit und Kontrolle, Achtung und Wertschätzung sowie Bindung und Liebe zu befriedigen.

Chronischer Stress: Vergleich von weiblichen mit männlichen Managern

Zur weiteren Spezifikation der Ergebnisse wurde ein Vergleich der Stresseinschätzung der männlichen und weiblichen Führungskräfte untereinander vorgenommen. Dieser Vergleich ergab, dass mit Ausnahme der Skalen »Erfolgsdruck« und »Soziale Isolation« männliche Manager signifikant geringere Stresseinschätzungen angeben als weibliche Führungskräfte. Im Vergleich zu ihren männlichen Kollegen erleben weibliche Führungskräfte somit deutlich höhere quantitative Anforderungen und es gelingt ihnen wesentlich schlechter, ihre menschlichen Grundbedürfnisse zu befriedigen.

Zusammenfassung der Ergebnisse zum chronischen Stress

Die Analysen zum erlebten chronischen Stress unter Führungskräften lassen sich folgendermaßen zusammenfassen:
1. Führungskräfte erleben im Vergleich mit der Allgemeinbevölkerung signifikant mehr chronischen Stress aufgrund exzessiver quantitativer Anforderungen. Dies gilt in besonderem Maße für weibliche Führungskräfte.

2. Während es männlichen Führungskräften im Allgemeinen ähnlich gut wie der Allgemeinbevölkerung gelingt, die zentralen menschlichen Grundbedürfnisse zu befriedigen, erleben weibliche Führungskräfte massive Probleme, die zentralen Grundbedürfnisse zu befriedigen.

3. Sowohl bei männlichen als auch bei weiblichen Führungskräften wird das Bedürfnis nach Achtung und Wertschätzung am deutlichsten frustriert.

Zusammenhang zwischen Überbeanspruchung und körperlicher Gesundheit

In einem weiteren Analyseschritt wurde in der SHAPE-Studie der, in der Definition der »Managerkrankheit« angenommene, direkte Zusammenhang zwischen chronischer Überbeanspruchung und körperlicher Gesundheit überprüft. Durch die Ergebnisse, die in den vorangegangenen Kapiteln präsentiert wurden, ergeben sich durchaus Zweifel an einem direkten Zusammenhang zwischen chronischer Überbeanspruchung und Problemen der körperlichen Gesundheit: Während männliche Führungskräfte über signifikant höheren chronischen Stress aufgrund exzessiver quantitativer Anforderungen berichten, erleben männliche Manager tendenziell *weniger* körperliche Beschwerden und manifeste körperliche Erkrankungen als die Allgemeinbevölkerung.

Dieses Ergebnis lässt vermuten, dass manchen Führungskräften gesundheitsförderliche Ressourcen am Arbeitsplatz zur Verfügung gestellt werden, die ihnen helfen, die gesundheitsgefährdenden Potenziale hoher Anforderungen abzumildern. Im Folgenden werden Ergebnisse zu gesundheitsförderlichen Arbeitsplatzbedingungen beschrieben, denen in der aktuellen Forschung ein zentraler Stellenwert eingeräumt wird: Kontrollmöglichkeiten über die Arbeit und soziale Unterstützung sowie Wertschätzung und Achtung.

Das Job Demand Control Support Modell

Ein theoretisches Rahmenmodell, das gesundheitsförderliche Arbeitsbedingungen definiert, ist das Job Demand Control Support (JDCS)
Modell [12, 13]. Das JDCS-Modell besteht aus drei Dimensionen:
Arbeitsanforderungen (demands), Kontrollmöglichkeiten (job control) und soziale Unterstützung (social support). Das JDCS-Modell
postuliert, dass von hohen Arbeitsanforderungen (zum Beispiel Zeitdruck, häufige Arbeitsunterbrechungen, Vielzahl an Arbeitsaufgaben)
ein gesundheitsgefährdendes Potenzial ausgeht. Im Gegensatz dazu
sollen die Dimensionen job control (Freiheit über Arbeitsausführung
und Arbeitsaufgaben selbst bestimmen können) und social support
(instrumentelle und emotionale Unterstützung durch Kollegen und
Vorgesetzte) helfen, die gesundheitsgefährdenden Effekte hoher Arbeitsanforderungen effektiv abzupuffern. Daher werden in Arbeitsum-
welten, die hohe Arbeitsanforderungen mit niedrigen Kontrollmöglichkeiten und sozialer Isolation verbinden (= isolated high strain
jobs), die meisten psychophysiologischen Störungen und Beschwerden erwartet.

In der bisherigen Forschung wurde das JDCS-Modell hauptsächlich auf Arbeitnehmer aus niedrigen betrieblichen Hierarchieebenen
angewandt, während es kaum zur Erklärung des Gesundheitszustandes von Führungskräften und Managern herangezogen wurde.
Eine wissenschaftliche Fragestellung, die durch die SHAPE-Studie
geklärt werden soll ist daher, ob hohe Kontrollmöglichkeiten und
soziale Unterstützung auch Führungskräften helfen, die gesundheitsgefährdenden Potenziale hoher Arbeitsanforderungen abzumildern,
oder ob chronische Überbeanspruchungen tatsächlich einen direkten
pathogenen Effekt haben. Weiterhin sollte durch die SHAPE-Studie
geklärt werden, ob das JDCS-Modell eine Erklärung für den höheren
körperlichen Beschwerdedruck, die schlechtere globale Einschätzung
der körperlichen Gesundheit sowie weitere vegetative Störungen wie
erhöhte Erschöpfung und schlechtere Schlafqualität unter weiblichen
Führungskräften bieten kann.

Ergebnisse des Job Demand Control Support Modells

Als abhängige Variablen der Studien zum JDCS Modell wurden der gesamte körperliche Beschwerdedruck, die globale Einschätzung der Gesundheit sowie die Schlafqualität untersucht. Die Ergebnisse des JDCS-Modells hinsichtlich der drei abhängigen Variablen sind sehr homogen und zeigen, dass das die Annahmen des Modells sehr gut auf die Personengruppe der Führungskräfte übertragbar sind. Aus Gründen der Übersichtlichkeit werden in Abbildung 6, die den Zusammenhang zwischen Arbeitsanforderungen, Kontrollmöglichkeiten und sozialer Unterstützung illustriert, lediglich die Ergebnisse für die globale Gesundheitseinschätzung dargestellt. Zusammenfassend lassen sich die Ergebnisse (für eine ausführliche Darstellung sei auf [14] verwiesen) folgendermaßen interpretieren:

⇨ Sowohl männliche als auch weibliche Führungskräfte erleben in isolated high strain jobs (= hohe Arbeitsanforderungen, wenig Kontrollmöglichkeiten und wenig soziale Unterstützung) die meisten körperlichen Beschwerden, die niedrigste Schlafqualität und schätzen ihre körperliche Gesundheit am negativsten ein.

⇨ Im Gegensatz dazu erleben sowohl männliche als auch weibliche Führungskräfte, die hohe Arbeitsanforderungen bewältigen müssen, dann die wenigsten körperlichen Beschwerden, die beste Schlafqualität und schätzen ihre körperliche Gesundheit am positivsten ein, wenn sie über hohe Kontrollmöglichkeiten und gute soziale Unterstützung bei der Arbeit verfügen. Interessanterweise ergibt sich bei ManagerInnen, denen viel Kontrollmöglichkeiten gewährt werden und die über gute soziale Unterstützung verfügen, kaum eine Verschlechterung der Indikatoren der körperlichen Gesundheit, wenn Arbeitsanforderungen erhöht werden. Hohe Kontrollmöglichkeiten und gute soziale Unterstützung helfen somit ManagerInnen, die pathogenen Effekte hoher Arbeitsanforderungen abzumildern. Hohe Arbeitsanforderungen führen bei ManagerInnen nur dann zu gesundheitsabträglichen Effekten, wenn ihnen gesundheitsförderliche Ressourcen vorenthalten werden.

⇨ Weiterhin wurde ein wichtiger Geschlechtsunterschied festgestellt: Weibliche Führungskräfte erleben im Vergleich zu ihren männlichen Kollegen wesentlich intensivere gesundheitliche Probleme und berichten über deutlich schlechtere Schlafqualität, wenn sie in isolated high strain jobs arbeiten. Die Kombination aus hohen Arbeitsanforderungen, niedrigen Kontrollmöglichkeiten und sozialer Isolation stellt gerade für weibliche Führungskräfte eine Hoch-Risiko-Konstellation für Gesundheitsprobleme dar.

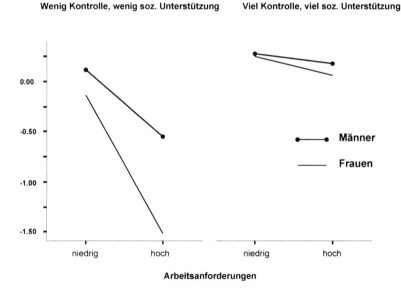

Abb. 6: *Globale Gesundheitseinschätzung: Effekte von Arbeitsanforderungen, Kontrollmöglichkeiten und sozialer Unterstützung auf die Gesundheitseinschätzung von männlichen und weiblichen Führungskräften.*

Wertschätzung und Achtung

Ein weiteres theoretisches Rahmenmodell, das sich mit gesundheitsförderlichen Arbeitsbedingungen beschäftigt, ist das Modell sozialer Gratifikationskrisen von Siegrist [15]. Siegrist betrachtet Erwerbstätigkeiten als soziale Tauschbeziehungen. Für die geleistete Verausgabung zur Bewältigung der Arbeitsanforderungen erhält der Arbeitnehmer von seinem Arbeitgeber verschiedene Belohnungen wie Lohn / Gehalt, Karrieremöglichkeiten und Achtung / Wertschätzung. Ausgeprägte Stressreaktionen und somit eine hohe Wahrscheinlichkeit von Gesundheitsproblemen sind dann zu erwarten, wenn der Arbeitnehmer für seine Anstrengungen nicht adäquat belohnt wird. In Beschäftigungsverhältnissen, in denen langfristig hohe Verausgabungen mit wenigen Belohnungen einhergehen, werden somit viele Gesundheitsstörungen erwartet.

Da Führungskräfte in der Regel hohe Einkommen beziehen und bereits mehrere Beförderungen erlebten, wurde in der SHAPE-Studie der Einfluss der Achtung und Wertschätzung erforscht. Es wurde überprüft, welchen Einfluss erfahrene Wertschätzung und Achtung auf die Gesundheit haben.

Ergebnisse zu Wertschätzung und Achtung

Um die Auswirkungen erfahrener Wertschätzung zu untersuchen, wurde in einem ersten Schritt (mittels einer multiplen Regressionsanalyse) überprüft, ob die Effekte von Wertschätzung unabhängig sind von den gesundheitsförderlichen Effekten hoher Kontrollmöglichkeiten und erfahrener sozialer Unterstützung. Die Ergebnisse zur Erklärung der Kriterien körperliche Beschwerden, selbst eingeschätzte Gesundheit und Schlafqualität gleichen sich bemerkenswert. Es zeigte sich, dass die erfahrene Wertschätzung die bedeutsamste Variable für die Vorhersage von körperlichen Beschwerden, selbst eingeschätzter Gesundheit und Schlafqualität darstellt und wichtiger ist als die Arbeitsanforderungen, Kontrollmöglichkeiten und soziale Unterstützung. Für die Gesundheit von Führungskräften scheint die erfahrene Wertschätzung und Achtung eine zentrale Bedeutung zu haben.

Um den Effekt der erfahrenen Wertschätzung auf die Gesundheit und das Wohlbefinden der Führungskräfte zu veranschaulichen, wurde die durchschnittlich berichtete subjektive körperliche Gesundheit, die körperliche Beschwerdelast sowie die Schlafqualität über fünf Gruppen (sehr wenig Anerkennung – wenig Anerkennung – mäßig Anerkennung – viel Anerkennung – sehr viel Anerkennung) von Führungskräften hinweg ermittelt. Zu einer weiteren Spezifizierung wurde zwischen männlichen und weiblichen Führungskräften unterschieden. Die gefundenen Ergebnisse für männliche und weibliche Führungskräften sind in Bezug auf die drei untersuchten Kriterien körperliche Beschwerden, subjektive Gesundheit und Schlafqualität nahezu identisch und werden daher nicht geschlechtsgetrennt dargestellt.

Männliche und weibliche Führungskräfte, die sehr wenig Anerkennung für die geleistete Arbeit erhalten, berichten über sehr viel mehr körperliche Beschwerden und schätzen ihre Schlafqualität und ihre körperliche Gesundheit sehr viel negativer ein als Führungskräfte, die wenig (aber nicht sehr wenig) Anerkennung und Wertschätzung erfahren (vgl. Abbildung 7). Das bedeutet, dass mit einer Zunahme erfahrener Anerkennung, von »sehr wenig« auf »wenig« Anerkennung, eine massive Verbesserung der Gesundheit und des Wohlbefindens einhergeht. Ausgehend von den Führungskräften, die wenig Anerkennung erfahren, verbessern sich die Einschätzung der Gesundheit, der Schlafqualität und der körperlichen Beschwerden kontinuierlich. Allerdings ist diese Verbesserung weitaus weniger ausgeprägt als die Verbesserung der Gesundheit und des Schlafes, die sich einstellt, wenn man Führungskräfte vergleicht, die »wenig« versus »sehr wenig« Anerkennung erfahren.

Dieses Ergebnis bedeutet, dass Führungskräfte, die sehr wenig Anerkennung für ihre Arbeit erhalten, bereits mit einer deutlichen Verbesserung ihrer Gesundheit und ihres Schlafes reagieren können, wenn sie aufgrund einer minimalen Zunahme der erfahrenen Anerkennung in die »Wenig-Anerkennung-Gruppe« wechseln. Eine mini-

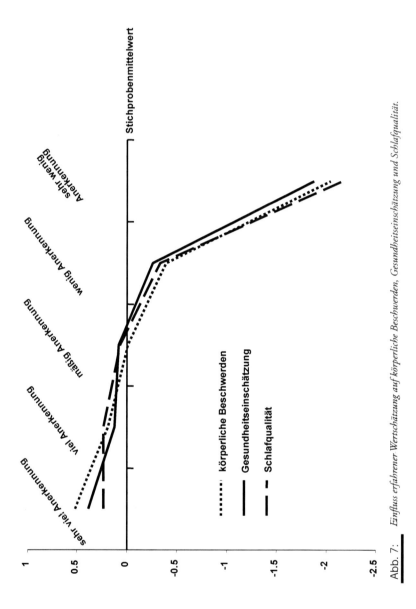

Abb. 7:   *Einfluss erfahrener Wertschätzung auf körperliche Beschwerden, Gesundheitseinschätzung und Schlafqualität.*

46

male Verbesserung des Arbeitsklimas zahlt sich somit mit einer gravierenden Verbesserung der Gesundheit und des Wohlbefindens aus.

Zusammenfassung der Ergebnisse zu gesundheitsförderlichen Arbeitsbedingungen

Chronische Überbeanspruchung wird in der Definition der »Managerkrankheit« als Ursache für die erhöhte Auftretenswahrscheinlichkeit von gesundheitlichen Störungen unter Managern betrachtet. Die Ergebnisse der SHAPE-Studie widersprechen dieser Annahme und legen nahe, dass es vielmehr das Fehlen gesundheitsförderlicher Arbeitsplatzbedingungen ist, das mit einer deutlichen Beeinträchtigung der Gesundheit und des Wohlbefindens einhergeht. So konnte in der SHAPE Studie gezeigt werden:

1. Führungskräfte, die hohe Arbeitsanforderungen bewältigen müssen, unterscheiden sich dann gesundheitlich *nicht* von Führungskräften, die nur wenige Arbeitsanforderungen meistern müssen, wenn ihnen hohe Kontrollmöglichkeiten über ihre Arbeitstätigkeit eingeräumt werden und sie sich auf soziale Unterstützung durch Kollegen verlassen können.

2. Führungskräfte, denen kaum Kontrollmöglichkeiten über ihre Arbeitstätigkeit eingeräumt werden und die wenig soziale Unterstützung erfahren, werden gesundheitlich stark von hohen quantitativen Arbeitsanforderungen getroffen.

3. Das Fehlen von Wertschätzung, Achtung und Lob für die erbrachten Arbeitsleistungen hängt mit einer massiven Verschlechterung der körperlichen Gesundheit und der Schlafqualität zusammen; bereits eine minimale »Gabe« von Wertschätzung und Achtung führt zu einer deutlichen Verbesserung der Gesundheit.

4. Die Gesundheit weiblicher Führungskräfte wird vom Fehlen gesundheitsförderlicher Arbeitsplatzbedingungen bei gleichzeitig hohen Arbeitsanforderungen besonders stark in Mitleidenschaft gezogen.

Diese für uns überraschenden Geschlechtsunterschiede veranlassten uns die Expertin für Gender und Diversity Management an der Executive School der Universität St. Gallen, Frau Dr. Gudrun Sander, um Rat zu fragen. Für den oft geäußerten Wunsch, den Anteil weiblicher Führungskräfte in den Chefetagen zu erhöhen, ist es wichtig, Ansätze für eine Verbesserung dieser ungünstigen Gesundheitssituation weiblicher Führungskräfte zu erkennen. Da die Ursachen dieser Unterschiede für uns nicht medizinisch begründbar sind, freut es uns, dass Frau Sander hierauf in einem eigenen Beitrag eingegangen ist [17].

Wertschätzung – der wichtigste Hebel zur Gesundheitsförderung von und durch Manager

Dieser Beitrag widmete sich der wissenschaftlichen Überprüfung des Mythos von der »Managerkrankheit« . Diese besagt, dass Führungskräfte aufgrund chronischer Überbeanspruchung besonders anfällig sind für Herz-Kreislauferkrankungen und vegetative Störungen. Die Erkenntnisse der SHAPE-Studie widerlegen diese Annahmen und erlauben eine Neuformulierung des Gesundheitsrisikos von Führungskräften: Wenngleich Führungskräfte im Vergleich zur Allgemeinbevölkerung deutlich mehr quantitative Arbeitsanforderungen bewältigen müssen, erleben sie doch weniger manifeste körperliche Erkrankungen. Eine Erhöhung des Risikos für körperliche Beschwerden sowie schlechte Schlafqualität ergibt sich jedoch aus dem Fehlen der gesundheitsförderlichen Ressourcen »Kontrolle über die Arbeitstätigkeit«, »soziale Unterstützung« sowie »Achtung und Wertschätzung«, die Managern helfen, die gesundheitsgefährdenden Effekte hoher Arbeitsbelastung abzupuffern.

Effektive Gesundheitsprävention für Führungskräfte sollte daher eine Verbesserung des psychosozialen Arbeitsklimas umfassen. Um trotz hoher Arbeitsbelastung gesund zu bleiben, brauchen Führungskräfte Freiräume bei der Gestaltung und Bearbeitung ihrer Arbeitsaufgaben, instrumentelle und emotionale soziale Unterstützung sowie Anerkennung, Wertschätzung und Lob für die geleistete Arbeit.

Unsere Ergebnisse bedeuten dabei keineswegs die Notwendigkeit für tägliches Schulterklopfen und Dauerlob. Es kommt bei der Angemessenheit von Wertschätzung und Unterstützung auch auf vielfältige Umstände an: Position, Herkunft, regionale Besonderheiten und vieles mehr. Sicher ist jedoch auch: Eine Führungskultur, deren Miteinander sich rein durch Zahlen und Kennziffern definiert und die persönliche Opfer und Hochleistung als selbstverständlich konsumiert, wird diese Gesundheits- und Leistungsressource Nummer eins ungenutzt lassen.

Führungskräfte sind darüberhinaus Vorbilder. Die Belegschaft orientiert sich in vielfältiger Weise am Verhalten ihrer Chefs. Wir wagen deshalb eine These für das gesamte Unternehmen: Ohne einen respektvollen, auf gegenseitiger Wertschätzung fußenden Umgang der Führungskräfte untereinander wird jeder Ansatz zur Verbesserung der Gesundheitssituation in Unternehmen in seiner Wirkung eingeschränkt bleiben.

Literatur

[1]   CAVANAUGH MA, BOSWELL WR, ROEHLING MV, BOUDREAU JW. *An empirical examination of self-reported work stress among U.S. managers. J Appl Psychol. 2000 Feb;85:65-74.*

[2]   COHEN A. *Facing pressure. Sales and Marketing Management. 1997;149:30-8.*

[3]   BROCKHAUS. *Managerkrankheit. 2008.*

[4]   QUICK JC, MACIK-FREY, M., COOPER, C.L. *Managerial dimensions of organizational health: the healthy leader at work. Journal of Management Studies. 2007;44:190-205.*

[5]   CZEISLER CA, FRYER, B. *Sleep deficit. The performance killer. A conversation with Harvard Medical School professor Charles A. Czeisler. Harvard Business Review. 2006;84:53-9.*

[6]   LITTLE LM, SIMMONS, B.L., NELSON, D.L. *Health among leaders: positive and negative affect, engagement and burnout, foregiveness and revenge. Journal of Management Studies. 2007;44:243-60.*

[7]   BRAHLER E, SCHUMACHER J, BRAHLER C. *[First all-Germany standardization of the brief form of the Gissen Complaints Questionnaire GBB-24]. Psychother Psychosom Med Psychol. 2000 Jan;50:14-21.*

[8]   BECKER P. *Gesundheit durch Bedürfnisbefriedigung. Göttingen: Hogrefe 2006.*

[9]   HÜLSMANN C. *Entwicklung und Erprobung eines Fragebogenverfahrens zur Erfassung der habituellen körperlichen Gesundheit.* . Trier: Universität Trier; 1997.

[10] RICKENBACHER P. *Herzinsuffizienz: Epidemiologie, Pathophysiologie. Swiss Medical Forum.* 2001:4-9.

[11] SCHULZ P, SCHLOTZ, W. & BECKER, P. . *TICS. Trierer Inventar zum chronischen Stress. Manual.* Göttingen: Hogrefe 2004.

[12] KARASEK R. *Job Demands, Job Decision Latitude, and Mental Strain: Implications for Job Redisign. Administrative Science Quarterly.* 1979;24:285-305.

[13] KARASEK R. *Job demands, decision latitude, and mental strain: implications for job redesign. Administrative Science Quarterly.* 1979;24:285-305.

[14] GADINGER MC, FISCHER, J.E., SCHNEIDER, S., FISCHER, G.C., FRANK, G. & KROMM, W. . *Female executives are particularly prone to the sleep-disturbing effects of isolated high strain jobs. A cross sectional study in German executives. Journal of Sleep Research.* 2008;in press.

[15] SIEGRIST J. *Soziale Krisen und Gesundheit. Göttingen Hogrefe 1996.*

[16] BADURA, B. *Berichtswesen – Warum Sozialkapital in die Bilanz muss, in Kromm, W., Frank, G. (Hrsg), Unternehmensressource Gesundheit, Symposion Publishing, Düsseldorf 2009, S. 117ff*

[17] SANDER, G., HARTMANN, I. *Erhöhter Stress bei weiblichen Führungskräften, in Kromm, W., Frank, G. (Hrsg), Unternehmensressource Gesundheit, Symposion Publishing, Düsseldorf 2009, S. 241ff)*

Zusammenfassung

Die Managerkrankheit, wonach Führungskräfte aufgrund chronischer Überbeanspruchung besonders
anfällig sind für Herz-Kreislauferkrankungen und
vegetative Störungen, erweist sich als Mythos: Obwohl
Führungskräfte im Vergleich zur Allgemeinbevölkerung deutlich mehr quantitative Arbeitsanforderungen
bewältigen müssen, leiden sie doch weniger an
manifesten körperlichen Erkrankungen als der Durchschnitt der Bevölkerung. Unter bestimmten Umständen führt hohe Arbeitsbelastung jedoch zu massiven
gesundheitlichen Störungen, vor allem schlechter
Schlafqualität und Erschöpfungszustände. Diese
Befindlichkeitsstörungen resultieren aus dem Fehlen
der gesundheitsförderlichen Ressourcen »Kontrolle
über die Arbeitstätigkeit«, »soziale Unterstützung«
sowie »Achtung und Wertschätzung«. Maßnahmen,
die die Gesundheit beruflich stark belasteter Mitarbeiter sichern wollen, müssen deshalb in erster Linie auf
eine Unternehmenskultur gegenseitiger Achtung und
Wertschätzung zielen. Ohne angemessene Anerkennung für gute Arbeit werden andere Gesundheitsan-
sätze, die eher auf Ernährung oder Bewegung zielen,
in ihrer Wirkung eingeschränkt bleiben.

Stress,
Produktivität und Gesundheit

Mit dem Wandel zur Informationsgesellschaft nehmen Komplexität und Leistungsanforderungen in der Arbeitswelt zu. Mitarbeiter werden als aktive Mitdenker benötigt. Ziel von Gesundheitsmanagement ist es, psychische Gesundheit, Kompetenz und Leistungsbereitschaft zu stärken.

In diesem Beitrag erfahren Sie:
- was der Trend zu komplexen Lösungen für die Gesundheit bedeutet,
- wie Gesundheit, Stress und Produktivität gegenseitig zusammenhängen,
- welche Aufgaben ein strategisches betriebliches Gesundheitsmanagement wahrnehmen sollte.

JOACHIM E. FISCHER

Der Wandel der Arbeit

Die Konkurrenz schläft nicht. Will Deutschland weiterhin Exportweltmeister bleiben, muss die Produktivität steigen. Es gibt keine Nischen mehr, der Wettbewerb ist global. Vor einem Jahrhundert bestand der Geniestreich Henry Fords darin, die Produktion in einfachste Arbeitsschritte zu zerlegen, zu deren Ausführung es nur wenig Kopf braucht. Damit wurde das Arbeitsergebnis so plan- und vorhersagbar, als stünden Automaten am Band. Heute schwinden aus der modernen Industrieproduktion in Deutschland die automatisierten Abläufe, für die noch Menschen Maschinen ersetzen. Anpassung an die Wünsche des Kunden ist Trumpf. Ob Flugzeugbau, Fensterbau, Fahrzeugbau oder chemische Produkte: Verdient wird mit komplexen Lösungen oder Dienstleistungen. Während auf der einen Seite die rein körperlichen Belastungen in den meisten Berufen abnehmen und klassische arbeitsmedizinische Erkrankungen seltener werden, steigen die psychischen Anforderungen. Die Informationsdichte nimmt zu, der Termindruck steigt, die Anforderungen an die Flexibilität werden höher und die Märkte werden immer unvorhersagbarer. Selbst große Weltkonzerne sind nicht sicher vor der Übernahme durch kapitalkräftige Investoren. Die Volatilität der Finanzmärkte und der Weltwirtschaft schlagen bis zum Mittelstand in der Provinz durch. Der einst goldene Boden des Handwerks ist brüchig geworden wie Eis im Frühjahr.

Was bleibt ist die betriebswirtschaftliche Realität. Kein Unternehmen überlebt, wenn langfristig nicht der Erlös für die Dienstleistungen oder Produkte den Aufwand für das eingesetzte Kapital übersteigen. Betriebswirtschaftlich sind Löhne und Leistungen für Mitarbeiter vor allem ein Kostenfaktor, gleich wie der Aufwand für Rohstoffe, Maschinen und Anlagen. Während man Anlagen und Maschinen in Krisenzeiten nicht einfach aus der Bilanz streichen kann, lässt sich der Kostenfaktor Mensch kündigen.

Kein Unternehmen existiert indes ohne Mitarbeiter, die mitdenken. Weitgehend ausgereizt sind heute die Optimierungen in Logistik, in der Steuerung der Finanzen, in der Lagerhaltung, oder in der Automatisierung. Nur wer die Produktivität jedes Jahr um ein paar Prozent steigert, kann auf Dauer mithalten. Erfolgreiche Unternehmen brauchen daher mehr als je kreative, anpassungsbereite, leistungsfähige und engagierte Mitdenker. Solche Mitarbeiter sind die Basis, um in Krisenzeiten zu überstehen und beim Aufschwung dabei zu sein.

Wie schafft es ein Unternehmen, dass seine Mitarbeiter nicht nur zur Arbeit kommen, sondern mitdenken? Warum nimmt der Stress zu, und was sind die Folgen? Wie erhält und fördert ein Unternehmen das Leistungsvermögen und die Leistungsbereitschaft seiner Mitarbeiter? Welche Qualitäten in Kultur, in Führung, in Werten, in der Organisation fördern, dass Mitarbeiter mitdenkend ihr maximales Potenzial abrufen und dabei gesund bleiben? Welchen Beitrag leistet dazu ein modernes betriebliches Gesundheitsmanagement? Welche

54

Kennziffern helfen, den Return on Investment zu beziffern? Wie hilft Gesundheitsmanagement die Herausforderungen durch den demografischen Wandel zu bewältigen? Auf diese Fragen skizziert der nachstehende Beitrag Antworten.

Was Mensch und Maschine unterscheidet

Je weiter sich eine Tätigkeit von einfachen, wiederholbaren mechanischen Vorgängen entfernt und etwa eigene Entscheidungen, den Aufbau von Beziehungen zu Kunden oder Mitarbeitern, oder Kreativität und Einsatzbereitschaft erfordert, desto mehr bedarf es des konzertierten Einsatzes komplexer neuronaler Verschaltungen im Gehirn, an denen vor allem das Frontalhirn beteiligt ist. Sobald auch noch Engagement und die Zusammenarbeit der Mitarbeiter relevant werden, müssen dazu Nervenzentren einbezogen werden, die etwa über die Fähigkeit verfügen, emotionale Stimmungslagen im Gegenüber zu erkennen und zu verarbeiten. Die Fähigkeit, in einem komplexen Produktionsablauf gemeinsam mit anderen Mitarbeitern patentierbare Neuerungen zu erdenken, hebt das menschliche Gehirn über den Zusammenschluss von Computern zu einem Rechner-Cluster weit hinaus.

Die für mentale Leistungen benötigten komplexen neuronalen Verschaltungen im Frontalhirn werden indes vor allem dann aktiv, wenn die für die emotionale Bewertung zuständigen Zentren im Gehirn Sicherheit und ein positives Umfeld signalisieren. Wer von Angst und Sorgen geplagt wird, schafft es, Schrauben einzudrehen. Indes blockieren die für Stressreaktion und Angstregulation zuständigen Nervenzellen die Aktivität des für Kreativität und geistige Leistungen wichtigen Frontalhirns. Unter Angst wird daher selten jemand neue Patente erfinden. Jeder Mensch ist in einem emotionalen Zustand von Erschöpfung, Enttäuschung und Mangel an Wertschätzung weniger leistungsfähig, weniger leistungsbereit und trifft häufiger Fehlentscheidungen als in einem positiven sozialen Umfeld. An diesen Grundgesetzen der menschlichen Gehirnfunktion kommt niemand vorbei. Genauso wie es die aerodynamischen Gesetze ausschließen, dass gewöhnliche Flugzeuge rückwärts fliegen.

In noch einem Punkt unterscheiden sich Menschen vom Superrechner. Maschinen kennen keine Motivation oder den Unterschied zwischen Engagement und tolerierender Trägheit. Die Leistungsbandbreite von Automaten schwankt in der Regel um wenige Zehntel Prozent. Anders beim Menschen – mit Desinteressierten wird niemand Meister. Ein Studie des Bundesministeriums für Arbeit und Soziales untermauert die Zusammenhänge: Engagierte Mitarbeiter schreiben die schwärzesten Zahlen. Das gilt für Unternehmen aller Branchen. Kein Wunder, dass in erfolgreichen Unternehmen doppelt so häufig Mitarbeiter vom Typ »Aktiv-Engagierte« und weniger als ein Drittel so oft »Akut-Unzufriedene« und »Desinteressierte« beschäftigt sind als bei der weniger profitablen Konkurrenz.

Was jeder Mannschaftstrainer weiß, gilt auch für Unternehmen: Die körperliche Gesundheit der Beteiligten ist nur die notwendige Voraussetzung, um überhaupt antreten zu können. Die körperliche Gesundheit allein reicht aber nicht, um im entscheidenden Match als Gewinner den Platz zu verlassen. Unterschiede in Teamgeist, Zuversicht, Einsatz, Wagnis, Mut, Zusammenspiel, Kreativität und Originalität sind die entscheidenden psychischen Faktoren für den Erfolg.

Modernes betriebliches Gesundheitsmanagement muss daher über das Abwenden von potenziell vermeidbaren berufsbedingten körperlichen Erkrankungen hinausführen. Es sollte in Zusammenarbeit zwischen Linienmanagement, Personalentwicklung und Gesundheitsdiensten erreichen, die psychosozialen Belastungen zu minimieren und gesundheitsförderliche Haltungen zu unterstützen. Wenn Menschen einen Sinn in der Arbeit sehen, sich wertgeschätzt fühlen, Entwicklungschancen ausmachen und sich als zugehörig erleben, dann sind sie zu Höchstleistungen fähig.

Stress und die betrieblichen Folgen

»Mehr als 80 Prozent der Deutschen klagen über Stress« – ist die Kernaussage einer im Januar 2009 im Auftrag der Techniker Krankenkasse durchgeführten repräsentativen Studie an 1.104 Bundesbürgern zwischen 14 und 65 Jahren. Jeder dritte Befragte fühlt sich »ständig oder häufig gestresst.« Davon sind alle Altersgruppen betroffen, am stärksten jedoch die 30- bis 39-Jährigen. Die Weltgesundheitsorganisation sieht im chronischen Stress eines der bedeutsamsten Gesundheitsrisiken des 21. Jahrhunderts. Obschon Stress ein wesentlicher Mitverursacher der häufigsten und teuersten Erkrankungen in Deutschland ist, wird Stress bis heute nicht in den Fehlzeitenstatistiken benannt. Wer in diesem Zusammenhang von Stress spricht, meint damit meist die chronische, über Wochen oder Monate wiederkehrende Belastung. Stress ist indes ein solches Mode- und Gummiwort geworden, dass etwas Begriffseingrenzung dem weiteren Verständnis hilft.

Akute Bedrohung löst eine biologische Anpassungsreaktion mit messbaren körperlichen Veränderungen aus: die akute Stressreaktion. In Lebensgefahr kann jeder schneller rennen. Beim Menschen braucht es für eine akute biologische Stressreaktion nicht einmal eine tatsächliche Gefahr. Es reicht unter Umständen bereits eine vorgestellte und vermutete starke Bedrohung der körperlichen, sozialen oder psychischen Integrität, um eine biologische Stressreaktion auszulösen [1]. Die akute Stressreaktion ist ein evolutionsbiologisch uralter Mechanismus, der bei den Säugetieren besonders gut entwickelt ist. Wer besser voraussehen kann, was in den nächsten Minuten passieren wird, hat Überlebensvorteile sowohl bei Kampf wie bei der Flucht. Die Vernunftbegabung des Menschen ist, Gefahr besonders weit voraussehen zu können. Das gibt die Freiheit, die gefährliche Zukunft als Herausforderung zu erleben und sich bewusst darauf einzulassen, etwa beim ersten Fallschirmsprung. So überrascht nicht, dass 75 Prozent aller befragten Männer der Aussage zustimmen: »Um ein Ziel zu erreichen, nehme ich Stress für absehbare Zeit in Kauf.« [2]

57

Die akute Stressreaktion setzt eine Reihe biologisch wichtiger Mechanismen in Gang, vom veränderten Muskelstoffwechsel bis zur Verknüpfung von Nervenzellen. Diese Kaskade biologischer Veränderungen macht Sinn als Vorbereitung auf Kampf oder Flucht [3]. Dann braucht es mehr Blutzucker und höhere Blutfette als Energieträger, erhöhte Entzündungsbereitschaft zur Abwehr möglicher Infektionen [4], raschere Blutgerinnung im Falle einer Verletzung und gesteigerten Herzschlag, um die Muskulatur besser zu durchbluten [5]. So vorbereitet steigen die Chancen auf Überleben [6].

Was für die evolutionsbiologisch verankerte Stressreaktion des Einzelnen zutrifft, gilt auch für die mögliche Stressantwort einer Organisation. So wie der Einzelne bei Gefahr schneller rennt, können auch Organisationen bei Gefahr eine Weile lang schneller rennen. Daher ist es kurzfristig in Krisenzeiten fast immer möglich, die Kosten für Mitarbeiter zu senken und die gleiche Leistung mit 5 oder 10 Prozent weniger Belegschaft zu erzielen. Der Preis dafür ist chronischer Stress. Kein vernünftiger Ingenieur würde eine Maschine permanent an der maximalen Leistungsgrenze laufen lassen – zu groß wäre der Verschleiß am Material. Der Druck, in immer kürzerer Zeit immer mehr leisten zu müssen, lastet heute auf vielen. Je stärker der Druck zunimmt, desto weniger Menschen bewältigen ihn.

Chronischer Stress beschränkt seine Wirkungen nicht nur auf den Kopf. Während akuter Stress zu körperlichen Höchstleistungen beflügeln kann, hat chronischer Stress vor allem Nachteile [6]. In der Evolution half die chronische Stressreaktion anhaltende Gefahr, etwa eine Hungersnot zu überleben. Während einer chronischen Stressreaktion verzichtet der Organismus darauf, die für Erholung und Entspannung zuständigen Systeme zu aktivieren [7]. Die Muskelspannung bleibt erhöht, ebenso der Blutdruck, die Blutfette, der Blutzucker. Hingegen ist beispielsweise die Abwehrbereitschaft für Erkältungsviren vermindert [8], die Zahl der im Blut kreisenden Reparaturzellen [9] oder vieles, was mit Reproduktion zusammenhängt.

Chronischer Stress lässt sich über Tage und Wochen gut aushalten, etwa um ein schwieriges Projekt umzusetzen, wenn der Anspannung

Zeiten der Entspannung folgen. Dann kann Stress sogar süchtig machen. Das Erleben, unter höchster Anspannung die beste Leistung abzuliefern, kann bei manchen durch die Ausschüttung morphinähnlicher Botenstoffe im Gehirn sogar Glücksgefühle auslösen [10]. Wer viel Entscheidungsfreiheit und Handlungsspielraum hat [11], von einem guten sozialen Umfeld getragen wird, und wer von sich überzeugt ist, auch für schwierige Probleme immer eine Lösung zu finden, hat gute Chancen, auf der Sonnenseite aus dem Tunnel eines mehrwöchigen Stress herauszukommen. Auf Dauer hat die chronische Alarmbereitschaft jedoch vor allem negative Folgen, auf den Organismus und auf das Funktionieren des Gehirns: Die Merkfähigkeit [12] und Urteilsfähigkeit nehmen ab, die Kooperationsbereitschaft leidet. Alarmsignale wie Erschöpfung, Burnout, Angst und Depression nehmen zu. Chronischer Stress verstärkt Schmerzen, schwächt das Immunsystem und beschleunigt die Entstehung von Herz-Kreislauf-Erkrankungen und Diabetes [8, 13-15].

Im Vergleich zu den »gelegentlich oder nie Gestressten« klagen Erwerbstätige, die sich »häufig oder ständig gestresst« fühlen, über 37 Prozent mehr Muskelverspannungen und Rückenschmerzen, über 40 Prozent mehr Erkältungen, 65 Prozent häufiger über Migräne und Kopfschmerzen, und zwischen drei bis viermal so häufig über Schlafstörungen, niedergedrückte Stimmung und Depression, Übelkeit und Magenbeschwerden oder Gereiztheit und Angstzustände [15]. Die Kosten für die Volkswirtschaft in Deutschland belaufen sich auf zweistellige Milliardenbeträge. Chronischer Stress beschleunigt das biologische Altern und verschärft damit die Folgen des demografischen Wandels. In Bezug auf das Risiko eines Herzinfarkts ist chronischer Stress mutmaßlich so bedeutsam wie Rauchen und übertrifft medizinisch etablierte Risikofaktoren wie Bluthochdruck und Diabetes [16].

Betriebliches Gesundheitsmanagement, das chronischen Stress und seine arbeitsbedingten Ursachen und Folgen nicht erfasst, ist daher wie Herz-Kreislauf-Vorsorge ohne das Messen von Blutfetten und Blutdruck. Zeitgemäßes betriebliches Gesundheitsmanagement sollte dazu beitragen, arbeitsbedingten chronischen Stress zu erkennen und zu mindern. Dies geht nur in gemeinsamer Verantwortung von Produktion und Personalentwicklung. An den äußeren Rahmenbedingungen können Unternehmen selten etwas ändern. Die gesundheitlichen Konsequenzen von Stress indes haben Unternehmen weitgehend selbst in der Hand.

Kennziffern und das Gesundheitspotenzial

Wer das Gesundheitspotential eines Unternehmens managen will profitiert von einer Strategie und von betriebswirtschaftlichen Kennziffern, die den Erfolg oder Misserfolg von Maßnahmen und Investitionen abschätzen lassen. Fehlzeiten allein sind dafür ein ungeeigneter Indikator. Sie zeigen eher die verpassten Chancen der Vergangenheit an, so wie Unfallkennziffern wenig über die Qualität und Innovation von Automobilen aussagen. Das Fokussieren auf Fehlzeiten ist vergleichbar damit, den Fortschritt im Automobilbau ausschließlich am Verlauf der Unfallstatistik zu messen. In der Zukunft wird bedeutsam werden, das überdurchschnittliche oder unterdurchschnittliche Gesundheits- und Leistungspotenzial der Mitarbeiter eines Unternehmens in der Bilanz auszuweisen - vergleichbar zu den heute bereits anerkannten Verfahren, den Wert einer Marke zu bilanzieren.

Jede Investition in betriebliches Gesundheitsmanagement steht in Konkurrenz zu anderen Maßnahmen zur Optimierung des Unternehmens. Zukünftiges betriebliches Gesundheitsmanagement benötigt daher differenzierte Daten zur Wirkung. Diese Kennziffern sollten erlauben, kurz- mittel- und langfristige Effekte zu unterscheiden (< 1 Jahr, 1 – 5 Jahre, > 5 Jahre). Die Kennziffern sollten ermöglichen, sowohl die möglichen direkten als auch indirekten Nutzen für das Unternehmen zu schätzen. Im Idealfall erlauben empirische Fallstudien, den positiven Nutzen für das Unternehmen etwa in gesteigerter Produktivität zu beziffern.

Solange betriebliches Gesundheitsmanagement als Synonym für Unfallverhütung und Arbeitsschutz verstanden wird, ist es hinreichend, als Erfolgskennziffer die Abnahme der Unfälle, der Berufskrankheiten und berufsbedingten Frühpensionierungen und Fehlzeiten zu werten. Zeitgemäßes betriebliches Gesundheitsmanagement, das darauf zielt die Leistungsfähigkeit, die Leistungsbereitschaft, das Leistungspotenzial und die Leistungskompetenz der Mitarbeiter zu stärken, benötigt jedoch mehr an Kennziffern als einen Fehlzeitenreport.

Zeitgemäßes betriebliches Gesundheitsmanagement sollte zwei Kategorien von Kennziffern aufweisen: Kennziffern zu den Stellgrößen und Kennziffern zu den Wirkungen. Stellgrößen identifizieren Faktoren, die durch das betriebliche Gesundheitsmanagement direkt und primär beeinflusst werden. Dies können zum einen direkt gesundheitsbezogene Faktoren sein wie Gesundheitsverhalten, beispielsweise die Raucherquote bei Lehrlingen oder gewerblich Beschäftigten, der Konsum von Speisen in der Betriebskantine, oder die Rate an Verletzungen. Dies können auch Faktoren mit stärkerem Bezug zu Stress, zu Belastungen und gesundheitsrelevanten Ressourcen im Unternehmen sein, wie etwa Arbeitsbedingungen, Wertschätzung oder wahrgenommene Unterstützung durch Führungskräfte. Die zweite Gruppe von Kennziffern beziffern die Auswirkungen. Während sich Return on Investment in einen neuen Automaten unmittelbar über die höhere Stückzahl berechnen lässt, wirken die auf das Sozialkapital eines Unternehmens abzielenden Investitionen in einem System. Je stärker das betriebliche Gesundheitsmanagement in die strategische Entwicklung des Unternehmens integriert wird, umso komplexer ist es, den anteiligen Erfolg des betrieblichen Gesundheitsmanagement direkt zu beziffern.

Ansätze einer betriebswirtschaftlichen Bewertung

Erfolgreiche Unternehmen haben engagiertere Mitarbeiter, die meist über bessere Ressourcen am Arbeitsplatz verfügen, höhere Wertschätzung und mitarbeiterorientierte Führung erfahren, sich mit den Werten der Organisation identifizieren und auf verlässliche soziale Netze vertrauen können. Diese Faktoren fördern nicht nur den Ertrag, sie schützen auch vor Stresserkrankungen. Erste fundierte wissenschaftliche Untersuchungen weisen eine Richtung, welcher Effekt von einer

Veränderung auf den unternehmerischen Erfolg erwartet werden darf. Engagement lässt sich messen, Stressbelastung lässt sich messen. Die subjektive und objektive Gesundheit lässt sich messen. Betriebliches Gesundheitsmanagement verfügt daher heute bereits über Kennziffern, die sowohl über psychische und körperliche Gesundheit als auch über die Belastungen und Ressourcen einer Organisation Auskunft geben. Mitarbeiterbefragungen sind ein Anfang, besonders wenn sie in Bezug zum Ertrag gesetzt werden.

Die direkte betriebswirtschaftliche Bewertung des »Gesundheitskapitals« eines Unternehmens steht indes noch am Anfang. Ansätze einer Bewertung in Zahlen bieten die Saarbrücker oder die Dresdner Formel [17, 18]. Die Saarbrücker Formel berechnet das »Humankapital« eines Unternehmens nach dem Marktwert der eingestellten Arbeitskräfte, der sich einerseits durch Abschreibung auf das Wissen vermindert und andererseits durch Investitionen in Weiterbildung erhöht. Zusätzlich korrigiert die Saarbrücker Formel den Wert um einen Motivationsfaktor, der über einen proprietären Fragebogen ermittelt wird.

Das Dresdner Modell basiert auf empirisch ermittelten oder durch Expertenkonsens geschätzten Zusammenhängen zwischen Softfaktoren wie etwa »mitarbeiterorientierte Führung« und der Leistungsvariabilität der Mitarbeiter. Die Veränderung der Softfaktoren wie auch die Leistungsvariabilität lassen sich in sogenannten Standardabweichungen messen. Einer Standardabweichung entspricht die Verbesserung von einem Mittelplatz der Bundesliga auf einen Platz, der zur Teilnahme am UEFA-Cup berechtigt. Die Dresdner Formel vereint die Prinzipien statistisch abgesicherter Prognosen mit den Grundlagen gesundheitsökonomischer Bewertungsverfahren. Das Resultat ist ein Ansatz, Investitionen in betriebliches Gesundheitsmanagement vergleichbar zu machen und den Return on Investment beziffern zu können.

Ohne belastbare Zahlen, welche der Unternehmensleitung den Nutzen ausweisen, wird betriebliches Gesundheitsmanagement nicht aus der Nische des Fringe-Benefits herausfinden, den sich Unternehmen als Luxus in guten Zeiten gönnen, und auf den sie in der Krise rasch verzichten.

Die Herausforderung des demografischen Wandels

Als Folge des *demografischen Wandels* werden Unternehmen künftig die gleiche Wertschöpfung wie heute mit einer durchschnittlich deutlich älteren Belegschaft erzielen müssen. Eine ältere Belegschaft bedeutet ohne Fortschritt in der Gesundheitsförderung: Der Anteil an chronisch erkrankten Mitarbeitern steigt – und damit der Anteil der Personen, die nicht voll einsatzfähig sind, wegen ihrer Erkrankung über länger Zeiten ausfallen oder in eine krankheitsbedingte Frühpensionierung versetzt werden müssen.

Der demografische Wandel existiert in den Köpfen daher vor allem als düsteres Zukunftsszenario, sozusagen als gesellschaftliches Parallelstück zur Bedrohung durch den Klimawandel. Gewiss ist allein, dass Altersteilzeit mit 58 ein Auslaufmodell ist. Unklar ist nur, bis wann es ausreichen wird, bis 65 zu arbeiten, und wann ein Rentenalter von 70 zur Regel wird. Gewiss ist auch, dass 80 Prozent der chronischen Erkrankungen durch Prävention und Gesundheitsförderung entweder vermeidbar oder zumindest um viele Jahre hinausgeschoben werden können. Sowohl für Unternehmen wie auch für die Gesellschaft werden die externen Effekte betrieblichen Gesundheitsmanagement, ausgedrückt in verlängerter Erwartung an gesunden Lebensjahren, bedeutsam. In der primären Prävention von chronischen Erkrankungen stellen sich die Effekte jedoch erst mit einer Latenz von 10 bis 15 Jahren ein (zum Beispiel ein späterer Übergang vom symptomlosen Prä-Diabetes zur behandlungsbedürftigen Blutzuckererkrankung). Diese lange Latenz macht es in der Fokussierung auf Quartalsberichte und Jahresabschlüsse besonders schwer, die Notwendigkeit zu vermitteln, möglichst bald mit nachhaltiger Gesundheitsförderung in Betrieben die Wettbewerbsfähigkeit der Unternehmen zu erhalten.

Erfolgreiches betriebliches Gesundheitsmanagement ist – vergleichbar zur Bildung – eine Investition in die Zukunft. So wie niemand in unserer Gesellschaft auf die Idee käme, Grundschüler an eine Werkbank zu stellen, sondern Bildung als Pflicht aller anerkennt, ist auch die gesundheitliche Prävention die Gemeinschaftsaufgabe der Zukunft. In der Bildung stellt die Gesellschaft die förderlichen Rahmenbedingungen, aber jeder Schüler muss das ABC und das Einmaleins letztlich selbst erlernen. Wäre es in der Bildung wie heute in der Prävention, nämlich die Teilnahme der Beliebigkeit der Einzelnen überlassen, gäbe es kaum ausreichend befähigte Kräfte für Wertschöpfung. In der Prävention und Gesundheitsförderung braucht es heute Pioniere, so wie zuerst Straßburg und Pfalz-Zweibrücken bereits im 16. Jahrhundert die allgemeine Schulpflicht einführten.

Im Zeiten des demografischen Wandels sollte sich heute jedes Unternehmen fragen, welche der möglichen Investition in betriebliches Gesundheitsmanagement kurz, mittel- und langfristig die besten Früchte trägt. Kurz- und mittelfristige Effekte bei Fehlzeiten sind vor allem bei den psychischen und psychosomatischen Erkrankungen zu erwarten, bei Schmerzleiden, bei Motivation und Engagement und im Zusammenhang mit psychischen Belastungen, etwa bei Rückenschmerzen. Langfristige Wirkungen, die oft über das Berufsleben hinausreichen, betreffen vor allem die chronischen Erkrankungen.

Im Hinblick auf den demografischen Wandel könnte die Diskussion davon profitieren, dem kalendarischen Durchschnittsalter der Mitarbeiter ein errechnetes biologisches Alter gegenüberzustellen, das alle Risikokategorien und Ressourcen berücksichtigt. Dieses biologische Alter lässt sich für Herzkreislauferkrankungen mit hinreichender medizinischer Evidenz bestimmen. Das biologische Alter sollte die klassischen medizinischen Risikofaktoren berücksichtigen, zusätzlich das persönliche Gesundheitsverhalten, wie etwa Rauchen oder körperliche Inaktivität. Auf einer dritten Stufe könnten auch die psychischen Belastungen mit eingerechnet werden. Schließlich verursachen ungünstige Arbeitsbedingungen durch Mangel an mitarbeiterorientierter Führung und Vertrauen sowie durch belastende Arbeitsabläufe nach Erkenntnissen verschiedener wissenschaftlicher Studien einen Unterschied im biologischen Alter von etwa 5 bis 8 Jahren – vergleichbar dem Rauchen von etwa 10 Zigaretten täglich [16, 19].

Unternehmen können ihren Mitarbeitern nicht vorschreiben, was sie trinken, essen, einatmen und ob sie sich bewegen. Die Interheart-Studie zeigt, dass die Klassiker wie Bewegung, maßvoller Alkoholkonsum und Ernährung zusammengenommen nicht so bedeutsam sind für das Risiko eines Herzinfarkts wie psychischer Stress [16]. Unternehmen können Rahmenbedingungen schaffen, in denen es leichter fällt, sich mehr zu bewegen, weniger zu rauchen und gesünder zu essen. Unternehmen können vor allem Arbeitsbedingungen schaffen, in denen die psychischen Belastungen auf ein Maß reduziert werden, das mit nachhaltiger Gesundheit vereinbar ist. Unternehmen können eine Kultur schaffen, in der bei aller Rücksicht auf den globalen Wettbewerb Menschen in der Arbeit einen Sinn und eine Aufgabe finden, für sich Chancen der Entwicklung finden und in der sie die Wertschätzung erfahren, die sich für gute Arbeit gebührt [20]. Dann lässt sich auch hohe Belastung durch chronischen Stress leichter ertragen – das gilt für Versuchstiere wie für Menschen [21]. Das Schaffen von Arbeitsbedingungen, in denen das »immer schneller in immer kürzerer Zeit« überlebbar bleibt, das ist Führungsaufgabe und Gestaltungsraum der Verantwortlichen. Die Aufgabe der Zukunft ist, die Arbeitsbedingungen, Führung und Unternehmenskultur so zu gestalten und zu leben, dass Mitarbeiter langfristig ihr Leistungsvermögen, ihre Leistungskompetenz und ihre Leistungsbereitschaft entfalten. Dazu bedarf es nicht mehr an Druck, sondern positiver Erfahrungen und Haltungen. Es geht nicht darum, immer schneller zu rennen. Die Aufgabe ist, intelligenter zu laufen.

Literatur

[1]   STEFANO GB, STEFANO JM, ESCH T, *Anticipatory stress response: a significant commonality in stress, relaxation, pleasure and love responses. Med Sci Monit 2008; 14:RA17-21.*

[2]   F.A.Z INSTITUT T. *Kundenkompass Stress. Hamburg: Techniker Krankenkasse, 2009.*

[3]   MCEWEN BS. *The end of stress as we know it. Washington D.C.: Joseph Henry Press, 2002.*

[4]   MEDZHITOV R, *Origin and physiological roles of inflammation. Nature 2008; 454:428-35.*

[5]   MCEWEN BS, *From molecules to mind. Stress, individual differences, and the social environment. Ann N Y Acad Sci 2001; 935:42-9.*

[6]   MCEWEN BS, *Stress, adaptation, and disease. Allostasis and allostatic load. Ann N Y Acad Sci 1998; 840:33-44.*

[7]   THAYER JF, FISCHER JE, *Heart rate variability, overnight urinary norepinephrine and C-reactive protein: evidence for the cholinergic anti-inflammatory pathway in healthy human adults. J Intern Med 2009; 265:439-47.*

[8]   BOSCH JA, FISCHER JE, FISCHER JC, *Psychologically adverse work conditions are associated with CD8+ T cell differentiation indicative of immunesenescence. Brain Behav Immun 2009; 23:527-34.*

[9]   FISCHER JC, KUDIELKA BM, VON KANEL R, SIEGRIST J, THAYER JF, FISCHER JE, *Bone-marrow derived progenitor cells are associated with psychosocial determinants of health after controlling for classical biological and behavioral cardiovascular risk factors. Brain Behav Immun 2009; 23:419-26.*

[10]   ROBBINS TW, *Controlling stress: how the brain protects itself from depression. Nat Neurosci 2005; 8:261-2.*

[11]   AMAT J, BARATTA MV, PAUL E, BLAND ST, WATKINS LR, MAIER SF, *Medial prefrontal cortex determines how stressor controllability affects behavior and dorsal raphe nucleus. Nat Neurosci 2005; 8:365-71.*

[12]   BANGASSER DA, SHORS TJ, *The hippocampus is necessary for enhancements and impairments of learning following stress. Nat Neurosci 2007; 10:1401-3.*

[13]   BOSMA H, PETER R, SIEGRIST J, MARMOT M, *Two alternative job stress models and the risk of coronary heart disease. Am J Public Health 1998; 88:68-74.*

[14]   MARMOT MG, BOSMA H, HEMINGWAY H, BRUNNER E, STANSFELD S, *Contribution of job control and other risk factors to social variations in coronary heart disease incidence. Lancet 1997; 350:235-9.*

[15]   KOUVONEN AM, VAANANEN A, WOODS SA, HEPONIEMI T, KOSKINEN A, TOPPINEN-TANNER S, *Sense of coherence and diabetes: a prospective occupational cohort study. BMC Public Health 2008; 8:46.*

[16]   YUSUF S, HAWKEN S, OUNPUU S, DANS T, AVEZUM A, LANAS F, MCQUEEN M, BUDAJ A, PAIS P, VARIGOS J, LISHENG L, *Effect of potentially modifiable risk factors associated with myocardial infarction in 52 countries (the INTERHEART study): case-control study. Lancet 2004; 364:937-52.*

[17]   FRITZ S. *Ökonomischer Nutzen »weicher« Kennzahlen. Zürich: VDF Hochschulverlag AG, 2005.*

[18]   MÜLLER S. *Humankapitalbewertung und Gesundheitsmanagement - Erkenntnisse mit der Saarbrücker Formel, In: Badura B, Schröder H, and Vetter C, eds. Fehlzeiten-Report 2008. Heidelberg: Springer, 2009:121-126.*

[19]   ROSENGREN A, HAWKEN S, OUNPUU S, SLIWA K, ZUBAID M, ALMAHMEED WA, BLACKETT KN, SITTHI-AMORN C, SATO H, YUSUF S, *Association of psychosocial risk factors with risk of acute myocardial infarction in 11119 cases and 13648 controls from 52 countries (the INTERHEART study): case-control study. Lancet 2004; 364:953-62.*

[20]   OLSSON G, HEMSTROM O, FRITZELL J, *Identifying Factors Associated with Good Health and Ill Health : Not Just Opposite Sides of the Same Coin. Int J Behav Med 2009.*

[21]   MITRA R, SAPOLSKY RM, *Effects of enrichment predominate over those of chronic stress on fear-related behavior in male rats. Stress 2008:1.*

Zusammenfassung

Was jeder Mannschaftstrainer weiß, gilt auch für Unternehmen: Die körperliche Gesundheit ist nur die notwendige Voraussetzung, um überhaupt antreten zu können. Sie allein reicht aber nicht, um im entscheidenden Match als Gewinner den Platz zu verlassen. Unterschiede in Teamgeist, Zuversicht, Einsatz, Wagnis, Mut, Zusammenspiel, Kreativität und Originalität sind die entscheidenden psychischen Faktoren für den Erfolg.

Wer von Angst und Sorgen geplagt wird, schafft es, Schrauben einzudrehen. Indes blockieren die für Stressreaktion und Angstregulation zuständigen Nervenzellen die Aktivität des für Kreativität und geistige Leistungen wichtigen Frontalhirns. Jeder Mensch ist in einem emotionalen Zustand von Erschöpfung, Enttäuschung und Mangel an Wertschätzung weniger leistungsfähig, weniger leistungsbereit und trifft häufiger Fehlentscheidungen als in einem positiven sozialen Umfeld.

Modernes betriebliches Gesundheitsmanagement muss daher über das Abwenden von berufsbedingten körperlichen Erkrankungen hinausführen: Es sollte in Zusammenarbeit zwischen Linienmanagement, Personalentwicklung und Gesundheitsdiensten erreichen, die psychosozialen Belastungen zu minimieren und gesundheitsförderliche Haltungen zu unterstützen. Insbesondere sollte es dazu beitragen, arbeitsbedingten chronischen Stress zu erkennen und zu mindern. Wenn Menschen einen Sinn in der Arbeit sehen, sich wertgeschätzt fühlen, Entwicklungschancen ausmachen und sich als zugehörig erleben, dann sind sie zu Höchstleistungen fähig.

Gesundheit und Betriebsergebnis

Gesunde Mitarbeiter – gesunde Bilanz.............................. **71**
Franz Netta

Unternehmenskultur –
Erfolgstreiber und Erfolgsbremsen...................................... **91**
Gregor Schönborn, Christine Buchholz

Gesunde Mitarbeiter –
gesunde Bilanz

Eine interne Studie der Bertelsmann AG belegt: Persönlicher Freiraum und Transparenz der Unternehmensziele sind für Mitarbeiter der beste Gesundheitsschutz. Gleichzeitig steigert die damit verbundene partnerschaftliche Unternehmenskultur das Betriebsergebnis.

In diesem Beitrag erfahren Sie:
- wie Sie Gesundheitsschutz in eine Mitarbeiterbefragung einbeziehen können,
- dass die Unternehmenskultur nachweislich das Betriebsergebnis und die Mitarbeitergesundheit beeinflusst,
- welche Maßnahmen Sie treffen sollten.

Franz Netta

Betriebliches Gesundheitsmanagement
wird zur strategischen Aufgabe

Vor dem Hintergrund des demographischen Wandels wird das betriebliche Gesundheitsmanagement aus zwei Gründen zu einer eminent strategischen Aufgabe: Nur wenn es gelingt, ältere Mitarbeiter auch über die bisherige Altersgrenze von 65 Jahren hinaus gesund und arbeitsfähig zu erhalten, werden genügend Personalressourcen zur Verfügung stehen. Und nur dann wird man eine Explosion der Krankheitskosten vermeiden können.

Noch vor wenigen Jahren haben die Unternehmen in Europa ihre älteren Mitarbeiter reihenweise – unterstützt von »großzügigen« staatlichen oder tariflichen Sozialregelungen – so früh in den Ruhestand verabschiedet, dass das faktische Renteneintrittsalter in vielen europäischen Staaten unter das 60. Lebensjahr gesunken war. Doch hat nun die seit Jahrzehnten übliche Ein-Kind-Ehe der Westeuropäer einerseits und die durch medizinischen Fortschritt verlängerte Lebensdauer andererseits bei insgesamt schrumpfenden Einwohnerzahlen die »Bevölkerungspyramide« eher zu einem »Bevölkerungsbaum« mutieren lassen: Unterhielten im Jahre 2000 noch 3,7 Arbeitsfähige eine Person über 65, werden nach seriöser Hochrechnung im Jahre 2050 nur noch 1,6 Arbeitsfähige einer Person über 65 gegenüberstehen [1].

Will man die Beitragsbelastung der Arbeitenden nicht erhöhen und die Renten der Ruheständler nicht kürzen, kommt man um eine Verlängerung der Lebensarbeitszeit nicht herum – theoretisch auf 77 Jahre, wie der SPIEGEL im Frühjahr 2007 errechnete. Das Erfahrungs- und Leistungspotenzial dieser älteren Mitarbeiter werden die Unternehmen dann auch dringlich brauchen, da junge Mitarbeiter angesichts des Rückgangs der Geburtenzahlen am Arbeitsmarkt nicht ausreichend zur Verfügung stehen werden.

Ohne Intervention eines umfassenden betrieblichen Gesundheitsmanagements würden sich die Unternehmen die veränderte Altersstruktur allerdings teuer erkaufen: Zwar erkranken ältere Mitarbeiter nicht häufiger als Jüngere, fallen aber bei Erkrankungen mit dreimal längerer Krankheitsdauer aus; laut Statistik 2006 des BKK Bundesverbandes entfallen 5,8 Krankheitstage auf die Gruppe der 55-jährigen und älteren Beschäftigten im Vergleich zu 2,3 Krankentagen bei den 15- bis 24jährigen [2]. Ziel von verhältnis- wie verhaltenspräventiven Maßnahmen in den Unternehmen muss es daher sein, Ausfallzeiten durch Erkrankung gerade bei den älteren Mitarbeitern deutlich zu senken und sie nachhaltig fit und leistungsfähig zu erhalten.
Stellt sich also die Frage, durch welche Maßnahmen dieses Ziel am besten erreicht werden kann.

Effiziente Gesundheitsförderung ist aus Analysen von Mitarbeiterbefragungen erkennbar

Welche Möglichkeiten gibt es, die Mitarbeitergesundheit auf effiziente Weise zu fördern? Es bietet sich an, aus der Perspektive der Betroffenen, der Mitarbeiter, nach Antwort zu suchen. Das Instrument der Wahl wird in vielen Unternehmen bereits praktiziert: die Mitarbeiterbefragung. Enthält sie, was allerdings bisher noch die Ausnahme ist, Fragen zur Gesundheit, lassen sich zwischen den Antworten auf die Gesundheitsfrage(n) und den übrigen abgefragten Aspekten des betrieblichen Miteinander Korrelationen herstellen und umfassend »salutogene« Ansatzpunkte für Gesundheitsverbesserungen sowie abzustellende »patogene« Gesundheitsbelastungen identifizieren und ausbauen bzw. reduzieren. Neuere und komplexere statistische Analysetechniken bei der Auswertung von Mitarbeiterbefragungen helfen dabei ungemein, namentlich Pfadmodelle, auch Strukturgleichungsmodelle genannt.

Anders als bisher übliche statistische Verfahren zeigen diese Modelle nicht nur Zusammenhänge zwischen Faktoren auf, sondern bis hinunter zu einzelnen Fragen auch die Einfluss*richtung* – also den Ursache-Wirkungs-Zusammenhang. Scheinkorrelationen werden eliminiert, und bei gegenseitiger Beeinflussung wird der Saldo, also der überwiegende Einfluss dargestellt. Insgesamt erhält man einen Einblick in die selbst den Antwortenden unbewussten Zusammenhänge ihrer Meinungsbildung: ein Psychogramm der Belegschaft.

Ergebnis einer Mitarbeiterbefragung bei Bertelsmann

Auf Bitte des Konzernarbeitskreises Gesundheit hat das Bertelsmann Mitarbeiterbefragungsteam mit den Daten einer 2002 unter Teilnahme von 50.481 Mitarbeitern (Teilnahmequote 78,7 Prozent) durchgeführten Befragung per Strukturgleichungsmodell herausgearbeitet, was denn aus Mitarbeitersicht »Schutz der Gesundheit« ausmacht. Das Ergebnis zeigt die folgende Grafik:

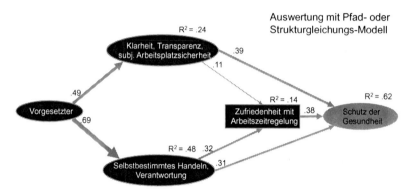

Abb. 1: *Mitarbeiterbefragung bei Bertelsmann: Aus Mitarbeitersicht sind persönlicher Freiraum und Transparenz der Unternehmensziele der beste Gesundheitsschutz.*

Danach erklärt sich der Schutz der Gesundheit zu 62 Prozent (als statistisch sehr signifikant wird ansonsten bereits ein Erklärungsanteil von 31 Prozent angesehen!) durch drei Faktoren: durch Autonomie in der eigenen Arbeit, Transparenz und Einschätzbarkeit der Unternehmensstrategie und Sicherheit des Arbeitsplatzes und Zufriedenheit mit der Arbeitszeitregelung. Der Zusammenhang zwischen der Arbeitszeitregelung und dem Gesundheitsschutz liegt nahe – Stichworte sind hier »Work Life Balance«, Schichtmodelle, Zeit- und Überstundenbelastung. Interessant und keineswegs selbsterklärend sind jedoch die ersten beiden Punkte, nämlich die enorme Bedeutung, die der Autonomie und Transparenz zugemessen wird.

Autonomie schützt die Gesundheit

Interessant an dem Ergebnis ist, dass die Autonomie in der eigenen Arbeit zum einen direkt auf das Gefühl ausreichenden Gesundheitsschutzes durch die Firma wirkt, zum anderen aber auch indirekt über die Zufriedenheit mit der Arbeitszeitregelung. Hier zeigt sich, dass praktisch jeder Mitarbeiter (über Ausnahmen wird noch zu sprechen sein) nach Arbeitsautonomie strebt und dabei sehr wohl unterscheidet, welcher Autonomiegrad ihm angesichts des Arbeitsinhalts zugestanden werden kann. Ein Mitarbeiter an der Rotationsmaschine oder im Callcenter versteht sehr wohl, dass er nicht die gleichen Gestaltungsfreiräume wie ein Geschäftsführer haben kann. Umso empfindlicher und kritischer reagiert er aber, wenn ihm Autonomie oder Mitsprache nicht einmal dort zugestanden wird, wo dies ohne Probleme möglich wäre. Dies betrifft den gesamten Bereich von Urlaubs-, Schicht- und Maschinen- oder Arbeitsplatz-Besetzungsplänen. Warum sollte der Abteilungsleiter es der Gruppe nicht selbst überlassen, wie sie die notwendige Besetzung von Arbeitsplätzen organisiert?

Dass Mitarbeiter der Arbeitsautonomie und der Klarheit über Unternehmensstrategie und Sicherheit des Arbeitsplatzes den entscheidenden Einfluss auf ihre Gesundheit beimessen, offenbart ein unbewusstes feinfühliges Verständnis von Zusammenhängen, die Medizinern, Psychologen und Soziologen wohlbekannt sind: Wichtige Vorgänge, die unbekannt oder unbeeinflussbar sind, machen Angst, Angst erzeugt Stress und häufiger Stress wiederum führt zu psychischen wie körperlichen Erkrankungen. Die Psychologen sprechen vom krankmachenden »Kontrollverlust«. Forschungen von Robert A. Karasek belegten schon Ende der 70er Jahre, dass gesundheitsschädigender Stress stark vom Entscheidungsspielraum in der Arbeit abhängt.[3]

Auch der gewaltige Unterschied in den Krankenquoten der freiwillig gesetzlich Versicherten (1,4 Prozent) und der Pflichtversicherten (3,4 Prozent) [4] dürfte den Autonomie- oder Kontrollaspekt spiegeln. Zwar erklärt sich ein Teil dieses Unterschiedes sicherlich durch eine stärkere körperlicher Belastung der Pflichtversicherten. Es bleibt aber eine nicht abgedeckte Residualgröße, die in der unterschiedlichen Eigenkontrollmöglichkeit der persönlichen Arbeit begründet sein dürfte.

Ein anschauliches von vielen selbst erlebtes Alltagsbeispiel bietet ein Effekt, den man »Beifahrersyndrom« nennen könnte: Während

75

der Fahrer in kritischen Situationen gelassen bleibt, weil sein Fuß bereits auf dem Bremspedal ruht, wird der Beifahrer nicht selten Ängste durchleben und Stress empfinden – einfach deshalb, weil er die Situation nicht selbst unter Kontrolle hat.

Führungsverhalten als entscheidender Treiber für Gesundheit

Die Grafik (Abbildung 1) macht noch einen Aspekt deutlich: Die beiden entscheidenden Faktoren, Autonomie sowie Transparenz über die Geschäftsstrategie, werden aus Mitarbeitersicht maßgeblich vom direkten Vorgesetzten beeinflusst. Da er durch Delegation den Verantwortungsspielraum bestimmt und die wichtigste Informationsquelle über die Geschäftsstrategie ist, trifft die subjektive Einschätzung der Mitarbeiter auch hier wieder objektiv zu.

Bestätigt wird die entscheidende Bedeutung des Führungsverhaltens für die Gesundheit auch durch eine andere Art der Befragungsauswertung, dem Extremgruppenvergleich:

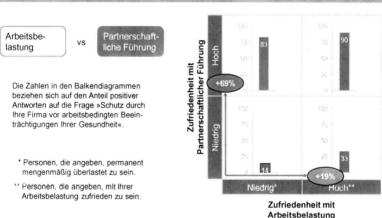

Abb. 2: *Gesundheitsschutz aus Mitarbeitersicht: Das Führungsverhalten ist wichtiger als die Arbeitsbelastung.*

Die Grafik zeigt, dass die Mitarbeiter, die sich arbeitsmäßig überlastet und zusätzlich noch schlecht geführt fühlen, nur zu 14 Prozent (unterer linker Quadrant) dem Unternehmen einen zufriedenstellenden Schutz ihrer Gesundheit attestieren. Besteht mit beiden Aspekten Zufriedenheit, wird zu 90 Prozent auch ein zufriedenstellender Gesundheitsschutz bejaht (oberer rechter Quadrant). Interessanterweise vermag eine Reduktion der Arbeitsbelastung die Zufriedenheit mit dem Gesundheitsschutz nur graduell zu fördern (Befragte beurteilen den Gesundheitsschutz um 19 Prozentpunkte positiver), während selbst bei empfundener zu hoher Arbeitsbelastung eine gute Führung die Zufriedenheit mit dem Gesundheitsschutz um 69 (!) Prozentpunkte ansteigen lässt. Eine hohe Arbeitsbelastung wird in einem Klima partnerschaftlicher Führung nicht als Gesundheitsbeeinträchtigung erlebt.

Die Treffsicherheit des subjektiven Urteils der Mitarbeiter über den Einfluss des Führungsverhaltens auf ihre Gesundheit bestätigte sich bei Analysen der objektiven Krankenquoten strukturell gleicher Bertelsmann-Firmen bzw. Abteilungen: In partnerschaftlich gut geführten Bereichen sank der Krankenstand von 2001 auf 2003 kontinuierlich, in nicht partnerschaftlich geführten stieg er gegen den gesellschaftlichen seinerzeitigen Trend sogar an. Und an Hand einer Korrelation der Mitarbeiterbefragungsergebnisse 2006 mit den Krankenquoten ließ sich ermitteln, dass die bestgeführten 25 Prozent der Unternehmen eine um 29 Prozent unter dem Durchschnitt liegende Krankenquote aufwiesen – während das Quartil mit den schlechtesten Führungsbeurteilungen durch die Mitarbeiter in der Krankenquote um 46 Prozent über dem Firmendurchschnitt lag!

Die Bertelsmann-Studien werden durch internationale wissenschaftliche Erkenntnisse gestützt. So konstatiert der finnische Arbeitswissenschaftler Prof. Juhani Ilmarinen [5, S.245] auf Basis einer zehnjährigen Studie: »Gutes Führungsverhalten und gute Arbeit von Vorgesetzten ist der *einzige* hoch signifikante Faktor, für den eine Verbesserung der Arbeitsfähigkeit zwischen dem 51. und 62. Lebensjahr nachgewiesen wurde.« Und etwas weiter in dem Buch weist Ilmarinen darauf hin, dass »unbefriedigende Anerkennung und Wertschätzung am Arbeitsplatz« das Risiko der Arbeitsfähigkeitsverschlechterung aufs 2,4-fache erhöhe, in Gegenrichtung aber sogar eine 3,6-fach erhöhte Chance zur Verbesserung der Arbeitsfähigkeit liege. Für ältere Mitarbeiter sei insbesondere das Maß der Arbeitsautonomie gesundheitsrelevant – womit wir präzise bei der Zielsetzung des betrieblichen Gesundheitsmanagements zur Gesundheitsverbesserung gerade in dieser Zielgruppe wären.

Notwendige Randbedingungen für eine salutogene Arbeitsautonomie

In aller Regel – so lässt sich festhalten – leistet größere Arbeitsautonomie einen gesundheitsfördernden Beitrag. Eine wichtige Ausnahme bilden jedoch einige wenige, vielleicht fünf Prozent der Fälle: Mitarbeiter, die unter Versagensängsten leiden, würden unter der »Last« der Eigenverantwortung kollabieren. Diese Fälle herauszufinden und dort stärker führend zu entlasten und einfühlsam zunächst Selbstvertrauen aufzubauen, gehört sicher zu den schwierigsten Aufgaben eines Vorgesetzten.

Ein zweiter Aspekt kommt hinzu: Kontraproduktiv ist die Übertragung von Arbeitsautonomie auch dann, wenn Arbeitsfehler sofort mit Sanktionen belegt werden. Wirkliche Arbeitsautonomie ist ohne eine fehlertolerante Kultur nicht vorstellbar. »Die selbstverantwortliche Aufgabenstellung beinhaltet auch das Recht, Fehler zu machen und daraus zu lernen«, fordert der Bertelsmann Nachkriegsgründer Reinhard Mohn [6] mit Recht und stellt fest: »Vielleicht wird beim Dienst nach Vorschrift weniger falsch gemacht. Dafür unterbleibt aber auch die notwendige unternehmerische Entscheidung.«

Gesundheitsmanagement = Ergebnismanagement

Höchst erfreulich ist, dass die gleichen Faktoren (Autonomie sowie Kenntnis der Unternehmensstrategie), die positiv auf die Gesundheit wirken, auch entscheidend zur Identifikation eines Mitarbeiters mit seiner persönlichen Arbeit und dem Unternehmen beitragen – wie erstmals zwei Studien der Bertelsmann AG mit den Daten der weltweiten Mitarbeiterbefragungen 2002 und 2006 belegen konnten. Die durch eine solche Führungskultur erzeugte Identifikation wiederum wirkt nach diesen Studien auf das betriebswirtschaftliche Ergebnis des Unternehmens.

Auch hier vermittelt ein Strukturgleichungsmodell die wichtigen Erkenntnisse:

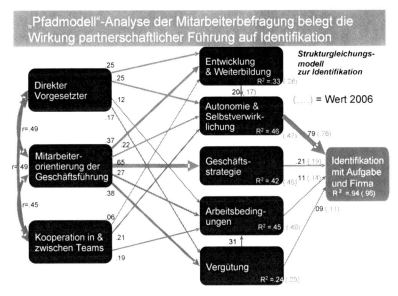

Abb. 3:   *Pfadmodell-Analyse der Mitarbeiterbefragung: Persönlicher Freiraum schafft Identifikation mit Aufgabe und Unternehmen.*

Mit dem äußerst beachtlichen Wert von 94 Prozent aus den Daten der Mitarbeiterbefragung 2002 (50.481 Teilnehmer, Beteiligungsquote 78,7 Prozent) und sogar 96 Prozent aus den Daten 2006 (64.062 Teilnehmer, Beteiligungsquote 84,5 Prozent) lässt sich die Identifikation mit der eigenen Aufgabe und dem Unternehmen auf lediglich vier Faktoren zurückführen: den Autonomiegrad in der eigenen Arbeit, die Kenntnis der Geschäftsstrategie des Unternehmens, die Arbeitsbedingungen und die Vergütung. Wie die Grafik zeigt, beeinflusst dabei die Vergütung mit dem quadrierten Korrelationskoeffizienten nur ca. zu 1 Prozent den Identifikationsgrad – jedenfalls solange sie relativ auskömmlich ist und damit der bekannten Erfahrung folgt, dass sie »Hygiene«- und nicht Motivations- und Identifikationsfaktor ist. Die Arbeitsbedingungen spielen eine kaum größere Rolle. Die Kenntnis der Geschäftsstrategie liegt bei einem Erklärungsanteil von ca. 4 Prozent zwar deutlich höher – aber weit abgeschlagen hinter den annähernd 64 Prozent Einfluss der Arbeitsautonomie.

Übrigens beantwortet sich damit auch die häufig gestellte Frage, ob es nicht eher der geschäftliche Erfolg sei, der zu einer höheren Identifikation der Mitarbeiter führe denn umgekehrt. Da das Strukturgleichungsmodell die Beeinflussungsrichtungen und die überschießenden Salden des Einflusses ausweist, sieht man, dass der in »Geschäftsstrategie« unter anderem enthaltene wirtschaftliche Erfolg eines Unternehmens in der Tat identifikationsfördernd wirkt. Dieser Effekt tritt aber deutlich hinter der weit überragenden Wirkung des Freiraums in der persönlichen Arbeit zurück.

Aus den Daten der Befragung 2002 haben wir dann für die 163 größten Bertelsmann Firmen eine Matrix aus Bewertungen der partnerschaftlichen Führung auf der Ordinate und des Grades der Mitarbeideridentifikation auf der Abszisse erstellt (siehe Abbildung 4). Interessanterweise gruppieren sich die Positionen der Firmen eng um eine aufsteigende Gerade. Dem danach zu ermittelnden Quartil mit den höchsten Werten für partnerschaftliche Führung und Mitarbeiteridentifikation haben wir das Quartil der 163 Firmen mit den höchsten Umsatzrenditen, dem Quartil mit den schlechtesten Werten in der Kombination aus Beurteilung der partnerschaftlichen Führung und Identifikation die Firmen mit den 25 Prozent der schlechtesten Umsatzrenditen gegenübergestellt. Zu unserer Verblüffung entsprachen sich die jeweiligen Gruppen:

Die Ergebnisse lösten bei Bertelsmann einige interne Diskussionen aus. Mit Recht wurde geltend gemacht, dass die Umsatzrendite nicht allein als Maßstab für den wirtschaftlichen Erfolg eines Unternehmens herhalten könne. Ein Unternehmen, das zur Marktanteilsgewinnung mit niedrigen Preisen in den Markt gehe, werde eine schlechtere Umsatzrendite, dafür aber im Erfolgsfall Marktanteile und damit eine

80

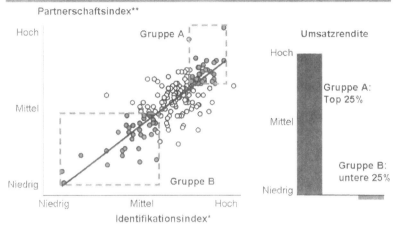

Je höher die Identifikation, desto höher das Betriebsergebnis in 163 größeren Bertelsmann Firmen

Partnerschaftsindex**

* Anteil positiver Antworten auf die Fragen „Zufriedenheit persönlicher Arbeit insgesamt" und „Ich würde wieder in meine Firma gehen"
** Anteil positiver Antworten auf 25 Fragen zur Umsetzung der Bertelsmann-Essentials

Abb. 4: *Ergebnis einer weltweiten Mitarbeiterbefragung: Die partnerschaftlich geführten Bertelsmann-Betriebe sind zugleich die Betriebe mit der höchsten Umsatzrendite (Gruppe A).*

bessere Zukunftsposition gewinnen. Dies müsse beim Ranking der Unternehmen ebenso berücksichtigt werden wie der »Bertelsmann Value Added« (BVA), der zum Beispiel bilanziell nicht abbildbare Ausweitungen von Abonnentenstämmen bewertet.

Diese und andere begründete Einwände wurden an Hand der neueren Daten aus der Befragung 2006 und den entsprechenden Wirtschaftsdaten berücksichtigt – mit dem Ergebnis, dass die entsprechenden Quartile zwar nicht mehr so exakt ineinander griffen wie bei der vereinfachten Berechnung 2002, jedoch das Firmenquartil mit der Kombination aus guter Führung und hoher Mitarbeideridentifikation immerhin etwa doppelt so viele wirtschaftlich erfolgreiche Firmen wie das Vergleichsquartil und nur halb so viele wirtschaftlich wenig erfolgreiche umfasste. Insgesamt wurde damit der deutliche

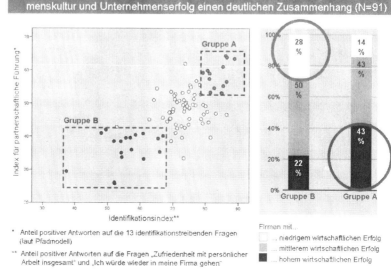

Abb. 5: *Zusammenhang zwischen Unternehmenskultur und Unternehmenserfolg: Die partnerschaftlich geführten Bertelsmann-Betriebe haben meist auch den größeren Erfolg.*

Zusammenhang zwischen partnerschaftlicher – »salutogener« – Unternehmenskultur und wirtschaftlichem Erfolg eindrucksvoll bestätigt – ganz so wie es Reinhard Mohn, der auch als Begründer des Begriffs »Unternehmenskultur« gilt, stets vertreten hat [7]:
Zu ähnlichen Ergebnissen kommt eine der umfassendsten Studien über die Situation in deutschen Unternehmen, die es in den letzten Jahrzehnten gegeben hat: die im Februar 2008 veröffentlichte Untersuchung des Bundesministeriums für Arbeit gemeinsam mit der psychonomics AG, dem Great Place to Work Institute und dem Institut für Wirtschafts- und Sozialpsychologie der Universität Köln [8]. Die für die Studie repräsentativ ausgewählten 314 Unternehmen mit über 37.000 befragten Mitarbeitern stehen für 195.000 Firmen mit 18,5 Millionen Mitarbeitern. Danach hängt das Engagement der Mitarbeiter hochsignifikant (r = 0,87) von einer mitarbeiterorientierten

Unternehmenskultur ab, und gibt es einen deutlichen Zusammenhang zwischen Mitarbeiterengagement und wirtschaftlichem Ergebnis eines Unternehmens. Insgesamt erklären die Aspekte der Unternehmenskultur 31 Prozent des Betriebsergebnisses eines Unternehmens ($R2 = 0,31$). Dieser über Strukturgleichungsmodelle erhobene Wert ist sehr hoch, wenn man die Palette denkbarer weiterer Einflüsse wie Produktprogramm und -qualität, Brancheneinflüsse oder saisonale Größen berücksichtigt.

Rolle des Top-Managements und Nachhaltigkeit

Bisher wurde aufgezeigt, dass die partnerschaftliche Führung einen Paralleleffekt hat: Über die beschriebenen Elemente wirkt sie zum einen auf Identifikation und Motivation und darüber offenbar auf Produktivität, Kreativität, Sorgfalt und/oder andere die Leistung von Unternehmen beeinflussende Faktoren (die es im Einzelnen durch weitere im Rahmen des europäischen Netzwerks Enterprise For Health – EFH – begonnene Analysen zu erforschen lohnt) [9]. Zum anderen sind es die gleichen Elemente wie Arbeitsautonomie und Gewissheit über den Kurs des Unternehmens, die sich positiv auf die Gesundheit auswirken. Bleibt die Frage, ob die Gesundheit der Mitarbeiter nachhaltiger über die Führungsaspekte oder durch die herkömmlichen Methoden der betrieblichen Gesundheitsarbeit gefördert wird.

Im Rahmen eines umfassenden Gesundheitsmanagements kann ein Unternehmen, wie wir dies bei Bertelsmann auch getan haben, viele sinnvolle Maßnahmen ergreifen. Diese können von kostengünstig anbietbarer mittäglicher Kurzgymnastik über gesunde Kantinenverpflegung und mentaler Stärkung gegen Stress (»Resilienz-Seminare«) bis hin zu aufwändigeren Screenings und Gesundheits-Check-ups reichen. Da es sich um Angebote an die Mitarbeiter handelt, hängt der Erfolg allerdings nicht nur von der Qualität, sondern entscheidend von der nicht immer befriedigenden Nutzung des Angebots ab. Dagegen erreicht ein verändertes Führungsverhalten die Zielgruppe stets zu 100 Prozent – und kostet dazu nicht einmal mehr als den Aufwand für eine entsprechende Schulung der Führungskräfte. Dies spricht dafür, zwar die konventionellen Verfahren der betrieblichen Gesundheitsförderung nicht zu vernachlässigen, einen besonders nachhaltig wirkenden Schwerpunkt aber auf eine »salutogene« partnerschaftliche Führungskultur zu setzen.

Das Gesagte gilt umso mehr, als das Verhalten eines Vorgesetzten doppelt wirkt: direkt auf die Mitarbeiter und indirekt durch Prägung des Verhaltens der Untervorgesetzten. Wie nämlich eine Auswertung der Mitarbeiterbefragungsdaten von Tausenden unserer Führungskräfte ergeben hat, haben A-Vorgesetzte A-Untervorgesetzte, B-Vorgesetzte B-Untervorgesetzte und C-Vorgesetzte C-Untervorgesetzte:

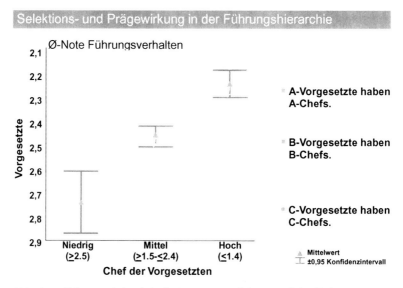

Abb. 6: *Führungsverhalten färbt ab: Gute Vorgesetzte haben gute Chefs, schlechte Vorgesetze haben schlechte Chefs.*

Statt dass die Führungsnoten der Untervorgesetzten einer Führungskraft über die gesamte Notenskala streuen, liegen sie mit einem Konfidenzintervall von 95 Prozent in einer sehr engen Bandbreite um die Benotung des Vorgesetzten. Offenbar prägt sein Verhalten das seiner Untervorgesetzten entscheidend.

84

Wegen dieser hohen Bedeutung des Führungsverhaltens haben sich Vorstand und Konzernbetriebsrat von Bertelsmann auf Anregung des Konzernbetriebsrats im sogenannten »Herbstgespräch« 2006 darauf verständigt, die Nachhaltigkeit eines »salutogenen« partnerschaftlichen Führungsverhaltens im Unternehmen durch eine sichtbare Konsequenz zu fördern: Nach dem Prinzip »Pay for performance – promote for attitude« werden Führungskräfte mit unbefriedigendem Führungsverhalten auch bei wirtschaftlichem Erfolg ihres Bereichs zwar weiterhin erfolgsbezogen entlohnt, aber nicht mehr weiter befördert.

Um Nachhaltigkeit in der Verbesserung der Gesundheit unserer Mitarbeiter bemühen wir uns auch durch eine andere auf Initiative des Konzernarbeitskreises Gesundheit im Jahre 2008 eingeführte Maßnahme: Mit jedem Mitarbeiter gleich welchen Alters wird ab sofort im jährlichen »Leistungs- und Entwicklungsdialog« darüber gesprochen, was er und was die Firma dazu beitragen könne, ihn langfristig gesund und arbeitsfähig zu erhalten, also mit partnerschaftlicher Verantwortung sowohl der Arbeitgeber- wie der Arbeitnehmerseite.

Insgesamt ordnen sich die Aktivitäten des Bertelsmann Gesundheitsmanagements in ein Gesamtkonzept nach dem kybernetischen Regelkreis ein: ❶ Ziele setzen (zum Beispiel mit den weltweit nach intensiver Diskussion vereinbarten »Bertelsmann Essentials«), ❷ Instrumente zur Zielerreichung einführen, ❸ nach dem Prinzip von Peter F. Drucker »If you can't measure it, you can't manage it« das Maß der Zielerreichung messen – und schließlich ❹ entsprechende Anpassungen der Ziele oder Instrumente einleiten.

Bedeutung der Ergebnisse für kleine und mittlere Unternehmen und Betriebe der öffentlichen Hand

Es sollte nicht der Eindruck (oder die beruhigte Haltung Reformunwilliger) entstehen, dass die bei Bertelsmann gefundenen Ergebnisse nur für Großunternehmen, speziell international ausgerichtete, oder für Betriebe mit besonders hoch qualifizierten Mitarbeitern gelten. Nicht einmal 100 der 800 in die Untersuchungen einbezogenen Bertelsmann-Profit-Center haben mehr als 300 Mitarbeiter, viele nur einige Dutzend. Und über die Hälfte der rund 100.000 »Bertelsmänner« ist in Produktions- und Servicebereichen wie Druckereien, Ton- und Datenträgerbetrieben, Auslieferlagern oder Callcentern tätig, und zwar in mehr als 50 Ländern. Die Bedürfnisse und Reaktionen der Mitarbeiter waren in allen untersuchten Bereichen im Wesentlichen gleich, allenfalls in der Stärke der Ausprägung zwischen den nationalen Kulturen »parallelverschoben«.

Wegen dieser starken Diversifizierung des Konzerns nach Betriebsgrößen, Branchen, Ländern und Tätigkeitsfeldern der Mitarbeiter lässt sich generalisierend sehr wohl auch für Klein- und Mittelbetriebe oder Betriebe der öffentlichen Hand – gleich welcher Nationalität – ableiten, woran sich die dort handelnden Personen orientieren sollten, wenn sie zur Gesundheit der Mitarbeiter und zum Wohlergehen der Organisation beitragen möchten:

Zielgruppe	Maßnahmen
Führungskräfte	⇨ Freiräume gewähren (Ausnahme: Versagensängste berücksichtigen) ⇨ angstfreie Atmosphäre schaffen ⇨ Respekt und menschliche Anerkennung zeigen ⇨ berechenbar und verlässlich verhalten
Oberste Leitung der Organisation	⇨ Vorbild leben ⇨ Grundwerte vermitteln ⇨ offen über Strategie und wirtschaftliche Aussichten informieren ⇨ Fragestellung nach beiderseitigen Möglichkeiten zur langfristigen Erhaltung der Gesundheit in die Mitarbeiter-Jahresgespräche aufnehmen
»Zuständige Stellen« (u.a. Betriebsärzte, Personalabteilung, Arbeitsschutz)	⇨ Arbeitsmedizin stärker im Sinne von »Ganzheitsmedizin« ausrichten (u. a. Thematisierung psychologischer Belastungen und Fragen der persönlichen Lebensführung in Arztgesprächen; Vernetzung mit Hausärzten und Sozialversicherung) ⇨ Mitarbeiterbefragungen durch Personalabteilung weiterentwickeln, u.a. Arbeitsfähigkeitsprognose als Frühindikator aufnehmen (siehe Empfehlung des Europ. Gesundheitsnetzwerks Enterprise for Health, [9])

Zielgruppe	Maßnahmen
»Zuständige Stellen« (u.a. Betriebsärzte, Personalabteilung, Arbeitsschutz)	⇨ Gesundheitsausschuss mit jährlichem Bericht an Geschäfts-/Organisationseitung und Betriebs-/Personalrat bilden ⇨ Mittagsgymnastik als »Sporteinstieg« über Sportstudenten organisieren
Mitarbeiter	⇨ Handeln nach dem Prinzip: »Jeder Mitarbeiter bei uns trägt Verantwortung für den Schutz sowohl der eigenen als auch der Gesundheit seiner Kollegen und Kolleginnen.« (so in den Leitsätzen der RAG Dt. Steinkohle) ⇨ Gesundheitsangebote von Betrieb und Unfall-/ Krankenkasse nutzen ⇨ gesunde Lebensführung üben
Kollegen	⇨ Mitverantwortung für die Gesundheit der Kollegen bedenken und danach handeln ⇨ dabei insbesondere auch psychische Faktoren berücksichtigen ⇨ anderen menschliche Achtung und Respekt entgegenbringen ⇨ Fehler von Kollegen nicht zu Vorwürfen sondern gemeinsamem Lernen nutzen ⇨ Kollegen auch über eigene Pflichten hinaus helfen (»Aktives Commitment«)
Alle	⇨ Vernetztes integratives betriebliches Gesundheitsmanagement praktizieren

Die im Bereich der betrieblichen Gesundheitsförderung Tätigen können sich dabei darüber freuen, dass unser Bemühen um die Gesundheit der Mitarbeiter zugleich die wirtschaftlichen Ergebnisse (oder im Bereich der öffentlichen Hand die Effizienz und Fehlerfreiheit sowie die Hilfsbereitschaft und Bürgerorientierung) fördern – eine Win-Win-Situation für alle durch partnerschaftliche Unternehmenskultur.

Literatur

[1]   BESKE, FRITZ, *Gesundheitsversorgung 2050, Arzt und Krankenhaus 11/2007 S. 326ff.*

[2]   BKK Bundesverband, *Statistik für 2006 in »Gesundheitsreport 2007«, Essen Nov. 2007, S.35*

[3]   »Job Demands, Job Decision Latitude, and mental strain«, *Administrative Science Quarterly, Juni 1979, S.303.*

[4]   BKK Bundesverband aaO. S.52

[5]   ILMARINEN, JUHANI, *Arbeitsfähigkeit 2010, Hamburg 2001*

[6]   MOHN, REINHARD, *Erfolg durch Partnerschaft, München 1986*

[7]   MOHN, REINHARD, *Menschlichkeit gewinnt, Gütersloh 2000, S. 159ff.; ders. Von der Welt lernen, München 2008, S.140 f.*

[8]   Bundesministerium für Arbeit und Soziales, *Unternehmenskultur, Arbeitsqualität und Mitarbeiterengagement in den Unternehmen in Deutschland, Abschlussbericht zum Forschungsprojekt 18/05, Februar 2008; herunterladbar auf der Homepage des BMAS: www.bmas.de/coremedia/generator/24844/f371__forschungsbericht.html*

[9]   Europäisches Netzwerk für betriebliche Gesundheit Enterprise for Health, *(EFH) Homepage: www.enterprise-for-health.org mit Verweisen u.a. auf Methodenfragen und empfohlene gesundheitsbezogene Items in Mitarbeiterbefragungen*

Zusammenfassung

Sowohl unternehmerischer Erfolg als auch Gesundheit der Mitarbeiter hängen signifikant von einer partnerschaftlichen Unternehmenskultur ab. Diesen Zusammenhang belegt eine interne Studie der Bertelsmann AG, die sich auf regelmäßige weltweite Mitarbeiterbefragungen stützt, an denen zuletzt (2006) über 64.000 Mitarbeiter teilnahmen. Identifiziert wurden zwei entscheidende Faktoren: die individuelle Gestaltungsfreiheit der Mitarbeiter und die Transparenz der Unternehmensziele. Die Ergebnissen legen eine klare Schlussfolgerung nahe: Ein effektives Gesundheitsmanagement sollte beim Führungsverhalten ansetzen – und wird auf diese Weise gleichzeitig einen Beitrag zum Unternehmenserfolg leisten.

Unternehmenskultur – Erfolgstreiber und Erfolgsbremsen

Eine Unternehmenskultur, die Gesundheit und Leistungsfähigkeit fördert, wirkt auf den Betriebserfolg. Das belegt die Verknüpfung zweier Studien, von denen eine den Aspekt Gesundheit und Unternehmenskultur, die andere den Aspekt Betriebserfolg und Unternehmenskultur untersucht hat.

In diesem Beitrag erfahren Sie:
- welche kulturellen Werte den Unternehmenserfolg fördern, welche ihn dagegen behindern,
- welche kulturellen Werte für Gesundheit und Leistungsfähigkeit der Mitarbeiter wichtig sind,
- wie Unternehmenskultur, Gesundheit und Betriebserfolg zusammenhängen.

GREGOR SCHÖNBORN, CHRISTINE BUCHHOLZ

Grundlagen der Untersuchung

In einer breit angelegten Untersuchung, der SHAPE-Studie, wurden *knapp 500* Führungskräfte nach ihrer persönlichen und beruflichen Situation befragt und zusätzlich deren Lebenspartner und enge Freunde [1]. Einbezogen in diese Studie war ein Forschungsteam der Unternehmensberatung Deep White in Bonn, die sich speziell mit dem Zusammenhang zwischen Unternehmenskultur und wirtschaftlichem Erfolg beschäftigt [2]. Die Studie fragt, wie es um den persönlichen Gesundheitszustand, die körperliche und die mentale Leistungsfähigkeit steht, und sie fragt nach der Unternehmenskultur, den Werten in der Arbeitswelt. Die Ausprägung der Erfolg treibenden Unternehmenswerte geht in der Auswertung mit dem Gesundheitszustand und der Einschätzung der Leistungsfähigkeit der Führungskräfte einher. Der positive Zusammenhang zum Erfolg auf der einen Seite zeigt gleichfalls einen positiven Zusammenhang zum Gesundheitszustand und der Leistungsfähigkeit. Vice versa zeigen sich negative Korrelationen im Vergleich mit den Erfolgsbremsen [3].

Der Zusammenhang zwischen Unternehmenskultur und wirtschaftlichem Erfolg lässt sich mit Hilfe von Erfolgstreibern und Erfolgsbremsen beschreiben: Unter bestimmten Rahmenbedingungen entsteht in Unternehmen ein Betriebsklima, das erfolgreiches Arbeiten fördert oder gar erst ermöglicht. Aus der Datenauswertung und Gegenüberstellung mit dem wirtschaftlichen Erfolg resultierten so genannte Erfolgstreiber. Das sind Werte mit höherer Ausprägung bei den Teilnehmern aus erfolgreichen Unternehmen gegenüber den Befragten aus nicht-erfolgreichen Unternehmen und mit signifikant positiven Korrelationen zum Erfolg. Gleichermaßen bestätigen signifikant negative Korrelationen zum wirtschaftlichen Erfolg bestimmte Werte als »Erfolgsbremsen«.

Die Erhebung zur Gesundheit und Leistungsfähigkeit der Manager einerseits und der Wertekultur in deren Arbeitswelt andererseits ermöglicht es, die Erkenntnisse über Erfolg treibende Werte in Unternehmen und die Wechselwirkungen zum Gesundheitszustand der Führungskräfte miteinander zu verknüpfen (vgl. Abbildung 1).

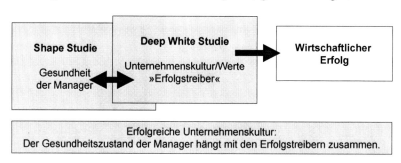

Abb. 1: *Gesundheit, Unternehmenskultur und wirtschaftlicher Erfolg: Die Verknüpfung von Shape-Studie und Deep White Studie untersuchte den Zusammenhang.*

Die Aufgabenstellung, die diesem Beitrag zugrunde liegt, besteht in der Verknüpfung. der beiden Studien:

1. Die Analyse der Deep White Ergebnisse einerseits über Erfolg treibende und Erfolg bremsende Zusammenhänge von Werten und Unternehmenserfolg und den SHAPE-Ergebnissen andererseits über die Zusammenhänge zwischen medizinischer Gesundheit und beruflichem Engagement soll Aufschluss geben, ob erfolgsrelevante Werthaltungen mit dem Gesundheitszustand von Führungskräften zusammenhängen und welche Bereiche betroffen sind, die von Unternehmen (mit-)gestaltet werden können.

2. Daraus kann abgeleitet werden, welche Gestaltungs- und Handlungsoptionen Unternehmen haben, um die Rahmenbedingungen für Ihre Führungskräfte und Mitarbeiter so zu gestalten, dass Arbeitszufriedenheit und persönliche Lebensqualität gleichermaßen wie der Erfolg des Unternehmens gefördert werden.

Studie »Wertekultur und Unternehmenserfolg«

Deep White und das MCM Institut der Universität St. Gallen haben im Jahre 2003/04 in einer methodischen Grundlagenstudie »Wertekultur und Unternehmenserfolg« den Zusammenhang der Wertekultur auf messbare Ergebnisse quantifiziert [3]. Aus Richtung und ermittelter Stärke dieser Einflüsse wurde erforscht, mit welcher Wahrscheinlichkeit sich der wirtschaftliche Unternehmenserfolg bei einer Optimierung der Wertekultur verändert. Die Ergebnisse sind für die Unternehmensführung von besonderer Wichtigkeit: Implementierung und Optimierung einer erfolgreichen Unternehmenskultur sind eng mit der Identität von Unternehmen verbunden und skizzieren damit die interdisziplinäre Aufgabe des »Werte-Managements« auf der obersten Führungsebene.

Methodik zur Kulturanalyse

Werte haben im Wesentlichen zwei Merkmale: Sie umschreiben Verhaltensweisen und Ziele (actions and goals) beziehungsweise Mittel und Zweck (means and ends). Außerdem stellen Werte verbindliche Präferenzen und Prioritäten bezüglich möglicher Verhaltensweisen und Ziele. Setzt man diese beiden Punkte zueinander in Beziehung, so bedeutet dies, dass Werte Präferenzen und Prioritäten bezüglich verschiedener möglicher Ziele und Verhaltensweisen beschreiben. Gegenüber Normen, die stark gruppen- und situationsspezifisch geprägt sind, besitzen Werte eine stärker individuelle Komponente. Werte bilden eine Art übergeordnetes Referenzsystem für die Einstellungen und Motive eines Individuums.

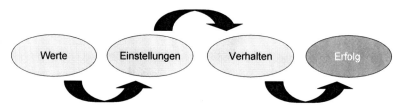

Abb. 2:   *Theoretisches Modell über den Zusammenhang von Unternehmenswerten und Unternehmenserfolg*

Die Wertestudie überprüfte die Grundhypothese, nach der das Wertesystem von Unternehmen und der Unternehmenserfolg zusammenhängen. Insbesondere untersuchte das Projektteam folgende Fragen:
⇨ Welche Werte besitzen für Unternehmen Relevanz?
⇨ In welcher Form werden die spezifischen Werte in Unternehmen gelebt?
⇨ Lassen sich Werte und der Einfluss von Werten quantifizieren?
⇨ Besteht ein signifikanter Zusammenhang zwischen bestimmten Unternehmenswerten beziehungsweise Wertekombinationen, deren Ausprägung und dem Geschäftserfolg?

94

Aus der wissenschaftlichen Grundlagenstudie wurde von Deep White eine Methodik zur Kulturanalyse und zum Wertemanagement entwickelt. Seither wurden insgesamt 95 Unternehmen und Organisationen aus unterschiedlichsten Branchen untersucht.

Das untersuchte Werte-Inventar umfasst 135 einzelne Stimmungsindikatoren aus betriebsinternen Umfragen bei Führungskräften und Mitarbeitern. Die Teilnehmer wurden gebeten, die gegenwärtige Unternehmenskultur und Werte des Unternehmens auf einer fünfstufigen Skala zu beurteilen. Aus den 95 untersuchten Unternehmen und Organisationen wurde eine gewichtete Stichprobe von 2.761 Personen aus 45 Unternehmen gebildet.

Datenauswertung: Erfolgstreiber und Erfolgsbremsen

Die Gegenüberstellung der Unternehmenskultur auf Basis der Mitarbeiterbewertung mit dem wirtschaftlichen Erfolg des Unternehmens stellt das Kernstück der Untersuchungen dar. Die Vergleiche von Mittelwerten, Effektgrößen sowie Verteilungen, die Korrelationen sowie multivariate Methoden ermöglichen ein Herausarbeiten der kulturellen Besonderheiten und Unterschiede zwischen den Kulturen von erfolgreichen und nicht-erfolgreichen Unternehmen. Mittels der entsprechenden Testverfahren und Testparameter (Chi-Quadrat, T-Test; Pearsons R) wurden die Ergebnisse hinsichtlich der Signifikanz der Unterschiede respektive Zusammenhänge zum Erfolg untermauert [4].

Aus der Datenauswertung und Gegenüberstellung mit dem wirtschaftlichen Erfolg resultierten so genannte Erfolgstreiber und Erfolgsbremsen:

⇨ *Erfolgstreiber* sind Werte mit einer signifikant *höheren Zustimmung* und einem signifikant höheren Mittelwert bei den Befragten *in erfolgreichen Unternehmen* gegenüber den Teilnehmern aus nicht-erfolgreichen Unternehmen. Systembedingt bestätigt eine signifikant *positive Korrelation zum wirtschaftlichen Erfolg* diese Erfolgstreiber.

95

⇨ *Erfolgsbremsen* sind Werte mit einer signifikant *höheren Zustimmung* und einem signifikant höheren Mittelwert bei den Befragten in *nicht-erfolgreichen Unternehmen* gegenüber den Teilnehmern aus erfolgrei-chen Unternehmen. Systembedingt bestätigt eine signifikant *negative Korrelation zum wirtschaftlichen Erfolg* diese Erfolgsbremsen.

Integration des Aspektes »Gesundheit«

Aus dem Werte-Inventar und Fragebogen von Deep White wurde für die Integration in den SHAPE-Fragebogen eine Auswahl getroffen. Es wurden Werte ausgewählt, die sich als Erfolgstreiber oder Erfolgsbremsen mit einem klaren Zusammenhang zum wirtschaftlichen Erfolg auszeichnen. Berücksichtigt wurde dabei auch, dass Items mit einer inhaltlichen Nähe zur SHAPE-Fragestellung (Gesundheit etc.) Eingang finden. Die folgende Tabelle enthält die auf diese Weise ausgewählten 26 Items jeweils in Form einer Kurzformulierung:

Tabelle 1: Für die SHAPE-Studie ausgewählte Items: Die 26 Kulturwerte haben nachweisbaren Einfluss auf den Unternehmenserfolg.

Wert / Kultur	Kurzformulierung
Corporate Design	Repräsentation durch Architektur, Innenausstattung, Corporate Design
Mitarbeiter Erscheinungsbild	Viel Wert auf ansprechendes Mitarbeiter-Erscheinungsbild
Beständige Strategie	Strategie der gleich bleibenden Richtung
Unternehmenstradition	Unternehmen fest mit Tradition verbunden
Schwung und Elan bei der Arbeit	Schwung und Elan bei der Arbeit
Gesundheits-Fürsorge	Gesundheit der Mitarbeiter aktiv unterstützt
Herausforderung	Herausforderung: Komplexe Aufgaben anpacken können
Starre Hierarchie	Ebenen werden eingehalten
Entscheidungen von oben	Entscheidungen werden von oben gefällt
Team-Ergänzung	Bei Teamarbeit auf Ergänzung achten

Tabelle 1: Für die SHAPE-Studie ausgewählte Items: Die 26 Kulturwerte haben nachweisbaren Einfluss auf den Unternehmenserfolg. (Fortsetzung)

Wert / Kultur	Kurzformulierung
Freiraum für Ideen/Kreativität	Freiraum für Entwicklung von Ideen
Weiterbildung	Weiterbildung sehr wichtig
Ethik und Moral	Praktiken stets nach ethischen und moralischen Prinzipien
Arbeitsroutine	Arbeitsabläufe in Routine
Erfahrung der Mitarbeiter	Auf routinierte und erfahrene Mitarbeiter setzen
Persönliche Grenzen akzeptieren	Kein Überschreiten persönlicher Grenzen verlangt
Voll in der Arbeit aufgehen	Voll in der Arbeit aufgehen
Struktur/Schnittstellen	Klare Schnittstellen für Zusammenarbeit der Einheiten
Toleranz gegenüber Arbeitsweisen	Unterschiedliche Arbeitsweisen zulassen
Volle Ziel-Verantwortung	Jeder übernimmt für Zielerreichung Verantwortung
Gesellschaftliche Verantwortung	Gesellschaftliche wie wirtschaftliche Verantwortung ernst nehmen
Ökologische Verantwortung	Ökologische Konsequenzen so wichtig wie wirtschaftliche
Wettbewerb um Prämien	Harter Wettbewerb um Prämien untereinander
Interner Wettbewerb	Sich intern mit anderen messen
Wissen als Kapital	Wissen der Mitarbeiter ist wichtigstes Kapital
Klar formulierte Vision	Klar formulierte Vision

Von den 26 ausgewählten Werten zeigen die Items »Unternehmenstradition«, »Fürsorge Gesundheit« und »gesellschaftliche Verantwortung« die stärksten Zusammenhänge zum Erfolg. Die Fragestellung an Mitarbeiterinnen und Mitarbeiter in Unternehmen, ob »die Gesundheit vom Arbeitgeber aktiv unterstützt wird«, gehört zu den Werten, die bei erfolgreichen Unternehmen mit die stärksten messbaren Zusammenhänge zum Erfolg aufzeigen. In nicht-erfolgreichen Unternehmen gehört diese Frage zu denen, die von den Mitarbeitern deutlich stärker abgelehnt wird.

Die SHAPE-Studie untersucht systematisch die Ressourcen und Potenziale, die es Führungskräften ermöglichen, gleichzeitig beruflich erfolgreich zu sein und in stabilen sozialen Strukturen gesund zu leben. Der Forschungsansatz zielte auf eine medizinisch-psychisch-soziale Zustands-Analyse der Personen, die im Wechselbild zwischen Berufs- und Privatleben erfasst wurden. Zudem wurden Chancen und Potenziale erforscht, die sich aus der Gesundheit und individuellen Lebensqualität in Bezug auf die berufliche Leistungsfähigkeit ergeben. Und schließlich wurden die Bedingungen der Unternehmenskultur aus dem Arbeitsbereich der befragten Führungskräfte befragt, die mit den oben genannten Items aus dem Werteinventar der Deep White Forschung wortgleich im Fragebogen enthalten waren. Mit der quantitativen Erfassung dieser Untersuchungsbereiche sollten Möglichkeiten, Strategien und Handlungsoptionen erarbeitet werden, die Protagonisten und Unternehmen befähigen, berufliche Leistungsfähigkeit und persönliche Lebensqualität in Einklang zu bringen.

Die Zielsetzung der gemeinsamen Analyse gilt der Frage nach Zusammenhängen zwischen den identifizierten Erfolgswerten aus der Deep White Studie und den Items der SHAPE-Studie zur Gesundheit.

Erfolgskultur und Gesundheit – Ergebnisse der Analyse

Aus den insgesamt neun Bereichen des SHAPE-Fragebogens wurden diejenigen ausgewählt, die am ehesten zur Beantwortung der Aufgabenstellung geeignet scheinen. Dabei wurde untersucht, mit welchen Items die im Fragebogen enthaltenen Unternehmenskultur-Items inhaltlich interessante und methodisch signifikante Zusammenhänge aufweisen. Die Zusammenhänge können zum Teil darin begründet sein, dass ähnliche Konstrukte gemessen wurden und bieten daher eine Möglichkeit, die Konsistenz des Antwortverhaltens zu beurteilen.

Im Mittelpunkt der Auswertungen steht aber die Suche nach Zusammenhängen, die Erkenntnisse über die Beziehungen zwischen

Tabelle 2: Ergebnisse der Untersuchung: Wie Gesundheit mit Erfolgstreibern und Erfolgsbremsen korreliert							
Korrelationen zwischen Dimensionen der Gesundheit und Erfolgstreibern/ Erfolgsbremsen							
	Dimensionen der Gesundheit: Shape Studie						
	Allgemeine Gesundheit	Mentale Leistungsfk	Arbeitszufriedenheit	Allgemeine Lebenszufriedenheit	Betriebs-klima	Befriedigende Arbeit	Gruppendruck
Erfolgstreiber							
Beständige Strategie	+	+ +	+ +	+ +	+ + +	+ +	-
Corporate Design	+	+	+	+	+	+	-
Erfahrung der Mitarbeiter	+	+	+ +	+ +	+ + +	+ +	-
Ethik und Moral	+	+ +	+ +	+ +	+ + +	+ +	-
Freiraum für Ideen/ Kreativität	+ +	+ +	+ + +	+ +	+ + +	+ + +	- -
Gesellschaftliche Verantwortung	+	+	+ +	+ +	+ +	+ +	- -
Gesundheits-Fürsorge	+	+	+	+	+ +	+	-
Herausforderung	+ +	+ +	+ + +	+ +	+ +	+ + +	-
Klar formulierte Vision	+ +	+ +	+ +	+ +	+ + +	+ +	-
Ökologische Verantwortung	+	+	+	+	+ +	+ +	-
Persönliche Grenzen akzeptieren	+	+ +	+ +	+ +	+ +	+ +	- -
Schwung und Elan bei der Arbeit	+ +	+ +	+ + +	+ + +	+ + + +	+ + +	-
Toleranz gegenüber Arbeitsweisen	+ +	+ +	+ +	+ +	+ + +	+ + +	- -
Unternehmens-Tradition	+	+	+ +	+	+ +	+ +	-

Tabelle 2: Ergebnisse der Untersuchung: Wie Gesundheit mit Erfolgstreibern und Erfolgsbremsen korreliert (Fortsetzung)

Korrelationen zwischen Dimensionen der Gesundheit und Erfolgstreibern/ Erfolgsbremsen

	Dimensionen der Gesundheit: Shape Studie						
	Allgemeine Gesundheit	Mentale Leistungsfk	Arbeitszufriedenheit	Allgemeine Lebenszufriedenheit	Betriebs-klima	Befriedigende Arbeit	Gruppendruck
Voll in der Arbeit aufgehen	+ +	+ +	+ + +	+ + +	+ + +	+ + +	- -
Weiterbildung	+	+ +	+ +	+ +	+ + +	+ +	-
Wissen als Kapital	+ +	+ +	+ + +	+ +	+ + + +	+ + +	- -
Erfolgsbremsen							
Arbeitsroutine	-	-	+	+	+	+	-
Entscheidungen von oben	-	-	- -	-	- -	- -	+
Interner Wettbewerb	-	-	- -	-	- -	- -	+ +
Starre Hierarchie	-	-	-	-	-	- -	+
Volle Ziel-Verantwortung	+	+	+ +	+	+ +	+ +	+
Wettbewerb um Prämien	-	-	-	-	-	-	+ +

+	Positive Korrelation	(≤ ,200)	
+ +	Positive Korrelation	(,200 bis ,400)	
+ + +	Positive Korrelation	(,400 bis ,600)	
+ + + +	Positive Korrelation	(,600 bis ,800)	
-	Negative Korrelation	(≤ -,200)	
- -	Negative Korrelation	(-,200 bis -,400)	

100

Unternehmenskultur und den in den SHAPE-Items enthaltenen Parameter zu gewinnen. Die Übersicht fasst die Ergebnisse zusammen (Tabelle 2): Sie zeigt, wie Gesundheit mit Erfolgstreibern und Erfolgsbremsen korreliert.

Auf die wesentlichen Ergebnisse gehen die folgenden Abschnitte ein. Dies geschieht anhand von fünf ausgewählten Bereichen der SHAPE-Studie: aktuelle Gesundheit, allgemeine Lebenszufriedenheit, soziale Ressourcen im Arbeitsbereich, Arbeitszufriedenheit sowie Arbeitszeit / Arbeitsbelastung.

Aktuelle Gesundheit

Die Studie zielt auf Handlungsoptionen für die Unternehmensführung mit Blick auf die Gestaltung einer Unternehmenskultur, die einen Einfluss auf den psychisch- mentalen Zustand des Managements bewirkt. Daher wird die folgende These, die zur Überprüfung ansteht, aus Sicht der gestaltbaren Unternehmenskultur formuliert: *Manager, die in einem Umfeld mit hoher Ausprägung von Erfolgswerten wirken, haben einen besseren Gesundheitszustand und zeigen eine höhere Leistungsfähigkeit.*

Analyse der Gesundheit
Die Analyse der Gesundheit ergibt ein klares Ergebnis: Alle in Tabelle 1 angeführten Erfolgstreiber korrelieren positiv mit dem allgemeinen Gesundheitszustand des Befragten. Die korrespondierenden Korrelationskoeffizienten sind hoch signifikant, abgesehen vom Item zur gesellschaftlichen Verantwortung. Das heißt: Werte, die in der Deep White-Studie einen positiven Zusammenhang zum wirtschaftlichen Erfolg eines Unternehmens haben, zeigen in der SHAPE-Studie einen positiven Zusammenhang zur Gesundheit der befragten Mitarbeiter.

Gemessen an der Stärke der Korrelation ergibt sich folgende Rangfolge der ersten sieben Items: Schwung und Elan bei der Arbeit, klar formulierte Vision, Freiraum für Ideen/Kreativität, Wissen als Kapital, voll in der Arbeit aufgehen, Toleranz gegenüber Arbeitsweisen, Herausforderung. Diese sieben Items spiegeln überwiegend Unternehmenswerte wider, die auf die persönliche Identifikation der Befragten mit »ihrem Unternehmen« und mit »ihrer Arbeit« gewertet werden können.

Es mag in der Einzelbetrachtung vielleicht nicht sonderlich überraschend klingen, wenn Gesundheit mit Elan einhergeht. Das positive Gesamtbild zeichnet sich aber mit der Betrachtung weiterer Items, die stark ausgeprägt sind und zu den Erfolgstreibern gehören: Eine visionäre, mit hohen Herausforderungen ausgefüllte Arbeitswelt, die Freiraum für Ideen und für persönliche Entwicklung bietet und unterschiedliche Arbeitsweisen zulässt, zeugt von kreativer Förderung der Arbeit. Man kann auch von einer »kreativen Flexibilität« sprechen. Als eine Art Gegenpol ist die Gesundheit fördernde Arbeitswelt durch »Kontinuität« bei der Einhaltung der strategischen Richtung, der Verbundenheit mit der Tradition, Achtung ethischer und moralischer Prinzipien und die Zusammenarbeit mit den (älteren) erfahrenen Mitarbeitern zu sehen. Die Arbeitswelt, die mit allgemeiner Gesundheit korreliert, mutet an wie die Beschreibungen eines positiv wirkenden Stresses in einer vertrauten Umgebung.

Unter den Erfolgsbremsen – starre Hierarchie, Entscheidungen von oben, interner Wettbewerb, Arbeitsroutine, Wettbewerb um Prämien, volle Ziel-Verantwortung – bestehen vice versa negative Korrelationen zum allgemeinen Gesundheitszustand. In einer Arbeitswelt, die durch harten internen Wettbewerb geprägt ist und statt durch kreative Flexibilität und Eigeninitiative eher durch starre Hierarchie, Routinearbeit »Entscheidungen von oben« bestimmt wird, zeigt sich tendenziell eine geringere allgemeine Gesundheit.

Arbeitgeber, die die Gesundheit ihrer Mitarbeiter aktiv unterstützen, stärken nach diesen Ergebnissen auch das Gefühl der allgemeinen Gesundheit und stützen damit einen wichtigen Erfolgstreiber. Der Wert steht jedoch nicht alleine und damit nicht monokausal zum Erfolg, sondern ist im Zusammenhang des Gesamtbildes der Werte orientierten Unternehmenskultur zu sehen.

Analyse der Leistungsfähigkeit

Die Analyse der »körperlichen Leistungsfähigkeit« und der »mentalen Leistungsfähigkeit« nach ihren Zusammenhängen zu den Erfolgswerten kommt zu ähnlichen Erkenntnissen. Alle Erfolgstreiber korrelieren positiv mit der mentalen Leistungsfähigkeit des Befragten. Die korrespondierenden Korrelationskoeffizienten sind hoch signifikant, abgesehen vom Item zur ökologischen Verantwortung. Werte, die in der Deep White-Studie einen positiven Zusammenhang zum wirtschaftlichen Erfolg eines Unternehmens haben, zeigen in der SHAPE-Studie einen positiven Zusammenhang zur mentalen Leistungsfähigkeit der befragten Mitarbeiter.

Als Top-Items zeigt sich das gleiche Set von Wert-Haltungen im Unternehmen, das von einer hohen persönlichen Identifikation der Befragten mit »ihrem Unternehmen« und mit »ihrer Arbeit« zeugt. Freiraum für Entwicklung von Ideen, also das kreative Umfeld, weist die höchsten Korrelationen zur »mentalen Gesundheit« auf.

Die »aktive Unterstützung der Gesundheit der Mitarbeiter« ist wiederum als wichtiger Teil der Arbeitskultur zu sehen, die mit hohen Korrelationen und eindeutiger Signifikanz im Zusammenhang zur »mentalen Gesundheit« zu sehen ist.

Auch bei den Erfolgsbremsen bestehen Parallelen zur allgemeinen Gesundheit: Sie weisen hauptsächlich negative Korrelationen zur mentalen Leistungsfähigkeit auf. Starre Hierarchien und interner Wettbewerb zeigen die höchsten negativen Korrelationen zur »mentalen Leistungsfähigkeit«.

Allgemeine Lebenszufriedenheit

Manager, die in einem Umfeld mit hoher Ausprägung von Erfolgswerten wirken, sind zufriedener mit ihrer Arbeit und mit ihrem Leben – so lautete die These für diesen Untersuchungsabschnitt.

Die Auswertung bestätigte auch diese Hypothese: Die Erfolgstreiber zeigen eine sehr hohe Korrelationen zur Arbeitszufriedenheit.

Hohen Korrelationen der Items »Wissen als Kapital« »Freiraum für Entwicklung von Ideen« »voll in der Arbeit aufgehen« »komplexe Aufgaben anpacken können« und »unterschiedliche Arbeitsweisen zulassen« verdeutlichen die Wichtigkeit der Wertschätzung der Mitarbeiter und die Bedeutung von individueller Freiheit und Entfaltung für die Arbeitszufriedenheit. Die »aktive Unterstützung der Gesundheit der Mitarbeiter« durch den Arbeitgeber rutscht im Ranking der Zusammenhänge zur Arbeitszufriedenheit nach hinten, bleibt aber im Kontext der anderen Erfolgstreiber im insgesamt sehr hohen Niveau.

Das Top-Item »Wissen der Mitarbeiter ist das höchste Kapital« zeigt die stärkste Korrelation. Hier ist auch auf die Interdependenz zur »Wichtigkeit der Weiterbildung« für die Arbeitszufriedenheit zu sehen.

Aufgrund der hohen Interdependenzen der Items »Arbeitszufriedenheit« und »allgemeine Lebenszufriedenheit« ergaben sich ähnliche Zusammenhänge der Erfolgswerte zur »allgemeinen Lebenszufriedenheit«. Insgesamt ergab sich daher hier ein ähnliches Bild wie bei der Arbeitszufriedenheit – wenn auch mit etwas niedrigeren Korrelationen.

Befragte, die mit Schwung und Elan arbeiten, voll in der Arbeit aufgehen zeigen bei ihren Antworten die höchsten Werte bei Lebenszufriedenheit. Negativen Einfluss auf die Zufriedenheit haben vor allem die Unternehmenskulturen, die hierarchisch starr strukturiert sind und stark den internen Wettbewerb um Leistungen und monetäre Anerkennung fördern. Der Vergleich von Arbeits- und Lebenszufriedenheit zeigt, wie eng »Leben« und »Arbeiten« mit der Zufriedenheit der Befragten verknüpft sind.

Soziale Ressourcen im Arbeitsbereich

Die Fragen zu den »sozialen Ressourcen im Arbeitsbereich« zeigen inhaltliche Parallelen zu den Items aus der Untersuchung Unternehmens-

kultur. Dies ermöglicht eine Beurteilung der Konsistenz des Antwortverhaltens und darüber hinaus das Erkennen von Interdependenzen.

Tabelle 3: Ausgewählte Items zur Untersuchung der sozialen Ressourcen im Arbeitsbereich	
Itemformulierung	**Itemname**
Das gegenseitige Vertrauen ist in meinem Arbeitsumfeld so groß, dass wir offen über alles, auch ganz persönliche Sachen, reden können.	Gegenseitiges Vertrauen
Wie sehr können Sie sich auf Ihre Vorgesetzten (falls vorhanden) verlassen?	Verlässlichkeit Vorgesetzte
Wie sehr können Sie sich auf Ihre Arbeitskollegen/-kolleginnen verlassen?	Verlässlichkeit Kollegen
Insgesamt gesehen ist unser Betriebsklima...	Beurteilung Betriebsklima
Ich arbeite gern für mein Unternehmen	Arbeitsfreude

Das ausgewählte Set von Items zu den »sozialen Ressourcen am Arbeitsplatz« (siehe Tabelle 3) zeigt sehr hohe Korrelationen untereinander. Sie gehören eindeutig und mit höchster Signifikanz zusammen.
Da wir hier eine Betrachtung der individuellen Situation im Zusammenhang mit bilateralen Beziehungen auf kollegialer und vorgesetzter
Ebene und im Kontext mit dem Gesamtunternehmen sehen, können
wir auf die hohe Bedeutung einer ausgewogenen, sozialen Einbindung
in das Unternehmen schließen. Die Einflüsse der sozialen Parameter
untereinander dürften hoch sein. Zum Beispiel wird eine negative
Entwicklung bei der Verlässlichkeit der Vorgesetzten direkte Auswirkungen auf das Betriebsklima und die Arbeitsfreude haben. Eine
Berechnung der Wirkungsfaktoren dieses Einflusses fand in dieser
Analyse jedoch nicht statt.

Der Vergleich der fünf Items aus dem Bereich der »Sozialen Ressourcen am Arbeitsplatz« im Zusammenhang zu den Erfolgstreibern
bzw. Erfolgsbremsen (siehe Tabelle 1) zeigt eine hohe Ähnlichkeit
der Ergebnisse sowohl in der Stärke der Korrelationen als auch im
Ranking der Deep White-Items. Um Redundanzen zu vermeiden,

genügt es, die Erfolgswerte mit dem »allgemeinen Betriebsklima« zu vergleichen. Denn das Betriebsklima hat insgesamt die höchsten Korrelationen zur Unternehmenskultur und die höchsten Korrelationen zu den anderen vier Bereichen – und spiegelt damit die »sozialen Ressourcen« am besten wider.

Das Ergebnis: Die »sozialen Ressourcen«, zusammengefasst im »allgemeinen Betriebsklima«, haben durchweg hohe bis sehr hohe Korrelationen zu den Werten der Erfolgskultur.

Wenn das Vertrauen untereinander stimmt, man sich auf die Kollegen und den Chef verlassen kann, dann macht der Job Spaß und die befragten Manager gehen voll und ganz in der Arbeit auf. Dieses Idealbild einer Erfolgskultur kann eindeutig aus den starken Interdependenzen zwischen »gegenseitigem Vertrauen«, »Verlässlichkeit der Kollegen«, »Verlässlichkeit der Vorgesetzten« und »Arbeitsfreude« – die für das gute Betriebsklima stehen, das wiederum hochsignifikant mit »hohem Engagement bei der Arbeit« und »Schwung und Elan bei der Arbeit« korreliert – interpretiert werden.

Die Beurteilung des Betriebsklimas hat fast durchweg die höchsten Korrelationen zu den dargestellten Erfolg treibenden Kulturprofilen in Unternehmen. Im Ranking der Erfolgstreiber stehen auch wieder individuelle Entwicklung, Freiraum und Kreativität auf den ersten Plätzen. Eine bemerkenswerte Veränderung zu den bisherigen Darstellungen zeigt sich durch die steigende Bedeutung des Items »beständige Strategie«. Beständigkeit steht gegen Change. Change-Management-Prozesse wirken sich aufgrund der Veränderung einer Strategie zunächst negativ auf die sozialen Ressourcen aus und führen damit zu einer Abschwächung der Erfolgstreiber. Vor dem Erfolg einer veränderten Strategien stehen somit diese durch den Prozess ausgelösten Belastungen.

Das Betriebsklima, einschließlich der inhaltlich ähnlichen Items wie »gegenseitiges Vertrauen«, »Verlässlichkeit der Kollegen« und »Verlässlichkeit der Vorgesetzten« zeigt negative Korrelationen zu den meisten Erfolgsbremsen. Der interne Wettbewerb um Leistungen und Prämien sowie die Indikatoren für starre Hierarchien und Entschei-

106

dungswege gehen mit den Erfolgsbremsen einher. Die Korrelationen sind zwar nicht so hoch wie bei den Erfolgstreibern, können jedoch als bedeutend bezeichnet werden, zumal die Signifikanzen der Korrelationskoeffizienten höchst mögliches Ausmaß haben.

Eine ausgeprägte Arbeitsroutine erweist sich im Zusammenhang zu den Erfolgsbremsen nicht als relevant im Sinne der Erfolgsbremsen. Im Gegenteil wirkt sich die Arbeitsroutine tendenziell positiv aus, weil diese (positiven) Korrelationen die Erfolgsbremsen eher abschwächen. Das gleiche gilt für die Kultur, die »Arbeitsergebnisse stets an den Zielen zu messen«, die sich ebenfalls eher positiv auf das Betriebsklima auswirkt.

Arbeitszufriedenheit

Der Bereich Arbeitszufriedenheit ist in der SHAPE-Studie mit einem umfangreicheren Fragenkomplex untersucht worden. Es sind eine Reihe von Items abgefragt worden, die konstruktgleich auf die Arbeitszufriedenheit laden (siehe Tabelle 4). Aus der medizinischen Praxis der Patientenbetreuung bringen die Initiatoren der SHAPE-Studie langjährige Erfahrung über die psychosomatischen Zusammenhänge zwischen den erlebten Arbeitsbedingungen, der Arbeitszufriedenheit und dem allgemeinen Gesundheitsempfinden in die Studie mit ein.

Inwiefern wirkt sich nun die Unternehmenskultur darauf aus, dass die Arbeit als interessant und befriedigend empfunden wird? *Manager, die in einem Umfeld mit hoher Ausprägung von Erfolgswerten wirken, empfinden ihre berufliche Tätigkeit interessant und befriedigend* – so lauten in diesem Zusammenhang die These.

Die Items korrelieren untereinander unterschiedlich stark und in verschiedene Richtungen – worauf bei der Interpretation zu achten war. Insgesamt zeigen die ausgewählten Items hohe Interdependenzen aufgrund ähnlicher zugrunde liegender Konstrukte.

Tabelle 4: Ausgewählte Items zur Untersuchung der Arbeitszufriedenheit	
Itemformulierung	**Itemname**
Gibt Ihnen Ihre Arbeit genügend Möglichkeiten, Ihre Fähigkeiten zu gebrauchen?	Möglichkeit Fähigkeiten zu gebrauchen
Sind Sie mit Ihren Aufstiegsmöglichkeiten zufrieden?	Zufriedenheit Aufstiegsperspektiven
Sind Sie mit dem Arbeitstempo (in Ihrer direkten Arbeitsumgebung) zufrieden?	Zufriedenheit Arbeitstempo
Wenn Sie sich noch einmal zu entscheiden hätten, würden Sie dann wieder den gleichen Beruf (die gleiche Tätigkeit) wählen?	Gleiche Berufs, Tätigkeitswahl
Ich habe richtig Freude an der Arbeit	Arbeitsfreude
Meine Arbeit macht mir wenig Spaß, man sollte nicht zuviel erwarten	Wenig Spaß an Arbeit
Meine Arbeit verläuft immer im gleichen Trott, daran kann man nichts machen	Arbeitstrott
Insgesamt gesehen: Würden Sie sagen, dass Ihre Arbeit wirklich interessant und befriedigend ist?	Interessante, befriedigende Arbeit

Der Vergleich mit den Erfolgstreibern und Erfolgsbremsen (Tabelle 1) ergab folgende Ergebnisse: Das obere Drittel im Ranking der Korrelationen zu den Bedingungen einer Erfolgskultur wird von Werten geprägt, die die individuelle Arbeitsweise des Einzelnen und die Anerkennung betreffen. Der Mensch steht im Mittelpunkt, wenn es um Arbeitszufriedenheit geht. Das zweite Drittel im Ranking der Zusammenhänge betrifft überwiegend Bedingungen, die das Unternehmen als Ganzes beschreiben. Je tiefer das Ranking der Erfolgswerte verfolgt wird, desto abstrakter wird der direkte Bezug zum Mitarbeiter. Weniger wichtig und damit als Ausnahme dieser Tendenz zeigt sich die Gesundheits-Fürsorge des Unternehmens.

Im Kontrast zur interessanten und befriedigenden Arbeit stehen die Erfolgsbremsen, die bis auf eine Ausnahme in ähnlicher Weise korrelieren wie beim Betriebsklima beschrieben.

Arbeitszeit / Arbeitsbelastung

Motivation und Leistungsorientierung im Beruf werden im Alltag häufig daran festgemacht, wie lange ein Mitarbeiter oder Manager arbeitet, respektive ob er mehr arbeitet als ein Acht-Stunden-Tag in der Regel vorsieht. »Ungesund« im wahrsten Sinne des Wortes ist zuviel Arbeit, wenn das persönlich zumutbare Maß dauerhaft überschritten ist. In der Befragung wurden Indikatoren für zuviel Arbeit abgefragt, wie die durchschnittliche Wochenarbeitszeit (bis über 60 Stunden), das Maß der Wochenendarbeit (bis über 10 Stunden) und die täglichen Überstunden (oft länger als acht Stunden im Büro). Die vorliegende Analyse konzentriert jedoch weniger auf die gezählten Stunden, sondern vielmehr auf das Motiv für (zu) viel Arbeitszeit – und im Speziellen auf das fremdbestimmte Motiv, weil aus dieser Ursache am ehesten negative Zusammenhänge zu den Erfolgswerten vermutet werden.

Die These lautet hier: *Mehrarbeit, die fremdbestimmt mit Druck oder aus Angst um den Job erbracht wird, schadet der Gesundheit und hat negative Auswirkungen auf die Erfolgswerte im Unternehmen.*

Arbeitsdruck ist ein fremdbestimmtes Motiv, das mehr oder weniger belastend empfunden werden kann. Die folgende Übersicht (Tabelle 5) zeigt, welche Motive für Mehrarbeit vorliegen können.

Tabelle 5: Motive für längere Arbeitszeit	
Itemformulierung	**Itemname**
Ich bleibe oft länger als 8 Stunden im Betrieb,...	
... um die Arbeit zu bewältigen.	Arbeitsdruck
... weil es von mir erwartet wird.	Erwartungsdruck
... weil Karriere nur nach 17h gemachten werden kann.	Karrieredruck
... weil es alle machen.	Gruppendruck
... weil ich Angst um meinen Job habe.	Angst um Job

Die Items korrelieren untereinander unterschiedlich stark und in verschiedene Richtungen. Wie die Auswertung zeigte, gehören Gruppendruck und Karrieredruck als Motiv für oft längere Arbeitszeit am ehesten zusammen. Gruppendruck wiederum korreliert recht hoch mit der Angst um den Job und dem Erwartungsdruck. Die höchsten Korrelationen zur Unternehmenskultur zeigt das Kriterium Gruppendruck.

Betrachten wir nun wieder den Bezug zu den Werte-Items (siehe Tabelle 1). Wieder ist das Ergebnis eindeutig: Unter »Gruppendruck« leiden die Erfolgstreiber im Unternehmen, während die meisten Erfolgsbremsen verstärkt werden. Die negativen Korrelationskoeffizienten sind eindeutig und hochsignifikant (mit Ausnahme der Items Corporate Design und Gesamterscheinungsbild des Unternehmens). Ähnliches gilt für die Items »Arbeitsdruck«, »Erwartungsdruck«, »Karrieredruck« und die »Angst um den Job«.

Dass Angst und Druck keine guten Motive für gesunde Leistungen sind, ist eine Alltagserfahrung, die leicht nachzuvollziehen ist. 69 Prozent der Befragten, die sich dazu bekennen, öfter Überstunden zu machen, glauben, die Arbeitsbelastung sei schädlich für ihre Gesundheit, 74 Prozent sehen eine schädliche Wirkung auf die Lebensqualität.

Regelmäßige und allenthalben anerkannte Mehrarbeit wirkt sich im Ergebnis auch eher negativ auf den Erfolg des Unternehmens aus, wenn sie zur Erfüllung zu hoher Fremderwartungen erbracht wird. Das ist alarmierend. Die Analyse zeigt eindeutig, dass fremdbestimmter Druck vor allem mit Erfolgsbremsen korreliert. An erster Stelle stehen hier der interne Wettbewerb um Leistung und Honorierung sowie allzu starre Hierarchien im Unternehmen.

Fazit für das Gesundheitsmanagement im Unternehmen

Alle Thesen dieser Untersuchung, die darauf abzielten, die Auswirkungen von Spitzenleistungen und Erfolg sowie die Auswirkungen der gesundheitsfördernden Arbeitsbedingungen auf den Erfolg des Unternehmens aufzuzeigen, konnten mit der Auswahl der dargestellten Ergebnisse bestätigt werden. Gesundheit und Leistungsfähigkeit gehen miteinander einher und haben einen messbaren Einfluss auf den Erfolg des Unternehmens.

Der Zusammenhang zwischen gesundheitlicher Fürsorge der Arbeitgeber zum Einfluss auf den Erfolg des Unternehmens war die Ausgangssituation aus der Deep White Studie. Sie konnte hier in vollem Umfang bestätigt werden, doch der Zusammenhang ist nicht monokausal. Die Untersuchung bringt weitere Zusammenhänge ans Licht, die im Vergleich noch viel stärker auf die erfolgsfördernden Wertehaltungen im Unternehmen wirken. Ob Gesundheitszustand, Leistungsfähigkeit, Arbeits- und Lebenszufriedenheit oder im Ganzen betrachtet das Betriebsklima, über alle Indikatoren zeigt sich: Wenn die soften Faktoren im Unternehmen stimmen, wenn die Work-Life-Balance ausgeglichen ist, stimmt es auch mit den erfolgstreibenden Unternehmenskulturen.

In dieser Analyse wurden die gegenseitigen Zusammenhänge eines umfassenden Gesundheitsbegriffes mit Erfolgstreibern im Unternehmen untersucht. Die Schlussfolgerung, dass die mentale und körperliche Gesundheit der Befragten mit dem Erfolg des Unternehmens zusammenhängt, ist damit eine mittelbare. Aber die starken Indikatoren, die uns die gemessenen Daten liefern, machen es leicht, diesen Zusammenhang als belegt zu betrachten.

Die viel beschworene Work-Life Balance, die einen ausgeglichenen Lebensstil zwischen Spitzenleistungen und Erfolg auf der einen Seite und Gesundheit und sozialer Lebensqualität auf der anderen Seite beschreibt, hat ihre Bedeutung. Immer mehr Führungskräfte suchen den Weg aus der einseitigen und übertriebenen Arbeitsbelastung.

Die Studie liefert stichhaltige Belege für die negativen Auswirkungen auf die betroffenen Personen und ihren Arbeitgeber, wenn die Balance nicht mehr stimmt. Ursache sind häufig die betrieblich steuerbaren Rahmenbedingungen, mit denen Manager zu Spitzenleistungen motiviert werden sollen: Leistungs- und Prämiensysteme, die mehr den internen Wettbewerb des Teams fördern als den Wettbewerb in Richtung Markt beflügeln. Kontrollsysteme mit fremdbestimmten Zielvereinbarungen und Hierarchien, die keinen Raum lassen für Kreativität und eine Null-Fehlerkultur, die die Chance verpasst, Neues aus Versuch und Irrtum zu lernen.

Wo ist der Ansatz für das Gesundheitsmanagement im Unternehmen? Die Therapie liegt nicht in der Einrichtung eines Fitnessraums für die Manager und Mitarbeiter und im gesunden Kantinenessen. Eine Unternehmenskultur, die die Zusammenhänge zwischen Gesundheit und Erfolg berücksichtigen soll, setzt beim Menschenbild an: Persönlichkeit, freie Entwicklung der kreativen Kräfte, fördern, wo es etwas zu fördern gibt, Herausforderungen anbieten und Leistung anerkennen. Gemeint ist eine Anerkennung, die nicht nur auf Geld setzt, sondern zum Beispiel rundum auf gesundheitliche und soziale Fürsorge des Unternehmens für seine Mitarbeiter [5].

Wer den wirtschaftlichen Erfolg fördern will, setzt besser auf eigenverantwortlich gesetzte Zielvereinbarungen statt auf zu hohe Zielvorgaben, meidet zu starken Druck und Wettbewerb im Betrieb, bricht immer wieder Arbeitsroutine auf, bietet Freiraum aktiv mitzugestalten und erlaubt die persönliche Entfaltung. Der Brückenschlag zu der Erkenntnis, dass der Erfolg aufhört, wenn Arbeit krank macht, ist nicht weit. Darum gehört die aktive Förderung der Gesundheit der Mitarbeiter genauso zur Unternehmensverantwortung und Erfolgssicherung wie die Forschung und Entwicklung für innovativer Produkte und Lösungen.

Literatur

[1] KROMM, W., FRANK, G., GADINGER, M. *Sich tot arbeiten – und dabei gesund bleiben in: Kromm, W., Frank, G. (Hrsg.), Unternehmensressource Gesundheit, Symposion Publishing, Düsseldorf 2009, S. 27ff*

[2] *Weitere Informationen über www.deep-white.com*

[3] HERRMAN, SCHÖNBORN, PEETZ, *Von den Besten lernen: Der Einfluss der Wertekultur auf den Unternehmenserfolg, in: Bentele/Piwinger/Schönborn (Hrsg.): Kommunikationsmanagement, Köln 2004*

[4] BACKHAUS, ERICHSON, PLINKE, WEIBER. *Multivariate Analysemethoden. Springer, Berlin, Heidelberg 2005*

[5] SCHÖNBORN: *Unternehmen ‚C' – Leadership Values Manager-Tugenden als messbarer Erfolgsfaktor, in: Klauk/Stangel-Meseke (Hrsg.), Mit Werten wirtschaften – mit Trends trumpfen. Papst Science Publisher, Lengerich 2006*

Zusammenfassung

Eine Studie der Unternehmensberatung Deep White in Bonn hat den Zusammenhang zwischen Unternehmenskultur und wirtschaftlichem Erfolg untersucht und hierbei die Werte identifiziert, die den Unternehmenserfolg am stärksten beeinflussen. Eine Verknüpfung dieser Ergebnisse mit zentralen Ergebnissen der SHAPE-Studie macht deutlich, dass eben diese »Erfolgstreiber« auch mit der Gesundheit der Mitarbeiter positiv korrelieren. Dieser Zusammenhang gilt besonders für folgende sieben, die Kultur eines Unternehmens prägenden Werte: Schwung und Elan bei der Arbeit, klar formulierte Vision, Freiraum für Ideen und Kreativität, Wissen als Kapital (das heißt das Wissen der Mitarbeiter wird als wichtigstes Kapital geschätzt), voll in der Arbeit aufgehen, Toleranz gegenüber Arbeitsweisen, Herausforderung (also die Möglichkeit, komplexe Aufgaben anpacken zu können).

Gesundheit und Management

Berichtswesen –
Warum Sozialkapital in die Bilanz muss 117
Bernhard Badura

Gesunde Mitarbeiter –
Ziel nachhaltiger Unternehmensführung 133
Martin J. Thul

Integriertes Gesundheitsmanagement –
Ein Leitfaden 181
Dorothea Benz

Gesundheitsmonitor für Unternehmen 215
Joachim E. Fischer

Berichtswesen – Warum Sozial-
kapital in die Bilanz muss

**Neben den Arbeitsbedingungen und dem Humanver-
mögen ist das Sozialkapital ein wichtiger Treiber von
Gesundheit und Unternehmenserfolg. Das »soziale Ver-
mögen« eines Unternehmens, zu dem Führungsqualität,
Kultur und soziale Vernetzung zählen, sollte deshalb
Eingang in das Berichtswesen finden.**

In diesem Beitrag erfahren Sie:
- dass Gesundheit und Betriebsergebnis vom
  Sozialkapital eines Unternehmens abhängen,
- warum eine mitarbeiterorientierte Unternehmenskultur immer wichtiger wird,
- wie man das Berichtswesen um die Aspekte
  Mitarbeiterorientierung und Gesundheit erweitert.

BERNHARD BADURA

Sozialkapital, Kooperation und Gesundheit

Unternehmen sind zuallererst wirtschaftliche Organisationen, die den
Interessen ihrer Eigentümer dienen und den Erwartungen ihrer Kunden gerecht werden müssen. Sie sind zugleich aber auch soziale Systeme, die Leben und Gesundheit ihrer Mitglieder beeinflussen. Die
entwickelten Gesellschaften Europas altern. Die Erwerbsbevölkerung
nimmt ab. Der Wandel in Richtung Dienstleistungswirtschaft bewirkt, dass Unternehmen noch mehr als bereits schon in der Vergangenheit in ihrem Erfolg abhängig sind von der Leistungsfähigkeit und
Leistungsbereitschaft ihrer Mitarbeiterinnen und Mitarbeiter. Dies
sollte in der Unternehmenspolitik durch eine verstärkte Mitarbeiterorientierung ihren Ausdruck finden. Zu beobachten ist dagegen in den
zurückliegenden Jahren das Gegenteil: eine verstärkte Ausrichtung

117

auf den Kapitalmarkt und die Kunden – auf Kosten der Erwartungen und Interessen der Mitarbeiterinnen und Mitarbeiter [1, 2].

Mit dem Wandel in Richtung Dienstleistungswirtschaft werden immaterielle Organisationsfaktoren immer wichtiger für den Unternehmenserfolg. Unter den immateriellen Organisationsfaktoren wird gegenwärtig das Humanvermögen bzw. das Humankapital am intensivsten diskutiert. Auch die Gesundheit der Beschäftigten ist ein Teil des Humanvermögens. Sie spielt bisher jedoch weder in der Organisationswissenschaft, noch in der praktischen Betriebswirtschaft eine nennenswerte Rolle, obwohl Gesundheit sich hervorragend als Messgröße für den Grad der Mitarbeiterorientierung eines Unternehmens eignet.

O'Toole und Lawler [1] haben in ihrem Bericht zur Situation der Arbeit in den USA den Forschungsstand zum Thema Mitarbeiterorientierung wie folgt zusammengefasst: Menschen wollen durch Arbeit drei grundlegende Bedürfnisse erfüllt sehen. Sie streben nach ausreichender Vergütung und sicheren Arbeitsplätzen; sie streben nach Arbeit, die Sinn stiftet und persönliche Weiterentwicklung ermöglicht; und sie streben schließlich nach Arbeit, die einen Kontext unterstützender sozialer Beziehungen bietet [1, S. 8f]. „… basic human needs for recognition, control and belonging … are more important determinants of employee moral and performance than are the physical conditions of work"[1, S. 46f]. Eine dauerhafte Missachtung dieser Bedürfnisse trägt zu einer Schädigung des Wohlbefindens und der Gesundheit und damit auch zu geminderter Leistungsbereitschaft und Leistungsfähigkeit der Mitarbeiterinnen und Mitarbeiter bei.

Der ungebremste Anstieg psychischer Beeinträchtigungen in Deutschland ist ein deutlicher Hinweis darauf, dass eine anhaltende Zunahme psychischer Belastungen keineswegs folgenlos bleibt. Es deutet sich ein Strukturwandel im Arbeitsunfähigkeitsgeschehen an: Chronisch körperliche Krankheiten verlieren an Bedeutung, während psychische Erkrankungen zunehmen (siehe Abb. 1).

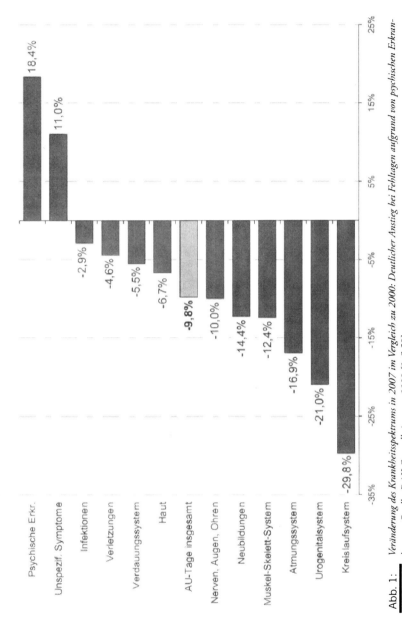

Abb. 1: *Veränderung des Krankheitsspektrums in 2007 im Vergleich zu 2000: Deutlicher Anstieg bei Fehltagen aufgrund von psychischen Erkrankungen. Quelle: DAK Gesundheitsreport 2008 [3, S. 59]*

Das Sozialkapitalkonzept

Das aus der Soziologie, der Politikwissenschaft und der Volkswirtschaft stammende Sozialkapitalkonzept zielt auf Grundlagen menschengerechter Kooperation: auf vertrauensvollen Umgang, gegenseitige Wertschätzung und geteilte Überzeugungen, Werte und Regeln. Werden sie zur Mangelware, häufen sich Fehler, Missverständnisse und Konflikte, sinkt die Leistungsfähigkeit einer Organisation, leiden Leistungsbereitschaft, Loyalität und Gesundheit ihrer Mitglieder. Es eignet sich deshalb – so die hier vertretene Position – als Grundlage einer zugleich mitarbeiter- und ergebnisorientierten Unternehmenspolitik. Forschungsstand, Methodik und Vorgehensweise zu Identifizierung und Bewertung von Sozialkapital, sowie Ergebnisse seiner kausalen Modellierung im Rahmen einer vergleichenden Unternehmensstudie wurden an einer anderen Stelle ausführlich dargestellt [4]. Das Sozialkapital von Organisationen hat unseres Erachtens drei Elemente:

⇨ das Netzwerkkapital (Qualität, Quantität und Spannweite sozialer Vernetzung der Organisationsmitglieder).
⇨ das Überzeugungs- und Wertekapital (Unternehmenskultur) und
⇨ das Führungskapital (Qualität der Beziehung zum direkten Vorgesetzten).

Nach unseren Erkenntnissen ist die Sozialkapitalkomponente »Überzeugungs- und Wertekapital« von besonderer Bedeutung für die wahrgenommene Qualität des Netzwerk- sowie auch des Führungskapitals, für die Qualität der Arbeit wie auch für Gesundheit und Betriebsergebnis. Wir prognostizieren deshalb eine Renaissance der Debatte zum Thema Unternehmenskultur.

Studie zur Erfassung und Bewertung von Sozialkapital

Die Erfassung und Bewertung von Sozialkapital, Gesundheit und Betriebsergebnis in den fünf von uns untersuchten Unternehmen erfolgte mit Hilfe zweier unterschiedlicher Datensätze: mit Daten aus einer Unternehmensbefragung und mit Daten aus der Betriebswirtschaft der beteiligten Unternehmen. Befragt wurden 5.000 Beschäftigte. Der Rücklauf der Fragebögen lag bei 45 Prozent. Die Ergebnisse unserer vergleichenden Analyse des Sozialkapitals und seiner gesundheitlichen wie betriebswirtschaftlichen Auswirkungen lassen sich sehr verkürzt wie folgt zusammenfassen:

1. Das in der Studie zugrunde gelegte Unternehmensmodell ist geeignet, zentrale Elemente des Sozialkapitals von Unternehmen zu erfassen und Zusammenhänge zwischen Sozialkapital, Unternehmensproduktivität und Gesundheit vorherzusagen.
2. Der stärkste Einfluss geht vom Überzeugungs- und Wertkapital aus, der Kultur einer Organisation. Sie wurde in folgende Dimensionen untergliedert: Gelebte Gemeinsamkeiten, Umgang mit Konflikten, sozialer Zusammenhalt im Unternehmen, wahrgenommen Gerechtigkeit und Fairness sowie wahrgenommene Wertschätzung und Vertrauen in das Top-Management.
3. Nicht nur Eigentümer und Kunden machen sich »ein Bild« von einem Unternehmen, auch seine Mitarbeiterinnen und Mitarbeiter. Wie es ausfällt, hat Einfluss auf ihre Leistungsbereitschaft, ihr Leistungsvermögen, auf Produktivität und Gesundheit.
4. Gesundheit und Leistungsbereitschaft der Mitarbeiterinnen und Mitarbeiter einzelner Unternehmensteile variieren in Abhängigkeit vom Status, der Qualifikation, dem sozialen Zusammenhalt, dem Alter, der wahrgenommenen Qualität der Führung der direkten Vorgesetzten und – vor allem – in Abhängigkeit vom Überzeugungs- und Wertkapital.
5. Ein Management, das die Wahrnehmung und Bewertung seines Unternehmens durch die Mitarbeiterinnen und Mitarbeiter nicht zur Kenntnis nimmt und keine Strategie zum Erhalt oder zur

Verbesserung der Mitarbeiterorientierung entwickelt, übersieht vermeidbare Risiken für den Unternehmenserfolg und gesundheitliche Risiken der ihm überantworteten Menschen als Treiber von Lohnnebenkosten.

Renaissance der Unternehmenskultur

Für Entwicklung und Erhalt einer mitarbeiterorientierten Unternehmenskultur sind zahlreiche zum Teil hochinterdependente Einflüsse zu berücksichtigen, von denen einige, besonders wichtige, sich der Steuerung durch materielle Anreize oder durch Vorgaben aus der Hierarchie entziehen. Mitarbeiterorientierung hängt zunächst einmal von materiellen Faktoren ab: der Sicherheit des Arbeitsplatzes, einem auskömmlichen Gehalt und den materiellen Arbeitsbedingungen. Folgt man der Zusammenfassung von O'Toole und Lawler und unseren eigenen Befunden, dann sind allerdings einige immaterielle Arbeits- und Organisationsbedingungen von besonderer Bedeutung. Hierzu zählen zum Beispiel die Qualität der Führung, der Kultur und der internen Vernetzung der einzelnen Organisationsmitglieder sowie Transparenz des Unternehmensgeschehens und Mitarbeiterbeteiligung. Strategien zur Verbesserung der Mitarbeiterorientierung eines Unternehmens sollten deshalb nicht nur am Einkommen sondern auch an diesen zentralen Größen ansetzen, zumal sie nicht nur vermittelt über die Mitarbeiterbewertung sondern auch direkt, durch ihren Einfluss auf Unternehmensprozesse, auf den Unternehmenserfolg wirken.

Die Bedeutung von Kultur und sozialer Kompetenz

Menschengerechte Kooperation, basierend auf Vertrauen, Wertschätzung, gemeinsamen Überzeugungen, Werten und Regeln hängt im erheblichen Maße ab – das belegen unsere Ergebnisse recht eindeutig – von der Qualität der horizontalen und vertikalen Beziehungen unter den Organisationsmitgliedern. Die zentralen »Hebel« dafür sind Förderung sozialer Kompetenz auf Seiten der Mitarbeiterinnen und Mitarbeiter und Förderung mitarbeiterorientierten Führungsverhaltens. Auf beiden Feldern bestehen gravierende Defizite. Die Globalisierung hat zur Konservierung überholter Managementansätze beigetragen. Das übermäßige Setzen auf Hierarchien und materielle Anreize gehört ebenso dazu wie die damit einhergehende Unterschätzung der Kultur als Führungsinstrument und der sozialen Kompetenz von Führungskräften und Teammitgliedern.

Menschen, die sozial inkompetent sind, einander misstrauen oder von den Zielen ihres Tuns innerlich nicht überzeugt sind, können zwar zur Zusammenarbeit gezwungen werden – auf Dauer aber nur um den Preis suboptimaler Ergebnisse, hoher Kontroll- und Entscheidungskosten und auf Kosten ihres Wohlbefindens und ihrer Gesundheit.

Menschen sind rationale Problemlöser, zumindest ist das die seit der Aufklärung vorherrschende Überzeugung. Die Bedeutung von Emotionen, unbewussten Impulsen und biologischen Anlagen für das Verhalten wurden dadurch unterschätzt. Menschen sind eben auch – bedingt durch ihre psychobiologische Ausstattung – Gefühlssucher, bzw. -vermeider. Menschen neigen dazu, Personen oder Situationen zu vermeiden, die Wut, Angst oder Hilflosigkeit erzeugen. Und sie suchen Situationen und Personen, die positive Emotionen (Stolz, Freude, Wir- und Selbstwertgefühl) hervorrufen. Emotionen steuern nicht nur Interaktion und Kooperation, sondern über Botenstoffe und Hormone auch biologische Prozesse und damit Gesundheit und Lebensdauer. Emotionen sind selten ein Thema in Organisationen, deshalb aber alles andere als unwichtig oder zu vernachlässigen. »Auch wenn Emotionen und Stimmungen aus unternehmerischer Sicht belanglos erscheinen mögen, haben sie reale Konsequenzen für die Arbeit.« [5]. Positive Emotionen wie Stolz, Freude und Wir-Gefühl fördern Gesundheit und Arbeit. Negative Emotionen wie Angst, Wut oder Hilflosigkeit beeinträchtigen sie.

Eine – aus Sicht des Sozialkapitalansatzes unverzichtbare – Voraussetzung produktiver und gesundheitsförderlicher Kooperation ist

123

das Vorhandensein gemeinsamer Überzeugungen, Werte und Regeln: einer gemeinsamen Kultur. Ihr kommt deshalb eine zentrale Bedeutung zu, weil sie auf umfassende Weise zugleich Denken, Fühlen, Motivation und dadurch auch Biologie und Verhalten beeinflusst, insbesondere dort, wo Steuerung über Hierarchien und/oder materielle Anreize versagt, zum Beispiel bei der Vertrauensbildung, emotionalen Unternehmensbindung und intrinsischen Motivation.

In der Soziologie und Ethnographie verweist der Begriff Kultur auf die einem Kollektiv (Gruppe, Organisation etc.) gemeinsamen Überzeugungen, Werte, Regeln und Verhaltensweisen, mit denen sich die Mitglieder identifizieren, an denen sie sich – mehr oder weniger bewusst – orientieren, die ihnen helfen ihre Gedanken und Gefühle zu organisieren und ihr Verhalten zu orientieren (zum Beispiel bei der Unterscheidung von wichtig und unwichtig, richtig oder falsch, gut oder böse). Einer der besten Kenner dieser Materie schrieb vor Jahren, die Kultur der Arbeiter und einfachen Angestellten sei terra incognita im Unterschied zur Kultur der technischen Experten und des Managements. Experten sähen in Mitarbeiterinnen und Mitarbeitern Risikofaktoren, für Manager seien sie Kostenfaktoren [6].

Vertrauen bilden durch Transparenz und Berechenbarkeit

In unserer Untersuchung haben Führungskräfte generell ein positiveres Bild von ihrem Unternehmen und der Situation der Mitarbeiterinnen und Mitarbeiter als diese selbst, bei großer Varianz zwischen unterschiedlichen Unternehmensteilen. Daraus ergibt sich die Notwendigkeit einer genaueren Organisationsdiagnostik und entsprechender Handlungsbedarf zur Vertrauensbildung, zum Beispiel durch mehr Transparenz und Partizipation. Auch hier kann der Sozialkapitalansatz weiterhelfen.

Sozialkapital und Vertrauen hängen eng zusammen. Wo das Handeln der Vorgesetzten und der Kolleginnen und Kollegen als berechenbar, uneigennützig und problemgerecht erlebt wird, steigt das

Vertrauen, nimmt die Unternehmensbindung zu. Vertrauen in komplexen sozialen Systemen hängt zudem von ihrer erlebten Transparenz und Beeinflussbarkeit ab. Abnehmende Berechenbarkeit, Transparenz und Beeinflussbarkeit fördern Angst, Wut und Hilflosigkeit – Gefühle, die zur Ablehnung einer Organisation und zur inneren Kündigung bis hin zur Ausbeutung einer Organisation durch ihre Mitarbeiterinnen und Mitarbeiter führen können, und dies auf allen Ebenen.

Der Respekt vor Maßstäben der Fairness und Gerechtigkeit sind weitere grundlegende Elemente einer mitarbeiterorientierten Unternehmenskultur. Diese Maßstäbe gelten als zentral für eine Zivilgesellschaft, ebenso wie der offene Umgang mit Konflikten. Jeder Verstoß gegen solche Maßstäbe wird von den Mitarbeiterinnen und Mitarbeitern genauestens registriert und fördert die Kluft zwischen ihnen und der obersten Führung.

Die Entwicklung gemeinsamer Überzeugungen, Werte und Regeln einer Organisation und der Respekt vor den grundlegenden Überzeugungen, Werten und Regeln der Organisationsumwelt sind wegen ihrer sinn- und bindungsstiftenden Funktion wesentlich für eine mitarbeiterorientierte Führung und die Wahrnehmung ihrer gesellschaftlichen Verantwortung. Eine Führung, die auf die Pflege einer mitarbeiterorientierten Unternehmenskultur verzichtet und ihre gesellschaftliche Verantwortung missachtet, riskiert dramatische Imageeinbußen und den Verlust von Gesundheit und innerer Bindung ihrer Mitarbeiterinnen und Mitarbeiter, riskiert damit die Wettbewerbsfähigkeit und auf Dauer auch das Überleben des eigenen Unternehmens.

Berichtswesen und betriebliches Gesundheitsmanagement

»Nur was sich messen lässt, lässt sich auch managen.« Diese Peter F. Drucker nachgesagte Erkenntnis trifft auch auf die Mitarbeiterorientierung eines Unternehmens zu. Nur wenn sich Mitarbeiterorientierung messen lässt, lässt sie sich auch managen. Damit sind das betriebliche Berichtswesen und seine Weiterentwicklung zum betrieblichen Gesundheitsmanagement angesprochen.

Unternehmen werden über Zahlen geführt. Nur was im Routineberichtswesen an den Vorstand an Zahlen enthalten ist, hat Chancen auf eine Berücksichtigung bei Unternehmensentscheidungen. Das herkömmliche Berichtswesen enthält wenig Informationen darüber, wie es um die Mitarbeiterorientierung eines Unternehmens bestellt ist. Vorstände werden regelmäßig über Personalkapazitäten und Personalkosten informiert, mehr meist nicht. Die Sichtweise der Führung auf den Personalbereich als Kostenfaktor hat hier eine nicht zu unterschätzende Wurzel. Notwendige Bedingung für eine mitarbeiterorientierte Unternehmenspolitik ist deshalb eine Weiterentwicklung des Berichtswesens um Informationen erstens über Erwartungen, Bedürfnisse und Gefühle ihrer Mitarbeiterinnen und Mitarbeiter und zweitens über darauf einwirkende Unternehmensbedingungen.

Die Einbeziehung des Sozialkapitals in das Berichtswesen

Die Beobachtung und Bewertung der Mitarbeiterorientierung eines Unternehmens erfolgt in der Regel mit Hilfe zweier Kennzahlen, die nach dem bisher Gesagten dafür keinesfalls ausreichen: der Anzahl der Unfälle und der Anzahl der krankheitsbedingten Fehlzeiten. Unfall- und Fehlzeitenstatistiken enthalten Spätindikatoren, informieren über Ereignisse, deren Eintritt eigentlich hätte verhütet werden sollen.

Die zentrale Frage lautet jetzt: Was sind die unternehmensinternen Treiber von Mitarbeiterorientierung, Gesundheit und Unternehmenserfolg? Neben den materiellen Arbeitsbedingungen ist der wichtigste Treiber nach unserer Erkenntnis das Sozialkapital mit den drei genannten Teilkomponenten. Unterschieden werden zudem Früh- und Spätindikatoren (siehe Abb. 2). Die Frühindikatoren sind Kennzahlen, die anzeigen, ob sich Prozesse in die gewünschte Richtung angestrebter Spätindikatoren entwickeln oder ob das Eintreten unerwünschter Entwicklungen wahrscheinlich wird. Mit anderen Worten: Sie verweisen auf Interventionsbedarf.

126

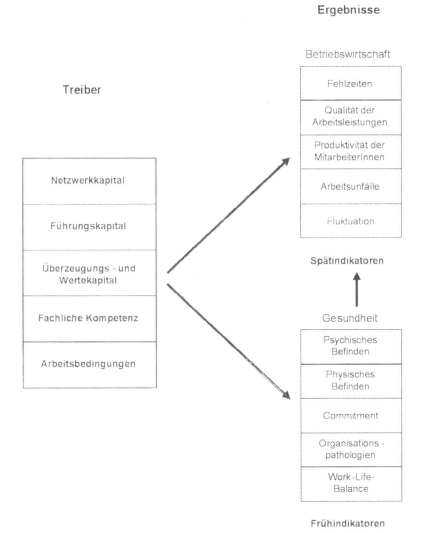

Abb. 2: *Unternehmensinterne Treiber von Gesundheit und Unternehmenserfolg [4]*

Aus unserer Sicht wird Gesundheit zu einer Leitidee mitarbeiterorientierter Führung werden. Voraussetzung dafür ist ein Berichtswesen, das Indikatoren über die folgenden drei Sachverhalte enthält: Indikatoren zur Beurteilung gesundheitsrelevanter Unternehmensbedingungen, zur Beurteilung des Gesundheitszustandes der Mitarbeiter und über Zusammenhänge zwischen Unternehmensbedingungen, Gesundheitszustand und Betriebsergebnis.

Zentral für die Erfassung gesundheitsrelevanter Unternehmensbedingungen sind mit Blick auf den Forschungsstand Indikatoren über die Arbeitsbedingungen, über Qualifikation, Alter und Geschlecht der Mitarbeiter und über das betriebliche Sozialkapital.

Der Begriff »Sozialkapital« wird in den Sozialwissenschaften verwendet zur Identifizierung von Qualitätsmerkmalen des sozialen Systems einer Organisation, die ihre Leistungsfähigkeit ebenso wie die Gesundheit ihrer Mitglieder vorherzusagen erlauben. Im engeren Sinne wird darunter das soziale Vermögen einer Organisation verstanden: das heißt Umfang und Qualität der internen Vernetzung, der Vorrat gemeinsamer Überzeugungen, Werte und Regeln sowie die Qualität der Menschenführung. Sozial- und Humankapital sind wichtige immaterielle Erfolgsfaktoren neben den materiellen Erfolgsfaktoren Sach- und Geldkapital.

Gesundheit wir von unterschiedlichen Experten unterschiedlich definiert und bezieht sich primär auf Kognition, Motivation, Emotion, Biologie oder Verhalten eines Menschen. Die Definition der Weltgesundheitsorganisation als soziales, psychisches und körperliches »Wohlbefinden« dürfte heute weiterhin geteilt werden. Gesundheit wird bedingt durch persönliche Voraussetzungen (zum Beispiel Geschlecht, Alter, Bildung), durch die Arbeits- und Organisationsbedingungen (zum Beispiel Sinnhaftigkeit, Führung, Qualität sozialer Netzwerke, Kultur) und durch die Wechselwirkungen zwischen Privat- und Berufsleben.

Zur Messung des Sozialkapitals besonders wichtig sind Kennzahlen für das Überzeugungs- und Wertekapital, die Qualität horizontaler (Netzwerkkapital) und vertikaler Beziehungen (Führungskapital).

Zur Messung von Gesundheit besonders wichtig sind Kennzahlen zum Wohlbefinden, zur Unternehmensbindung und physischer Gesundheit. Die regelmäßige Durchführung einer Mitarbeiterbefragung ist eine für die Kennzahlenentwicklung zwingende Voraussetzung.

Einführung und Verankerung eines Betrieblichen Gesundheitsmanagements

Die Einführung und Verankerung eines Betrieblichen Gesundheitsmanagements erfolgt über die systematische Durchführung der vier *Kernprozesse*: Diagnose des Gesundheitszustands der Beschäftigten und der dafür relevanten Einflussgrößen, Interventionsplanung, Durchführung und Steuerung der Intervention und Evaluation. Die damit beauftragten Experten müssen für diese Aufgabe ausreichend qualifiziert sein, das heißt über ausreichende Fach-, Methoden- und Prozesskenntnisse verfügen.

Organisations- und personenbezogene *Ziele und Maßnahmen* des Betrieblichen Gesundheitsmanagements müssen sich gegenseitig befördern und stets in Abhängigkeit von einer datengestützten Organisationsdiagnose, mit Blick auf die Erwartungen der Mitarbeiter und mit Blick auf die allgemeinen Organisationsziele festgelegt werden. Ein Schwerpunkt personenbezogener Maßnahmen sollte wegen Ihrer Bedeutung für die Mobilisierung des betrieblichen Sozialvermögens die Förderung der sozialen Kompetenz der Organisationsmitglieder sein.

Hoher sozialer Kompetenz der Führungskräfte gilt dabei besondere Aufmerksamkeit: wegen ihrer besonderen Verantwortung zur Förderung von Synergien und zur Vermeidung von Risiken an den Schnittstellen zwischen Mensch und Mensch.

Literatur

[1]   O'TOOLE J., LAWLER E.: *The New American Workplace. Palgrave Macmillan: New York 2006*

[2]   BERTELSMANN STIFTUNG, HANS-BÖCKLER-STIFTUNG (HRSG.): *Zukunftsfähige betriebliche Gesundheitspolitik. Bertelsmann: Gütersloh 2004*

[3]   DAK GESUNDHEITSREPORT 2008. *DAK Forschung und IGES Institut: Hamburg/Berlin 2008*

[4]   BADURA B., GREINER W., RIXGENS P., UEBERLE M., BEHR M. (2008): *Sozialkapital – Grundlagen von Gesundheit und Unternehmenserfolg. Springer: Berlin 2008*

[5]   GOLEMANN D., BOYATZIS R., McKEE A.: *Emotionale Führung. 3. Aufl. Ulstein: Berlin 2005*

[6]   SCHEIN E.H.: *Wenn das Lernen im Unternehmen wirklich gelingen soll. In: Harvard Business Manager 19 (3), 1997, S.61-72.*

Zusammenfassung

Neben den Arbeitsbedingungen und dem Humanvermögen ist das Sozialkapital ein wichtiger Treiber von Gesundheit und Unternehmenserfolg. Menschengerechte Kooperation, basierend auf Vertrauen, Wertschätzung, gemeinsamen Überzeugungen, Werten und Regeln, hängt im erheblichen Maße ab – das belegen unsere Ergebnisse recht eindeutig – von der Qualität der horizontalen und vertikalen Beziehungen unter den Organisationsmitgliedern. Die zentralen »Hebel« dafür sind Förderung sozialer Kompetenz auf Seiten der Mitarbeiterinnen und Mitarbeiter und Förderung mitarbeiterorientierten Führungsverhaltens. Auf beiden Feldern bestehen gravierende Defizite – mit hohen Risiken für den Unternehmenserfolg. Denn Menschen, die sozial inkompetent sind, einander misstrauen oder von den Zielen ihres Tuns innerlich nicht überzeugt sind, können zwar zur Zusammenarbeit gezwungen werden – auf Dauer aber nur um den Preis suboptimaler Ergebnisse, hoher Kontroll- und Entscheidungskosten und auf Kosten ihres Wohlbefindens und ihrer Gesundheit. Eine Führung, die auf die Pflege einer mitarbeiterorientierten Unternehmenskultur verzicht und ihre gesellschaftliche Verantwortung missachtet, riskiert dramatische Imageeinbußen und den Verlust von Gesundheit und innerer Bindung ihrer Mitarbeiterinnen und Mitarbeiter, riskiert damit die Wettbewerbsfähigkeit und auf Dauer auch das Überleben des eigenen Unternehmens.

Gesunde Mitarbeiter – Ziel nachhaltiger Unternehmensführung

Begreift man Gesundheit als Aufgabe einer nachhaltigen Unternehmensführung, hat dies weitreichende Konsequenzen. Isolierte Einzelmaßnahmen genügen dann nicht mehr. Benötigt wird vielmehr ein breit angelegter Ansatz, der einem umfassenden Gesundheitsverständnis gerecht wird.

In diesem Beitrag erfahren Sie:
- warum Nachhaltigkeit ein zentrales Handlungsprinzip der Unternehmensführung sein sollte,
- wie Sie Gesundheit in Anlehnung an das EFQM-Modell in ein Managementsystem integrieren,
- welche konkreten Ergebnisse ein nachhaltiges betriebliches Gesundheitsmanagement erbrachte.

MARTIN J. THUL

Wesentliche Kennzeichen von Nachhaltigkeitskonzepten

Nachhaltigkeit war zunächst eine eher gesellschaftspolitische Fragestellung. Es ging um den Umgang mit sozialen und ökologischen Ressourcen und damit um Lebensqualität und langfristige Existenzsicherung [1]. Bei der Übertragung dieses Gedankenguts auf die Unternehmensebene standen dann die Wirkungen der Unternehmenstätigkeit auf das soziale, ökologische und ökonomische Umfeld im Fokus. Damit bewegen sich betriebliche Nachhaltigkeitsansätze immer im Spannungsfeld unternehmerischer Interessen und gesellschaftspolitischer Anforderungen. Deren angemessener Ausgleich ist eine wesentliche Voraussetzung für das langfristige Überleben eines Unternehmens. Was sich hinter dieser Aussage verbirgt und welche Konsequenzen für die Unternehmensführung daraus resultieren, wird deutlich, wenn man sich mit den Inhalten der Nachhaltigkeitskonzepte auseinandersetzt.

Kennzeichnend für die meisten wissenschaftlichen Nachhaltigkeitskonzepte ist die gleichrangige Gewichtung wirtschaftlicher, ökologischer und sozialer Zielsetzungen. Die inhaltlichen Schwerpunkte können stark verkürzt wie folgt beschrieben werden [2]:

⇨ In der ökologischen Dimension geht es um den Erhalt der verfügbaren natürlichen Ressourcen, z.B. durch einen die Substanz erhaltenden Umgang mit erneuerbaren Ressourcen und die Substitution endlicher Ressourcen durch regenerative [3].

⇨ In der ökonomischen Dimension der Nachhaltigkeit ist die Befriedigung menschlicher Bedürfnisse ein zentraler Aspekt. Es geht letztlich um eine Langfristorientierung, die sicherstellt, dass auch die Bedürfnisse zukünftiger Generationen befriedigt werden können.

⇨ Zielgrößen der sozialen Dimension sind zum Beispiel psychische und physische Gesundheit, sozialer Friede, kulturelle Vielfalt, gesellschaftliche Integration und Partizipation, Verteilungsgerechtigkeit und Chancengleichheit innerhalb und zwischen den Gesellschaften.

Kennzeichnendes Merkmal ist weiter, dass die sozialen, ökologischen und ökonomischen Dimensionen in Wechselbeziehungen bzw. Abhängigkeiten zueinander stehen [4]. Insofern dürfen sie nicht isoliert betrachtet und gestaltet werden. Vielmehr ist eine Perspektive notwendig, die es ermöglicht, Interessen unterschiedlichster Anspruchsgruppen zu berücksichtigen, abzugleichen und Zielkonflikte konstruktiv zu lösen. Bei den hierzu notwendigen Gestaltungsstrategien lassen sich zwei grundsätzliche Richtungen unterscheiden: Zum einen geht es um das Vermeiden oder zumindest Minimieren belastender Auswirkungen, zum anderen um die Ausweitung oder Verstärkung positiver Effekte.

Aus den oben angeführten Kennzeichen der Nachhaltigkeit wird schon ersichtlich, dass das Thema Gesundheit eine zentrale Bedeutung im Kontext der Nachhaltigkeit hat. Darüber hinaus werden zwei weitere Dinge deutlich: Erstens korrespondieren die grundsätzlichen Gestaltungsstrategien der Nachhaltigkeit mit den Konzepten der Salutogenese und der Pathogenese, und zweitens darf das Thema Gesundheit nicht isoliert betrachtet werden. Vielmehr ist eine systemische Betrachtung notwendig, die zum Beispiel Abhängigkeiten und Wechselwirkung mit ökonomischen Anforderungen berücksichtigt.

War das Thema Nachhaltigkeit zunächst eine eher gesellschaftspolitische Frage, so ist die Bedeutung des Themas auf der betrieblichen Ebene stetig gewachsen. Die zunehmende Globalisierung, der wachsende Einfluss multinationaler Unternehmen auf gesellschaftliche sowie politische Rahmenbedingungen [5] und nicht zuletzt die zahlreichen negativen Begleiterscheinungen einer kurzfristig, primär am Shareholder-Value ausgerichteten Unternehmensführung haben dazu geführt, dass die Forderungen nach einem nachhaltigen Wirtschaften von Unternehmen immer lauter geworden sind [6]. Was bedeutet aber Nachhaltigkeit auf der betrieblichen Ebene?

Nachhaltigkeit auf der Unternehmensebene

Überträgt man den Gedanken der Nachhaltigkeit auf den Bereich der Unternehmensführung, so lässt sich dieser letztlich auf die Forderung reduzieren, dass eine Organisation ihr »Kapital« so nutzen bzw. pflegen muss, dass sie von den »Zinsen« leben kann und nicht ihre eigene »Substanz verzehrt«. Der Begriff »Kapital« beschränkt sich dabei nicht nur auf Finanzmittel. Vielmehr bezieht er sich auf alle notwendigen Ressourcen wie zum Beispiel Technologie, Leistungsfähigkeit und Leistungsbereitschaft der Mitarbeiter oder aber auch die Gesundheit der Organisationsmitglieder. Was unternehmerische Nachhaltigkeit auszeichnet hat nach wie vor einen relativ breiten Interpretationsspielraum. Aufbauend auf den Arbeiten von Dyllick und Hockerts [7] lässt sich unternehmerische Nachhaltigkeit anhand folgender Merkmale beschreiben:

⇨ Unternehmerisches Handeln berücksichtigt ökologische, ökonomische und soziale Voraussetzungen, Konsequenzen sowie Wechselwirkungen.

⇨ Resultierende Zielkonflikte werden – möglichst vorab – überwunden und es werden wo immer möglich Win-win-Situationen geschaffen [8].

⇨ Unternehmerische Entscheidungen und Handlungen zeichnen sich durch eine betriebswirtschaftliche Langfristorientierung aus, die auch die zukünftige Befriedigung der Bedürfnisse unterschiedlicher Anspruchsgruppen sicherstellt.

⇨ Das unternehmerische Handeln ist dadurch geprägt, dass die Organisation nicht ihre Substanz »verzehrt«, sondern von deren Erträgen »lebt«. Dies zeigt sich zum Beispiel im Aufbau und Erhalt qualifizierter Personalressourcen.

⇨ Nachhaltigkeit betrifft nach innen und nach außen gerichtete Unternehmenstätigkeiten [1].

⇨ Das Unternehmen leistet auch einen Beitrag zur Lösung gesellschaftlicher Probleme, wie zum Beispiel Beseitigung sozialer Ungerechtigkeit [1].

⇨ Nachhaltigkeit zeichnet sich durch eine Stakeholderorientierung aus und bildet letztlich einen Gegenpol zum Shareholder-Value-Ansatz.

Gesundheit ist ein zentraler Bestandteil von Nachhaltigkeitskonzepten, was angesichts der oben skizzierten Nachhaltigkeitsforderungen weitreichende Konsequenzen auf der Unternehmensebene hat. So reichen zum Beispiel isolierte Einzelmaßnahmen zur Reduktion von Fehlzeiten, Rückenschulungen oder Arbeitssicherheitsmaßnahmen allein nicht aus, um Gesundheit als Element von Nachhaltigkeitskonzepten zu etablieren. Vielmehr werden breit angelegte Ansätze benötigt, die

⇨ einem umfassenden Gesundheitsverständnis gerecht werden,

⇨ die Potenziale zur dauerhaften Förderung der Gesundheit in Organisationen aufbauen,

⇨ in der Lage sind die resultierende Komplexität zu bewältigen und

⇨ gleichzeitig sicherstellen, dass Effektivität und Effizienz von Maßnahmen gewahrt bleiben.

Die weitreichenden Konsequenzen machen es leicht nachvollziehbar,
dass die Umsetzung ein anspruchsvoller Prozess ist. Aber allein die
Anpassung von Strukturen und Prozessen reicht nicht aus um dieses
Ziel zu erreichen. Es werden vielmehr differenzierte Gesundheitsmanagementsysteme benötigt,

⇨ welche den Rahmen schaffen, dass Gesundheitsthemen eine angemessene betriebliche Verankerung finden,

⇨ die sicherstellen, dass Prozesse zum Erhalt bzw. zur Verbesserung
der Gesundheit systematisch geplant, umgesetzt sowie gesteuert
werden und

⇨ die Wirksamkeit von Maßnahmen in geeigneter Form überprüft
werden kann.

Darüber hinaus muss Gesundheit einen angemessenen Stellenwert im
Unternehmen erhalten. Hierfür ist eine entsprechende Veränderung
bzw. Weiterentwicklung der Unternehmenskultur unerlässlich. Ohne
Sicherung der »kulturellen Passung« wird selbst das beste betriebliche
Gesundheitsmanagementsystem in einer Organisation ein Fremdkörper bleiben und niemals die notwendige Akzeptanz finden, damit es
zum integralen Bestandteil des Tagesgeschäfts wird.

Organisationskultur

Die Unternehmens- oder Organisationskultur ist das Kennzeichen
einer Organisation, das ihr letztendlich ihre einzigartige, unverwech-
selbare Identität verleiht. Sie ist eine Gruppeneigenschaft, die [9]

⇨ sich entwickelt, wenn Gruppen genügend gemeinsame Erfahrungen gemacht haben,

⇨ sich in gemeinsamen Verhaltensweise und Traditionen äußert und

⇨ auf allen Hierarchieebenen zu finden ist.

Die Organisationskultur ist eine starke und selbst den Organisationsmitgliedern oft unbewusste Kraft. Sie bestimmt individuell wie kollektiv Verhalten, Denkmuster und Werte und damit auch Strategien, Ziele, und Funktionsweisen eines Unternehmens. Insofern werden alle Entscheidungen einer Organisation durch die jeweilige Kultur beeinflusst. Entscheidungen, die ohne Kenntnis der Kultur getroffen werden, können deshalb unerwartete und unwillkommene Folgen haben [9].

Versucht man das Wesen der Organisationskultur genauer zu ergründen, so zeigt sich, dass hier drei Ebenen zu unterscheiden sind (vgl. Abb 1).

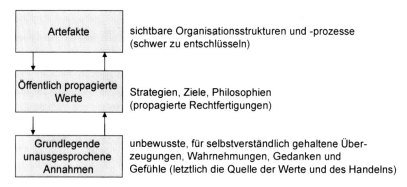

Abb. 1:   *Die drei Ebenen der Organisationskultur [9]*

Artefakte sind die direkt bei den Mitarbeitern beobachtbaren Verhaltensmuster, an denen sich erfassen lässt, dass es Besonderheiten in einer Organisation gibt. Die Frage, warum es sie gibt, lässt sich anhand der Artefakte jedoch nicht beantworten. Die zweite Ebene der Organisationskultur wird durch die öffentlich propagierten Werte gebildet. Diese Erklärungen und Legitimationen werden zum Beispiel durch Homepage, Flyer, Führungsgrundsätze oder Insider nach außen getragen. Öffentlich propagierte Werte können im Widerspruch zum erlebten Verhalten stehen und liefern dann Hinweise auf die dritte und wichtigste Ebene der Organisationskultur: die grundlegenden unausgesprochenen Annahmen. Letztere sind tiefergehende Denk- und Wahrnehmensmuster, die das offene Verhalten steuern. Sie resultieren aus erfolgreichen Lernprozessen von Gruppen, in deren Folge Werte und Überzeugungen allgemein und selbstverständlich werden. Weil sie selbstverständlich werden, sind sie den Mitgliedern einer Organisation häufig nicht bewusst und entziehen sich somit auch einer unmittelbaren Erfassung [9].

Betrachtet man vor den oben skizzierten Merkmalen der Organisationskultur wie Gesundheit in verschiedenen Organisationen »gelebt« wird, erklärt sich der Mechanismus, der hinter dem Phänomen steckt, dass Aussagen zur Gesundheit in Hochglanzbroschüren oftmals im Widerspruch zum real zu beobachtenden Verhalten stehen. Während zum Beispiel die öffentlich propagierten Werte die zentrale Bedeutung der Mitarbeiterorientierung bzw. der Mitarbeitergesundheit und –zufriedenheit für den Unternehmenserfolg betonen, werden im Konfliktfall entsprechende Aspekte konsequent ökonomischen Interessen untergeordnet. Um Widersprüche zwischen öffentlich propagierten Werten und Artefakten systematisch zu identifizieren, ist es zum Beispiel interessant zu überprüfen, inwieweit die nachfolgenden Aussagen für eine Organisation zutreffen. Die Ergebnisse, insbesondere die aufgedeckten Widersprüche zu den öffentlich propagierten Aussagen zur Gesundheit, liefern dann erste Hinweise auf gesundheitsrelevante Kulturaspekte einer Organisation.

Prüffragen zur Ermittlung gesundheitlicher Effekte der Organisationskultur

⇨ Bei betrieblichen Entscheidungen werden im Zweifelsfall gesundheitliche Aspekte wirtschaftlichen Interessen untergeordnet.
⇨ Wenn jemand aufgrund einer Erkrankung arbeitsunfähig ist, wird erwartet, dass er so schnell wie möglich wieder anfängt zu arbeiten, auch dann, wenn er noch nicht zu 100 Prozent fit ist.
⇨ Verstöße gegen Gesundheits- und Sicherheitsbestimmungen werden toleriert, wenn es dem Unternehmen nützt.
⇨ Die Verantwortung für Gesundheit im Unternehmen wird von jedem Mitarbeiter getragen und nicht in erster Linie von Fachexperten und Führungskräften.
⇨ Es ist allgemein akzeptiert, dass Einsatz und Engagement für den Job und

das Unternehmen dort Grenzen hat, wo die Gesundheit des Einzelnen gefährdet wird.
⇨ Das Nutzen von Angeboten und Maßnahmen zur Förderung der Gesundheit
– auch während der Arbeitszeit – wird von Kollegen und Führungskräften
allgemein akzeptiert.
⇨ Bei uns gilt es als schick selbst bis an die Grenzen der Belastbarkeit zu gehen.
⇨ Generell kann man sagen, dass die öffentlich vertretenen Aussagen zu Gesundheitsthemen (zum Beispiel in Leitbildern, Führungsgrundsätzen etc.) mit
dem übereinstimmen, was in der Organisation tatsächlich gelebt wird.

Unternehmenskultur repräsentiert das angesammelte Wissen, Denken
sowie Empfinden von Gruppen und resultiert aus Verhaltensweisen,
die sich in der Vergangenheit als erfolgreich erwiesen haben. Deshalb
ist die Unternehmenskultur stabil und schwer zu verändern, vor allem
auch deshalb, weil die wesentlichen Kulturbestandteile unsichtbar
sind [9]. Die Umsetzung von Nachhaltigkeitskonzepten und insbesondere die Verankerung von Gesundheit in solchen Ansätzen ist
häufig ein Veränderungsprozess, der auch eine Weiterentwicklung der
Unternehmenskultur erfordert. Wie aber lassen sich solche »kultur-
sensitiven« Veränderungsprozesse gestalten?

Zur Umsetzung kultursensitiver Veränderungsprozesse wurde am
Institut für Technologie und Arbeit in Kaiserslautern in Zusammenarbeit mit der GITTA mbH in Berlin ein entsprechendes Modell entwickelt. Dies zeigt, wie betriebliche Veränderungsprozesse zu gestalten
sind, damit sachliche und kulturelle Anforderungen zur Deckung
gebracht werden können. Das Modell ist ein »offenes«, das vor dem
Hintergrund unterschiedlichster betrieblicher Rahmenbedingungen
und Zielsetzungen zur Anwendung kommen kann. Es eröffnet die
Möglichkeit, jeweils spezifische Vorgehensweisen und inhaltliche
Schwerpunktsetzungen abzubilden bzw. verschiedene Umsetzungs-
strategien abzuleiten. Sein Anspruch ist, die notwendige inhaltliche
Breite von Veränderungsprozessen zu verdeutlichen, den Umsetzungs-
prozess zu strukturieren und Hilfestellungen zum Einsatz geeigneter
Methoden und Instrumente zu geben. Dieses Modell zeigt Abbildung
2.

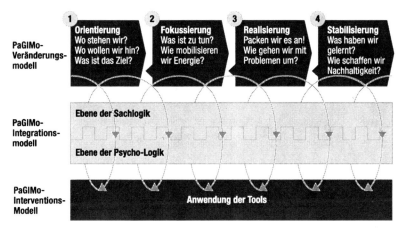

Abb. 2: *Das PaGIMo-Modell für Veränderungsprozesse [10]. »PaGiMo« steht für »Partizipative Gestaltung Integrierter Modernisierungsvorhaben«.*

Jedes betriebliche Veränderungsprojekt und damit auch die Einführung eines betrieblichen Gesundheitsmanagementsystems erfordert die Umsetzung spezifischer Maßnahmen. Dieser Sachverhalt wird durch das Integrationsmodell repräsentiert. Allerdings reduzieren sich hier die Betrachtungen nicht nur auf sachliche Aspekte, vielmehr wird auch immer die psychologische Ebene (insbesondere Wahrnehmung der Sachverhalte durch die Organisationsmitglieder) mit einbezogen. Damit werden integrierte Betrachtungen ermöglicht, die eine sachlogische und psychologische Stimmigkeit sicherstellen. Konkret kann dies bedeuten, dass man zum Beispiel einen Gesundheitszirkel nicht als standardisiertes Instrument verstehen darf, das in jeder Organisation immer dieselbe Wirkung entfalten kann. Vielmehr ist vor der Einführung zu prüfen, ob Beteiligungsansätze überhaupt Werkzeuge sind, die angesichts der jeweiligen Organisationskultur die notwendige Akzeptanz finden. Ist dies nicht der Fall, zum Beispiel dann wenn eine Organisation durch einen autoritären Führungsstil geprägt ist, müssen solche Ansätze in geeigneter Form modifiziert bzw. erst vorbereitende Maßnahmen zur Sicherung der Akzeptanz umgesetzt werden.

Das Veränderungsmodell skizziert die grundsätzlichen Phasen, die einen Veränderungsprozess charakterisieren. Kaum ein Veränderungsprozess verläuft in der Umsetzung absolut linear, vielmehr ist der Verlauf durch Iterationen, Rücksprünge oder zirkuläre Vorgehensweisen gekennzeichnet. Die einzelnen Phasen stehen in einer zeitlich-logischen Abfolge, wobei die Phasenübergänge durchaus fließend sein können. Letztlich geht es bei den Phasen um das Erkennen und Konkretisieren des Handlungsbedarfs sowie das Verfeinern und Stabilisieren umgesetzter Maßnahmen. Die hohe Bedeutung, die die Anfangsphasen eines Veränderungsprozesses haben, zeigt sich beim betrieblichen Gesundheitsmanagement darin, dass die Klärung des Gesundheitsverständnisses von enormer Wichtigkeit für alle weiteren Aktivitäten ist. Die Formulierung von »Gesundheitsleitsätzen« bietet in diesem Zusammenhang die Möglichkeit, konkret zum Ausdruck zu bringen, was unter Gesundheit verstanden werden soll, welche Zugangswege sich daraus ergeben und welche Anforderungen an die verschiedenen betrieblichen Akteure daraus resultieren.

Beispielhafte Gesundheitsleitsätze

⇨ Wir sind uns der Verantwortung für unsere eigene Gesundheit und der Mitverantwortung für die Gesundheit unserer Kollegen bewusst.

⇨ Wir schaffen die Rahmenbedingungen, dass Mitarbeiter ihre Gesundheitskompetenz aktiv weiterentwickeln und entfalten können.

⇨ Es ist Bestandteil der unternehmerischen Verantwortung des Werkes, seinen Mitarbeitern ein Arbeitsumfeld und Arbeitsbedingungen zu schaffen, die zur Entfaltung der Leistungsbereitschaft und Leistungsfähigkeit beitragen sowie die Erhaltung und Förderung der Gesundheit sichern.

⇨ Der wertschätzende Umgang mit unseren Mitarbeitern prägt unser Führungsverhalten.

⇨ Der wesentlichste Wettbewerbsvorteil der Zukunft liegt bei der Identifikation, Motivation, Kreativität und dem Leistungsvermögen aller Mitarbeiter. Die Gesundheit bildet hierzu das Fundament.

Das dritte Element des Veränderungsmodells ist das Interventionsmodell. Dieses bezieht sich auf Methoden, Instrumente, Vorgehensweisen zu deren Einsatz im Veränderungsprozess sowie aus dem damit in Verbindung stehenden Erfahrungswissen. Je nach Phase und aktuellem Handlungsbedarf müssen geeignete Interventionen methodisch unterstützt umgesetzt werden, die sachliche Anforderungen erfüllen und gleichzeitig zu der Organisation passen. Das Modell trägt auch dem Sachverhalt Rechnung, dass in komplexen Systemen der Erfolg einer Methodenanwendung maßgeblich von den sich wandelnden Rahmenbedingungen oder den Vorerfahrungen mit der Methodenanwendung abhängen [11]: So lassen sich »Überraschungseffekte« von Workshops schwerer erzielen, wenn das Konzept oder die Inhalte den Teilnehmern schon bekannt sind (»Abstumpfungseffekte«), andererseits steigt die Wirksamkeit des Einsatzes von Problemlösungstechniken, je vertrauter die Anwender im Umgang mit diesen Instrumenten sind.

Die oben skizzierten Anforderungen verdeutlichen, wie wichtig ein kultursensibles Vorgehen ist, wenn betriebliche Nachhaltigkeitsansätze im Allgemeinen und Ansätze zur nachhaltigen Förderung der Gesundheit im Speziellen verwirklicht werden sollen. Wie eingangs schon erwähnt, erfordert eine nachhaltige Unternehmensführung auch die Umsetzung geeigneter Managementsysteme, denn Nachhaltigkeit lässt sich in einer Organisation nur dann dauerhaft verankern, wenn solche Themen bei normativen Grundsatzfragen der Unternehmensführung berücksichtigt, aber auch im strategischen und operativen Management aufgegriffen werden. Dies ist eine Voraussetzung dafür, dass Nachhaltigkeit einen integralen Bestandteil des Tagesgeschäfts bildet und nicht als Fremdkörper in einem Unternehmen interpretiert wird. Deshalb werden auch zur Verbesserung der Gesundheit im Unternehmen betriebliche Gesundheitsmanagementsysteme benötigt, mit deren Hilfe das Thema Gesundheit systematisch angegangen und in das Tagesgeschäft integriert werden kann. Was aber zeichnet ein betriebliches Gesundheitsmanagementsystem aus? Dieser Frage wird in den nächsten Abschnitten nachgegangen.

Managementsysteme zur Absicherung unternehmerischer Nachhaltigkeit

Im Zusammenhang mit der Verbesserung der betrieblichen Gesundheitssituation haben sogenannte betriebliche Gesundheitsmanagementansätze zunehmend Verbreitung gefunden. Der teilweise inflationäre Gebrauch des Begriffes »Management« lässt aber die Frage aufkommen, inwieweit solche Konzepte tatsächlich den inhaltlich weit reichenden Anforderungen des Managementbegriffes gerecht werden. Letztlich geht es dabei um die Frage, welche Voraussetzungen ein betriebliches Gesundheitsmanagement erfüllen muss, wenn Managementprinzipien bei der Verbesserung der Gesundheit in einer Organisation genutzt werden. Da ähnliche Ansätze auch die Entwicklungen im Bereich des Qualitätsmanagements geprägt haben, zeigt dieser Beitrag auf, welche Analogien zwischen Qualitäts- und betrieblichem Gesundheitsmanagement bestehen und welche Erfahrungen sich übertragen lassen. Zunächst muss hierfür der Begriff Management erläutert und vor allem geklärt werden, was managementorientiertes Handeln auszeichnet.

Kennzeichen des Managementbegriffs

Analysiert man den Begriff »Management« genauer, beinhaltet er zwei unterschiedliche Dimensionen. In Anlehnung an Staehle lässt sich zwischen einem institutionalen und einem funktionalen Managementbegriff differenzieren [12]. Der institutionale Managementbegriff bezieht sich auf eine bestimmte Personengruppe (die Manager). Aus dem funktionalen Managementverständnis leitet sich hingegen ab, dass Aufgaben auf eine bestimmte Art und Weise unter Anwendung von Managementprinzipien zu bearbeiten sind. Letztere sind von besonderer Bedeutung für eine nachhaltige Unternehmensführung und müssen deshalb detailliert betrachtet werden.

Beim funktionalen Managementverständnis steht die Frage im Vordergrund, welche Vorgehensweisen und Prinzipien management-

144

orientiertes Handeln prägen. Folgt man dem Begriffsverständnis von Staehle [12], so liegt die Aufgabe des Managements darin, soziale, zweckgerichtete Systeme zu führen und die dabei anfallenden Planungs-, Organisations-, und Kontrollaufgaben wahrzunehmen. Das Führen »sozialer« Systeme weist darauf hin, dass Management nicht nur die technischen oder finanzwirtschaftlichen Fragen der Unternehmensführung betrifft. Vielmehr spielt das Thema Menschenführung eine zentrale Rolle. Dabei kommt Aspekten wie zum Beispiel Wertevermittlung, Motivation, Anerkennung, Vorbildverhalten, Personalentwicklung oder Beteiligung eine besondere Bedeutung zu [12]. Damit wird schon an dieser Stelle deutlich, dass Managementhandeln nicht durch die einseitige Ausrichtung auf einzelne Interessengruppen bzw. Inhalte geprägt sein darf, vielmehr sind die Anforderungen unterschiedlicher (interner und externer) Anspruchsgruppen in angemessener Weise zu beachten. Diese Stakeholderorientierung ist wiederum eine wesentliche Basis der Nachhaltigkeitsansätze.

Zur dauerhaften betrieblichen Verankerung von Managementprinzipien im Allgemeinen und Nachhaltigkeitsansätzen im Speziellen werden geeignete Managementsysteme benötigt. Diese dienen der zielorientierten Führung und umfassen alle organisatorischen Maßnahmen, die geeignet sind, das Erreichen eines definierten Ziels zu unterstützen [13]. Innerhalb des Managementsystems werden Ziele festgelegt, Maßnahmen ausgelöst und deren erfolgreiche Umsetzung anhand geeigneter Indikatoren kontrolliert. Schließlich ist eine evolutionäre Weiterentwicklung des Managementsystems sicherzustellen. Das heißt, vor dem Hintergrund sich ändernder Anforderungen und Rahmenbedingungen wird ein Managementsystem letztlich selbst zum Gegenstand eines kontinuierlichen Verbesserungsprozesses. Insofern interpretiert Ulrich [14] die Funktionen des Managements auch als das Gestalten, Lenken und Entwickeln von Systemen. Hieraus begründet sich unmittelbar, dass unabhängig vom jeweiligen Betrachtungsgegenstand regelkreisbasierten Denkmodellen beim funktionalen Management eine besondere Bedeutung zukommt [15].

Die Natur von Managementaufgaben sowie die Art und Weise, wie Managementprinzipien zur Anwendung kommen, bedingen, dass systemorientierte Ansätze verfolgt werden müssen. Die Systemtheorie befasst sich allgemein formuliert mit »Ganzheiten«, deren Bestandteile so miteinander verknüpft sind, dass kein Teil unabhängig vom anderen ist und das Zusammenwirken der Teile das Verhalten des Ganzen bestimmt [16]. Letztlich bedeutet dies, dass managementorientiertes Handeln sich nicht auf die Betrachtung isolierter Bausteine beschränken darf. Vielmehr müssen übergeordnete Zusammenhänge, Wechselwirkungen und gegenseitige Abhängigkeiten unterschiedlichster Bereiche angemessene Berücksichtigung finden. Unternehmen sind offene Systeme. Sie unterhalten Austauschbeziehungen zu ihrer sozialen, ökologischen und ökonomischen Umwelt [17]. Hieraus begründet sich unmittelbar, dass die Anwendung von Managementprinzipien immer auch Aspekte der Nachhaltigkeit tangiert und unternehmerische Nachhaltigkeit sich in der Überwindung von Zielkonflikten zwischen ökonomischen, ökologischen und sozialen Dimensionen konkretisiert.

Die Unternehmensumwelt ist nicht statisch sondern unterliegt einem permanenten Wandel, weshalb Managementsysteme grundsätzlich so ausgelegt werden müssen, dass sie die veränderten Anforderungen und die daraus resultierende Dynamik sowie Komplexität (zum Beispiel Kundenanforderungen) angemessen bewältigen können. Vor diesem Hintergrund lässt sich die Hauptaufgabe des Managements auch als Umgang mit (intern und extern begründeter) Komplexität interpretieren [15]. Managementtätigkeiten zeichnen sich dadurch aus, dass ein Interessensausgleich zwischen internen und externen Anforderungen, aber auch eine Balance zwischen divergierenden Zielsetzungen innerhalb einer Organisation erreicht werden muss. Das Ergebnis der entsprechenden Gestaltungsbemühungen schlägt sich dann unter anderem in Arbeitssystemen nieder, deren Güte sich mit Hilfe ökonomischer Kriterien aber auch anhand von Kriterien humaner Arbeit beurteilen lässt (vgl. Abb.3).

146

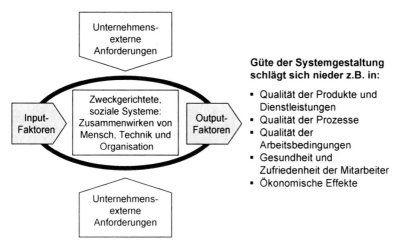

Abb. 3:   *Management als Führen zweckgerichteter sozialer Systeme [18]*

Zur Bewältigung von Komplexität sind die weit verbreiteten (tech-nokratischen) Problemlösungsansätze, die auf linearen Ursache-Wir-kungs-Beziehungen basieren, kaum geeignet. An ihre Stelle muss eine ganzheitliche Betrachtung treten. Ganzheitlichkeit ist dabei im Sinne von Ulrich und Probst [16] als ein integrierendes, zusammenführen-des Denken zu verstehen, welches auf einem breiten Horizont beruht und von größeren Zusammenhängen ausgeht. Managementaufgaben zeichnen sich dadurch aus, dass keine isolierten Problemstellungen mit eindeutig bestimmbaren Ursache-Wirkungszusammenhängen bearbeitet werden. Vielmehr besteht die Notwendigkeit, mit teilweise unvollständigen Informationen zu arbeiten und auch übergeordnete Zusammenhänge zwischen Problem und Problemumfeld zu berück-sichtigen. Dies hat zum Beispiel zur Konsequenz, dass die Führung von Organisationen bzw. Organisationseinheiten zukunftsgerichtete Entscheidungen erfordert, die nicht nur auf »harten« Informationen (zum Beispiel finanzielle Kenngrößen, Unfallzahlen oder Fehlzeiten) basieren, sondern auch »weiche« Faktoren (zum Beispiel Annahmen über zukünftige Entwicklungen des Unternehmensumfeldes) berück-

147

sichtigen müssen. Darüber hinaus spielt der zeitliche Faktor bei Managemententscheidungen eine wesentliche Rolle: Lösungen, die heute (unter bestimmten Rahmenbedingungen) erfolgreich sind, leisten eventuell morgen (unter veränderten Rahmenbedingungen) keinen Beitrag mehr, um die erwünschten Ergebnisse hervorzubringen.

Angesichts dieser Aspekte kommt im Bereich des Managements regelkreisbasierten Denkmodellen eine besondere Bedeutung zu [15]: Im Rahmen kontinuierlicher Verbesserungsprozesse werden Maßnahmen erarbeitet, umgesetzt und deren Wirksamkeit anhand einer möglichst breiten Palette erzielter Ergebnisse beurteilt. Je nach dem, wie der Vergleich des Erreichten mit dem Soll-Zustand ausfällt, wird die Lösung beibehalten oder es werden weitere Verbesserungsmaßnahmen realisiert. Aber auch erfolgreiche Lösungen sind im Zeitverlauf regelmäßig zu hinterfragen, da – wie oben gezeigt – veränderte Rahmenbedingungen die Eignung eines Lösungsansatzes mitbestimmen.

Ein weiteres Kennzeichen ist die Abkehr von einer reinen Expertenorientierung, denn ein solcher Ansatz hat zwangsläufig zur Folge, dass Problemfelder häufig aus dem isolierten Blickwinkel einer bestimmten Fachdisziplin betrachtet werden. Lösungsansätze, die vor einem solchen Hintergrund entstehen, können letztlich suboptimal sein, wenn Einzelaspekte zu Lasten anderer optimiert werden. Um diesen Problemen vorzubeugen, werden Ansätze benötigt, die eine angemessene Einbindung bzw. aktive Beteiligung von Fachexperten, Führungskräften und Mitarbeitern sicherstellen [19].

Fasst man die oben skizzierten Kennzeichen managementorientierten Handelns zusammen, so lassen sich folgende Prinzipien als besonders wichtig hervorheben:

⇨ Zielorientierung
⇨ Stakeholderorientierung
⇨ Einbindung in das Tagesgeschäft
⇨ Evolutionäre Weiterentwicklung
⇨ Kontinuierliche Verbesserungsprozesse
⇨ Aufbau geeigneter Regelkreise
⇨ Breit angelegte Kennzahlensysteme

⇨ Langfristige, systemische Ansätze
⇨ Einbindung von Fachexperten, Führungskräften und Mitarbeitern
⇨ Umsetzung geeigneter Strukturen und Prozesse

Wesentliche Entwicklungen im Qualitätswesen

Betrachtet man die Entwicklungen im Qualitätswesen in den letzten
Jahrzehnten, so sind diese durch weitreichende Veränderungen im
Verständnis des Qualitätsbegriffes und dementsprechend auch bei
den Ansätzen zur Realisierung von Qualität geprägt. Die folgende
Abbildung zeigt, welche Konzepte im Zeitverlauf jeweils besondere
Bedeutung hatten. Die grundlegenden Qualitätsbegriffe und die
konstituierenden Merkmale der zugehörigen Realisierungskonzepte
sind Inhalt der folgenden Ausführungen.

Etwa zur Mitte des 20. Jahrhunderts dominierten Ansätze der
Qualitätskontrolle. Qualität war die Eigenschaft eines Produktes, die

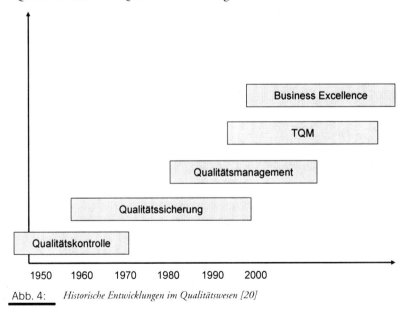

Abb. 4: *Historische Entwicklungen im Qualitätswesen [20]*

149

durch Eingangs-, Zwischen- und Endprüfungen im Fertigungsprozess erreicht werden sollte [21]. Was letztlich »Qualität« ausmacht, wurde vom Hersteller eines Produktes definiert, der häufig Qualität eher »erprüfte« anstatt sie zu produzieren. Kennzeichnend für diese Phase des Qualitätswesens war, dass technikzentrierte, reaktive Ansätze dominierten und die daraus resultierenden Kostennachteile ausgeblendet wurden [22].

Insbesondere die Notwendigkeit, die Kostenproblematik zu bewältigen, führte dann zu den Ansätzen der Qualitätssicherung. Auch hier dominierte ein produkt- bzw. herstellerbezogener Qualitätsbegriff, allerdings wurden die Betrachtungen auf die der Fertigung vorgelagerten Entwicklungs- und Konstruktionsbereiche ausgeweitet. Der Einsatz geeigneter Qualitätssicherungsmethoden sollte garantieren, dass Qualitätsvorgaben im Produktionsprozess tatsächlich verwirklicht werden konnten. Insofern war hier eine Abkehr von reaktiven und eine Hinwendung zu präventiven Ansätzen zu verzeichnen [23].

Ab Mitte der 80er Jahre des vergangenen Jahrhunderts gewannen in Westeuropa Qualitätsmanagementansätze zunehmende Bedeutung. Ihr Ziel war die Beherrschung der gesamten Prozesskette – vom Lieferanten bis zum Kunden [22]. Ein dominierendes Merkmal war die Einführung eines kundenorientierten Qualitätsbegriffs, bei dem Qualität als die Erfüllung von Anforderungen eines externen Kunden an ein Produkt definiert war. Um dieses Ziel zu erreichen, sollten funktions- und unternehmensübergreifende »Managementansätze« realisiert werden. Die Umsetzung geeigneter ablauf- und aufbauorganisatorischer Maßnahmen sowie der Einsatz angepasster Instrumente sollten sicherstellen, dass eine Organisation über qualitätsfähige Systeme zur Entwicklung, Herstellung und Verbreitung ihrer Produkte verfügt. Die bekanntesten Grundlagen zum Aufbau solcher Qualitätsmanagementsysteme sind die Normen der Reihe DIN EN ISO 9000ff. In der 1994 veröffentlichten Version hatten zunächst die Geschäftsprozesse, die in direktem Zusammenhang mit der Produktentstehung standen, eine zentrale Bedeutung. Anhand von zwanzig »Qualitätselementen« definierte die Norm Anforderungen an ein

Qualitätsmanagementsystem und schuf damit die Basis für eine externe Überprüfung der Erfüllung der Normenanforderungen im Rahmen einer Auditierung. Der Ursprung dieser Normen lag im Bereich der Qualitätssicherung, was das Qualitätsverständnis und die darauf aufbauenden Gestaltungskonzepte für Qualitätsmanagementsysteme beeinflusste [24].

Die starke Ausrichtung auf Produktionsprozesse (und daraus resultierende problematische Übertragung auf nichtproduzierende Organisationen), die unzureichende Berücksichtigung kontinuierlicher Verbesserungsprozesse, die inhaltlich enge Interpretation der Kundenorientierung sowie die Inkompatibilität zu anderen ISO-Normen führte im Jahr 2000 zu einer grundlegenden Revision der Normenreihe. Die Ausrichtung auf 20 Qualitätselemente wurde durch einen prozessorientierten Ansatz ersetzt, kontinuierliche Verbesserungsprozesse erhielten besondere Bedeutung, die Übertragbarkeit der

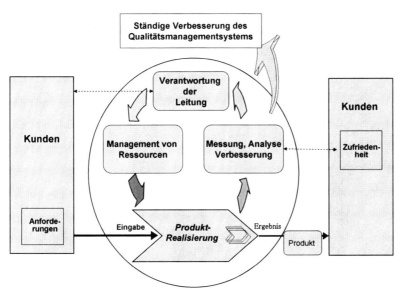

Abb. 5:   *Der prozessorientierte Ansatz der DIN EN ISO 9000:2000 ff. [25]*

Normenanforderungen auf nichtproduzierende Unternehmen wurde optimiert und die Ausrichtung auf Kundenbedürfnisse verbessert. Die folgende Abbildung zeigt in einer Übersicht diesen prozessorientierten Ansatz der DIN EN ISO 9000: 2000 [25].

Ein weiteres Kennzeichen der Normenrevision war eine inhaltliche Weiterentwicklung in Bezug auf die Umsetzung von Management-

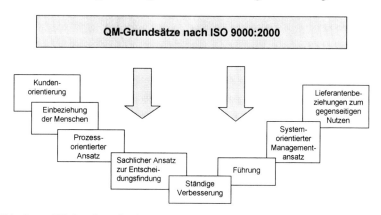

Abb. 6:   *QM-Grundsätze der ISO 9000: 2000 [25]*

prinzipien. Dies zeigt sich zum Beispiel in der Formulierung von QM-Grundsätzen, welche ein Indikator für die Abkehr von der einseitigen Ausrichtung an direkten Unternehmensprozessen und eine Annäherung an Total Quality Management-Konzepte ist.

Total Quality Management Ansätze wurden in Westeuropa seit Beginn der 90er Jahre propagiert. Ihr Kennzeichen war insbesondere, dass das Thema Qualität umfassend interpretiert und auf alle strategischen Zielsetzungen der Organisation ausgeweitet wurde. Qualität war damit ein Thema, das eine langfristige Orientierung erforderte und unmittelbar mit der Weiterentwicklung der gesamten Organisation verbunden war. Vor diesem Hintergrund konnte der Qualitätsbegriff nicht länger auf die Erfüllung von Anforderungen eines Endkunden an ein Produkt reduziert werden, vielmehr waren die Bedürfnisse einer Vielzahl unterschiedlichster Anspruchsgruppen wie

Gesellschaft, Mitarbeiter oder Kunden und Lieferanten (Stakeholder) zu erfüllen. Daraus ergab sich die Konsequenz, dass nicht länger nur die direkt mit der Leistungserstellung verbundenen Prozesse im Mittelpunkt standen, vielmehr wurden die Betrachtungen auch auf die indirekten Prozesse ausgeweitet. Ein weiteres Merkmal von TQM lag in der »Wiederentdeckung« des Mitarbeiters. Während insbesondere die Ansätze der Qualitätskontrolle und –sicherung technikfokussiert waren und die organisatorischen und personellen Rahmenbedingungen vernachlässigten, betonten die TQM-Ansätze die Bedeutung des Mitarbeiters für die Qualitätsfähigkeit eines Unternehmens. Die Gestaltung der Arbeitsorganisation, der Arbeitsbedingungen und die Beteiligung der Betroffenen an diesen Gestaltungsprozessen waren zentrale Bausteine bei der Umsetzung von Total Quality Management Konzepten.

Etwa Mitte der 90er Jahre wurde der Begriff Qualität zunehmend durch den Begriff Excellence ersetzt und Business Excellence- bzw. später Excellence-Ansätze als Realisierungskonzepte etabliert. Die Gründe hierfür waren weniger inhaltlicher Natur, als dass durch die Verwendung des Terminus »Quality« TQM in vielen Organisationen falsch positioniert wurde. Wie die obigen Ausführungen zeigen, handelt es sich bei TQM letztlich um einen weitreichenden Ansatz der Unternehmensführung. Da aber in vielen Unternehmen – bedingt durch die Qualitätssicherungs- bzw. DIN/ISO-Historie – ein spezifisches, eher techniklastiges Qualitätsverständnis dominierte, wurde die Verantwortung für die TQM-Umsetzung häufig an Qualitätsabteilungen delegiert, die weder die erforderlichen Fachkompetenzen noch die notwendigen Entscheidungsbefugnisse hatten, um TQM erfolgreich zu etablieren. Die Verwendung des Begriffes »Excellence« sollte verdeutlichen, dass es um exzellente Leistungen in allen Tätigkeitsbereichen einer Organisation geht und die Verantwortung hierfür auf der obersten Führungsebene einer Organisation angesiedelt sein muss [24].

Die inhaltlichen Anforderungen zur Ausgestaltung eines Excellence-Ansatzes sind in den Basiskonzepten sogenannter Excellence-

Modelle festgeschrieben. Diese bilden im internationalen Bereich die Grundlage für umfassende Unternehmensbewertungen, auf deren Basis nationale oder internationale Qualitätspreise vergeben werden können. Im europäischen Raum hat sich insbesondere das EFQM-Modell für Excellence etabliert [26]. Die Grundstruktur der aktuellen Modellversion zeigt Abbildung 7.

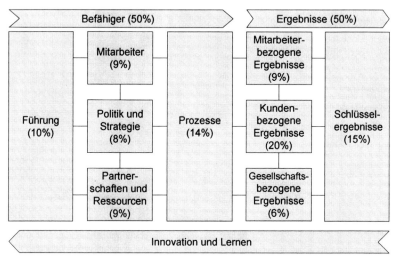

Abb. 7:   *Das EFQM-Modell für Excellence [27]*

Das Modell ist unabhängig von der Branche sowie der Größe eines Unternehmens anwendbar. Es zeigt, welche Voraussetzungen eine Organisation schaffen muss, damit sie dauerhaft exzellente Ergebnisse hervorbringen kann und wie sich diese Leistungen messen lassen. Damit kombiniert das EFQM-Modell eine (vergangenheitsorientierte) Ergebnis- mit einer (zukunftsorientierten) Potenzialperspektive. Positive Ergebnisse sind dabei einerseits das Ziel, andererseits liefern sie die Grundlage, um die Qualität der maßgeblichen Prozesse bewerten zu können.

Neben den Modellinhalten und der Bewertungssystematik beinhaltet das EFQM-Modell eine normative Dimension, die sich in verschiedenen Basis-Konzepten manifestiert [27]:

⇨ Ergebnisorientierung
⇨ Ausrichtung auf den Kunden
⇨ Führung und Zielkonsequenz
⇨ Management mittels Prozessen und Fakten
⇨ Mitarbeiterentwicklung und -beteiligung
⇨ Kontinuierliches Lernen, Innovation und Verbesserung
⇨ Entwicklung von Partnerschaften
⇨ Soziale Verantwortung (CSR)

Betrachtet man die oben skizzierten Entwicklungen im Qualitätswesen zusammenfassend, so lassen sich diese anhand einiger wesentlicher Veränderungen charakterisieren.

Zunächst ist der Wandel im Verständnis des Begriffes »Qualität« hervorzuheben. Im Zusammenhang mit den Konzepten der Qualitätskontrolle und -sicherung war Qualität auf die Erfüllung von (eindimensionalen) Produkteigenschaften reduziert. Im weiteren Zeitverlauf hat sich jedoch die Erkenntnis durchgesetzt, dass Qualität inhaltlich weiter gefasst werden muss. Dies hat letztlich zur Etablierung der umfassenden, mehrdimensionalen Qualitätsbegriffe der Excellence-Konzepte geführt. Parallel zur inhaltlichen Erweiterung vollzog sich ein Wandel in Bezug auf die Anspruchsgruppen, die Qualitätsanforderungen definierten. Im Zusammenhang mit den Ansätzen der Qualitätskontrolle und -sicherung legten die Hersteller die zu erfüllenden Qualitätsstandards fest. Im Qualitätsmanagement bestimmten die externen Kunden die Qualitätsanforderungen. Bei TQM sowie den Excellence-Ansätzen wird Qualität durch die Erfüllung von Stakeholderanforderungen festgeschrieben.

Der inhaltliche Wandel im Qualitätsverständnis führte zwangsläufig dazu, dass sich auch der Zugang zu diesem Thema verändern musste. Dominierten zuerst reaktive, technikzentrierte Ansätze, so wurden diese im weiteren Zeitverlauf zunehmend durch präventive, breit angelegte ersetzt. Die wachsende Bedeutung wirtschaftlicher Fragestellungen hatte zudem zur Folge, dass an die Stelle ergebnisorientierter Ansätze immer stärker prozessorientierte traten. Diese Entwicklung kennzeichnet die Erkenntnis, dass sich nur mit wohlgestalteten Prozessen die Qualitätsfähigkeit einer Organisation sicherstellen lässt und dass insbesondere unter ökonomischen Gesichtspunkten Qualität nicht »erprüft« sondern »produziert« werden muss.

Betrachtet man die eingangs skizzierten Anforderungen an managementorientiertes Handeln, so wird deutlich, dass diese bei der Qualitätssicherung und -kontrolle keine und bei den Qualitätsmanagementkonzepten erst mit der Revision der DIN EN ISO 9000 im Jahr 2000 angemessene Berücksichtigung gefunden haben. Erst hier wurde die Bedeutung kontinuierlicher Verbesserungsprozesse erkannt und über die Qualitätsgrundsätze eine stärkere Verankerung des Qualitätsgedankens im Managementsystem einer Organisation erreicht. Letzteres hatte dann auch eine »Aufweichung« der einseitigen Expertenorientierung zur Folge, da auch Aspekte der Führung und die Einbeziehung der Mitarbeiter in der Norm thematisiert wurden.

Die Weiterentwicklung der DIN EN ISO 9000 führte zu einer starken Annäherung an TQM- bzw. Excellence-Konzepte, was die Sinnhaftigkeit und Notwendigkeit umfassender Ansätze bestätigt. Jedoch erreicht die Normenreihe aber trotz der Verbesserungen immer noch nicht das inhaltliche Niveau der Excellence-Konzepte. So spielt bei Letzteren – im Gegensatz zur DIN EN ISO – die konsequente Ausrichtung betrieblicher Aktivitäten an der Politik und den Strategien einer Organisation eine zentrale Rolle, was wiederum von entscheidender Bedeutung für die Effektivität und Nachhaltigkeit der betrieblichen Ansätze ist. Insofern definieren Excellence-Konzepte die Voraussetzungen für das Erzielen umfassender Qualität am vollständigsten und werden den Anforderungen managementorientierten Handelns am besten gerecht. Ihre wesentlichen Kennzeichen lassen sich wie folgt zusammenfassen:

⇨ Der Qualitätsbegriff wird inhaltlich weit gefasst und erfordert eine breite Palette geeigneter Messgrößen zur Überprüfung.

⇨ Bei den Qualitätsanforderungen sind die Anforderungen einer breiten Palette von Anspruchsgruppen (Stakeholder) zu erfüllen.

⇨ Qualität wird nicht als ausschließliche Aufgabe einer Fachabteilung, sondern als zentraler Bestandteil des Tagesgeschäfts verstanden.

⇨ Langfristige, strategisch ausgerichtete Ansätze treten an die Stelle kurzfristiger Programme.

⇨ Zielorientierung, Effektivität und Effizienz bestimmen die Umsetzung und Weiterentwicklung von Prozessen und Strukturen.

⇨ Die integrierte Betrachtung von Ergebnissen und deren Voraussetzungen bildet ein zentrales Gestaltungsprinzip.

⇨ An die Stelle statischer Systeme treten solche, die durch evolutionäre Weiterentwicklung und kontinuierliche Verbesserung gekennzeichnet sind.

⇨ Mitarbeiter, Führungskräfte und Fachexperten sind aktiv in den Aufbau und die Weiterentwicklung der TQM- bzw. Excellence-Konzepte eingebunden.

Damit wird deutlich, dass Excellence-Modelle in besonderem Maße geeignet sind, eine nachhaltige Unternehmensführung zu realisieren. Ihr normatives Grundverständnis reflektiert die Leitidee der Nachhaltigkeit; und die Modellinhalte skizzieren Wege, wie Nachhaltigkeit im Führungsalltag realisiert werden kann. Insofern zeigen sie auch den grundsätzlichen Weg auf, wie Gesundheit als Element unternehmerischer Nachhaltigkeit verankert werden kann und wie deshalb ein betriebliches Gesundheitsmanagementsystem ausgestaltet sein muss.

Konsequenzen für ein betriebliches Gesundheitsmanagement

Aus den Entwicklungen im Qualitätswesen und insbesondere den Kennzeichen der Excellence-Modelle lassen sich unmittelbar Anforderungen an ein betriebliches Gesundheitsmanagement ableiten, damit

Gesundheit als Aufgabe einer nachhaltigen Unternehmensführung verankert werden kann.

Eine Parallele zum Qualitätsmanagement ist, dass ein betriebliches Gesundheitsmanagement auf einem breiten Gesundheitsverständnis basieren muss, bei dem zum Beispiel physische und psychische Aspekte gleichgewichtige Berücksichtigung finden. Analog zum Qualitätsmanagement ergibt sich, dass eine zu enge bzw. einseitige Betrachtung des Managementobjektes wesentliche Wechselwirkungen und Abhängigkeiten vernachlässigt und deshalb zu suboptimalen Lösungen führt. Dies wäre beispielsweise dann der Fall, wenn Gesundheit ausschließlich auf physische Dimensionen beschränkt bliebe. Die psychische Gesundheit und Zufriedenheit sowie deren Effekte auf die körperliche Gesundheit sind wesentliche Einflussfaktoren, welche für eine nachhaltige Verbesserung bzw. Erhaltung der betrieblichen Gesundheitssituation nicht ausgeblendet werden dürfen.

Die Entwicklungen im Qualitätswesen haben die Notwendigkeit eines Stakeholderansatzes gezeigt. Insofern liegt die Gesundheit eines Mitarbeiters nicht nur in seinem eigenen Interesse, sondern auch in dem des Unternehmens und der Gesellschaft (zum Beispiel Krankenkassen oder Unfallversicherungsträger). Hieraus ergibt sich die Notwendigkeit, die Interessen der einzelnen Anspruchsgruppen zu identifizieren, gegeneinander abzuwägen und dann geeignete Maßnahmen zur Verbesserung umzusetzen. Gleichzeitig stellt sich dann aber die Frage, wie sich die Erfüllung der unterschiedlichsten Anforderungen messen lässt. Dieses Ziel lässt sich mit Sicherheit nicht dadurch erreichen, dass man versucht Gesundheitsentwicklungen zum Beispiel nur anhand von Fehlzeiten oder Unfalldaten zu beurteilen. Vielmehr sind hierzu breit angelegte Kennzahlensysteme notwendig.

Umfassende Kennzahlensysteme sind eine notwendige, aber keine hinreichende Bedingung. Kennzahlen sind immer vergangenheitsorientiert und müssen deshalb um eine zukunftsorientierte Potenzialperspektive ergänzt werden. Das heißt auch der Stand der Umsetzung von Maßnahmen, deren Angemessenheit und Weiterentwicklung müssen im Rahmen der Steuerung eines betrieblichen Gesundheitsmanagements berücksichtigt werden. Gesundheitskennzahlen haben damit nicht nur eine Zielfunktion, vielmehr dienen sie auch dazu, die Güte der hierfür maßgeblichen Prozesse zu beurteilen. Damit wird die Grundlage für kontinuierliche Verbesserungsprozesse und für eine zielgerichtete Planung, Steuerung und Weiterentwicklung eines betrieblichen Gesundheitsmanagementsystems geschaffen.

Ein wesentliches Kennzeichen der TQM-/Excellence-Konzepte ist die Abkehr von einer ausschließlichen Expertenorientierung, bei der Stabsabteilungen die Verantwortung für Qualität tragen. Vielmehr werden auch Mitarbeiter und Führungskräfte in spezifischer Form aktiv eingebunden. Dies gilt analog für den Bereich der Gesundheit. Differenzierte Konzepte, welche die Einbindung von Mitarbeitern, Fach- und Führungskräften sicherstellen, garantieren, dass die notwendige Fachexpertise für die Entwicklung von Maßnahmen vorhanden ist, Entscheidungen durchgesetzt werden können und jedes Mitglied der Organisation auch Verantwortung für das Thema Gesundheit übernimmt. Darüber hinaus ist die aktive Beteiligung von Führungskräften und Mitarbeitern von entscheidender Bedeutung für die Entwicklung einer Nachhaltigkeits- respektive Gesundheitskultur. In diesem Zusammenhang ist die Entwicklung einer einheitlichen »Gesundheitsphilosophie« als Grundlage abgestimmter Verbesserungsstrategien ein weiterer wesentlicher Erfolgsgarant. Sie fördert ein einheitliches Gesundheitsverständnis, wodurch Zielkonflikte erfolgreich gelöst und »Win-Win-Situationen« geschaffen werden können, die wiederum für eine dauerhafte Umsetzung eines betrieblichen Gesundheitsmanagements von essentieller Bedeutung sind.

Die obigen Ausführungen haben verdeutlicht, dass bei der Anwendung von Managementprinzipien auf die Bereiche Qualität und Gesundheit dieselben grundsätzlichen Anforderungen zu erfüllen sind. Es wurde darüber hinaus deutlich, dass vor allem Excellence-Konzepte, wie beispielsweise das EFQM-Modell, einen geeigneten Rahmen bilden, um das Thema Qualität dauerhaft im Managementsystem einer Organisation zu verankern. Konsequenterweise stellt sich daher die Frage, inwieweit Excellence-Konzepte die geeignete Basis für den Aufbau und die Weiterentwicklung von Gesundheitsmanagementsystemen bilden können.

Das Modell für ein integratives betriebliches Gesundheitsmanagement

Ein möglicher Weg, diese Anforderungen umzusetzen, zeigt das am ITA (Institut für Technologie und Arbeit e.V.) entwickelte Modell für die Bewertung eines integrativen betrieblichen Gesundheitsmanagements (IBGM-Modell). Wesentliches Kennzeichen ist, dass eine Abstimmung spezifischer Aktivitäten im Gesundheitsbereich mit denen des Tagesgeschäfts gefordert wird. Deshalb werden neben eher »klassischen Gesundheitsthemen«, zum Beispiel aus den Bereichen der Arbeitsmedizin oder des Arbeits- und Gesundheitsschutzes, auch viele

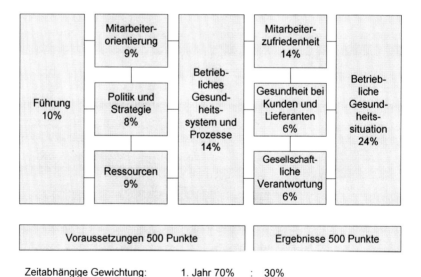

Abb. 8:   *Das Modell des integrativen betrieblichen Gesundheitsmanagements [28]*

gesundheitsrelevante Themen behandelt, die das Tagesgeschäft betreffen (zum Beispiel Personalentwicklung, Führung, Beschaffung). Insofern ist es wenig sinnvoll, einen solchen Ansatz ausschließlich über eine spezialisierte Fachabteilung etablieren zu wollen. Sinnvoller ist es, die Verantwortung für das Thema Gesundheit in die »Linie« zu integrieren und Führungskräften sowie Mitarbeitern die hierfür benötigte Fach- und Prozessberatung in geeigneter Form bereitzustellen.

Das IBGM-Modell ist ein Bewertungsmodell, das nicht für sich in Anspruch nimmt, unmittelbar als Gestaltungsmodell einsetzbar zu sein. Gleichwohl leiten sich aber aus den Bewertungskriterien spezifische Anforderungen an den Aufbau und die Weiterentwicklung eines Gesundheitsmanagementsystems ab. Das Bewertungsmodell hat insofern eine Leitbildfunktion und zeigt Anforderungen auf, deren Erfüllung von maßgeblicher Bedeutung für die Qualität eines betrieblichen Gesundheitsmanagementsystems ist [28]. Seinen strukturellen Aufbau und wesentliche Inhalte zeigt Abbildung 8.

Bei diesem Modell lassen sich zwei Kriteriengruppen gegeneinander abgrenzen: Zum einen ist dies eine breite Palette von Gesundheitsergebnissen, zum anderen sind es Kriterien, die den Aufbau sowie die erfolgreiche Umsetzung eines betrieblichen Gesundheitsmanagements ermöglichen (Voraussetzungen) und maßgeblich für das Zustandekommen positiver Resultate sind. Damit liefert das Modell die Basis, um eine ergebnisorientierte Perspektive mit einer potenzialorientierten zu verknüpfen.

⇨ Auf der Seite der Voraussetzungen finden sich Gestaltungselemente, die schon oben im Zusammenhang mit den Anforderungen an managementorientiertes Handeln diskutiert wurden. Das Kriterium »Führung« bezieht sich zum Beispiel darauf, wie Führungskräfte durch ihr Verhalten und ihre Handlungen die Umsetzung des betrieblichen Gesundheitsmanagementansatzes fördern und unterstützen. Dabei geht es sowohl um Engagement und Vorbildfunktion, als auch um die Bereitstellung erforderlicher Ressourcen.

⇨ Eine zentrale Rolle spielt in diesem Modell das Kriterium »Strategie und Planung«. Hier werden unter anderem die Ziele für betriebliche Gesundheitspolitik oder einer Mitarbeiterorientierung festgeschrieben und Rahmenbedingungen definiert, die alle anderen Voraussetzungen beeinflussen. Neben der Berücksichtigung gesundheitsrelevanter Aspekte in allgemeinen Unternehmensstrategien und -plänen wird auch die Frage behandelt, wie spezielle Strategien und Pläne der betrieblichen Gesundheitsförderung entwickelt, bekannt gemacht und umgesetzt werden.

⇨ Das Kriterium »Mitarbeiterorientierung« zielt eher auf (mitarbeiterorientierte) operative Ansätze des betrieblichen Gesundheitsmanagements ab. Einerseits betrifft dies die Systematik, wie Arbeitsbedingungen und Aufgabeninhalte mit den Fähigkeiten und Bedürfnissen der Mitarbeiter in Einklang gebracht werden, andererseits werden hier Fragen der Qualifizierung, Konzepte zur aktiven Einbeziehung der Mitarbeiter in die Prozesse der betrieblichen Gesundheitsförderung und Ansätze zur Anerkennung thematisiert.

⇨ Das Kriterium »Ressourcen« bezieht sich auf den Umgang mit Ressourcen, die ein integratives betriebliches Gesundheitsmanagement benötigt. Dies sind zum Beispiel die Bereitstellung und der Einsatz von finanziellen Mitteln, das Management von Informationen und Know-how sowie der gesundheitsrelevante Umgang mit Sachmitteln.

⇨ Ein effektives betriebliches Gesundheitsmanagement setzt voraus, dass eine Organisation geeignete Strukturen zur Bearbeitung der anfallenden Aufgaben schafft, in denen Zuständigkeiten und Befugnisse klar geregelt sind. Dieser Aspekt ist die eine Facette des Kriteriums »Betriebliches Gesundheitssystem und Prozesse«. Die andere bezieht sich auf die Ausgestaltung der Prozesse, mit denen die verschiedenen Analyse-, Bewertungs-, Gestaltungs- und Umsetzungsmaßnahmen realisiert werden.

Eine Besonderheit des Modells ist die inhaltliche Verknüpfung der Voraussetzungen mit den Ergebnissen. Letztere sind nicht nur das Ziel der Anstrengungen, vielmehr dienen sie auch zur Bewertung der Qualität der Strukturen und Prozesse eines betrieblichen Gesundheitsmanagements. So ergibt sich die Notwendigkeit, unternehmensexterne Zielgruppen im Rahmen des betrieblichen Gesundheitsmanagements zu berücksichtigen, aus dem offenen Systemansatz. Entsprechende Voraussetzungen sind dem Kriterium »Ressourcen« zugeordnet, Ergebnisse zur Bewertung der Effektivität dieser Maßnahmen sind Inhalt des Kriteriums »Gesundheit bei Kunden und Lieferanten«.

Eine enge Verbindung besteht auch zwischen den Kriterien »Mitarbeiterorientierung« und »Mitarbeiterzufriedenheit«. Maßnahmen, die im Zusammenhang mit der Mitarbeiterorientierung umgesetzt werden, haben oftmals eine unmittelbare Auswirkung auf die Zufriedenheit der Organisationsmitglieder und beeinflussen das psychische und soziale Wohlbefinden – beides Bestandteile einer umfassenden Gesundheitsdefinition. Ein Unternehmen ist immer auch in gesellschaftliche Zusammenhänge eingebunden. Der Tatsache, dass die erfolgreiche Umsetzung eines betrieblichen Gesundheitsmanagements mit der Übernahme gesellschaftlicher Verantwortung verknüpft ist, trägt das entsprechende Kriterium Rechnung. Neben Indikatoren, die belegen, dass das Unternehmen auch außerhalb der Organisation die Idee der Gesundheitsförderung wirkungsvoll verbreitet hat, sind die volkswirtschaftlichen Auswirkungen betrieblicher Gesundheitsförderung die zweite Dimension dieses Kriteriums.

Die am stärksten gewichtete Ergebnisgröße ist das Kriterium »betriebliche Gesundheitssituation«. Es beschreibt die Gesundheitssituation im Unternehmen aus zwei unterschiedlichen Blickwinkeln. Zum einen geht es dabei um objektiv messbare Größen, wie zum Beispiel Krankenstand, Unfallzahlen etc., zum anderen um eher subjektive Indikatoren, wie beispielsweise das Image eines Unternehmens in Bezug auf Gesundheitsförderung oder die Befindlichkeit der Mitarbeiter.

Das Modell ist offen, das heißt es liefert lediglich Hinweise darauf, welche Voraussetzungen grundsätzlich zu schaffen und welche Ergebnisse zu berücksichtigen sind, um einem umfassenden Gesundheitsverständnis gerecht zu werden. Wie die einzelnen Voraussetzungen konkret umzusetzen sind und welche Ergebnisse in welchem Umfang erzielt werden sollen, muss jede Organisation vor dem Hintergrund ihrer jeweiligen Rahmenbedingungen und Zielsetzungen selbst entscheiden.

Abbildung 8 zeigt nur die oberste Ebene der Modellstruktur. Die dort angeführten Kriterien setzen sich in den meisten Fällen aus verschiedenen Unterkriterien zusammen, die wiederum zahlreiche »Ansatzpunkte« enthalten. Ansatzpunkte sind entweder beispielhafte Möglichkeiten, durch deren Gestaltungsmaßnahmen die Anforderungen des Bewertungsmodells erfüllt werden können oder Hinweise auf Kennzahlen, mit denen sich Gesundheitsergebnisse messen lassen. Abbildung 9 zeigt beispielhaft, welche gesundheitsrelevanten Inhalte sich hinter den einzelnen Kriterien verbergen.

Erfahrungen aus der Umsetzung betrieblicher Gesundheitsmanagementsysteme

Auf der Basis des oben skizzierten Bewertungsmodells wurden im Rahmen von insgesamt drei Modellvorhaben betriebliche Gesundheitsmanagementsysteme in zahlreichen Unternehmen erfolgreich umgesetzt. Eine Besonderheit dieser Projekte lag darin, dass bei Unternehmen, die den Nachweis der Wirksamkeit ihres betrieblichen Gesundheitsmanagements erbringen konnten, sowohl dem Unternehmen als auch dessen Mitarbeitern ein Nachlass auf die Krankenversicherungsbeiträge zur AOK gewährt wurde (diese Unternehmen werden nachfolgend auch als Bonusbetriebe bezeichnet). Der hierfür durchgeführte Bewertungsprozess (»Selbstbewertung«) basierte auf dem oben beschriebenen IBGM-Modell.

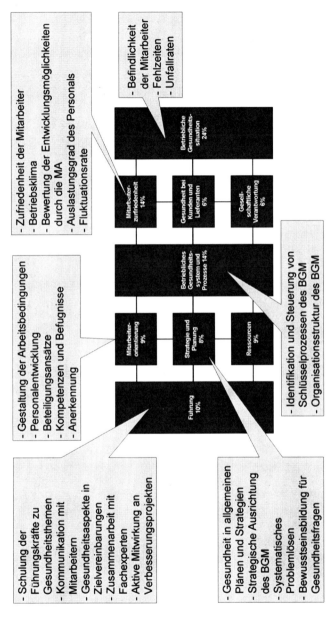

Abb. 9: *Beispielhafte Inhalte des Modells für ein integratives betriebliches Gesundheitsmanagement [18]*

Obwohl die Gesundheitsmanagementsysteme auf die jeweiligen betrieblichen Rahmenbedingungen abgestimmt und daher individuell ausgestaltet sind, lassen sich trotzdem wesentliche Erkenntnisse verallgemeinern. Diese beziehen sich sowohl auf den Gestaltungsprozess (im Sinne von Prozessqualität) als auch auf dessen Ergebnis (im Sinne von Ergebnisqualität).

In Bezug auf den Einführungsprozess bleibt zunächst festzuhalten, dass ein betriebliches Gesundheitsmanagementsystem individuell ausgestaltet und in das vorhandene Managementsystem einer Organisation bestmöglich integriert werden muss (zum Beispiel Einbindung vorhandener Gremien, Beteiligungsansätze oder Analyseprozesse). Letztlich soll damit vermieden werden, dass ein Unternehmen lediglich ein weiteres Managementsystem aufbaut, welches isoliert neben anderen Managementsystemen wie zum Beispiel einem Qualitäts- oder Umweltmanagementsystem steht.

Die Einführung eines betrieblichen Gesundheitsmanagements ist ein komplexes und langfristiges Vorhaben. Es müssen unterschiedlichste Gesundheitsdimensionen und die Anforderungen einer Vielzahl von Anspruchsgruppen berücksichtigt werden. Insofern sind zielorientierte, abgestimmte Vorgehensweisen bei der Umsetzung unerlässlich. Die rechtzeitige Bereitstellung benötigter Ressourcen und die konsequente Umsetzung vereinbarter Maßnahmen sind nicht nur aus sachlichen Gründen äußerst wichtig. Vielmehr bietet sich hier insbesondere den Entscheidungsträgern die Möglichkeit, die Ernsthaftigkeit der Anstrengungen und damit auch die Glaubwürdigkeit des gesamten Ansatzes positiv hervorzuheben. Ein effektives Projektmanagement, das die Umsetzungsaktivitäten systematisch plant und steuert, ist hierfür sehr hilfreich. Abbildung 10 zeigt schematisch, welche Maßnahmen erforderlich sind, um ein betriebliches Gesundheitsmanagement systematisch und strategisch geplant umzusetzen.

Begleitend zu den Umsetzungsaktivitäten sollten schon frühzeitig zielgruppenspezifische Informations- und Kommunikationsaktivitäten umgesetzt werden. Letztere sind zur Sicherung der Akzeptanz not-

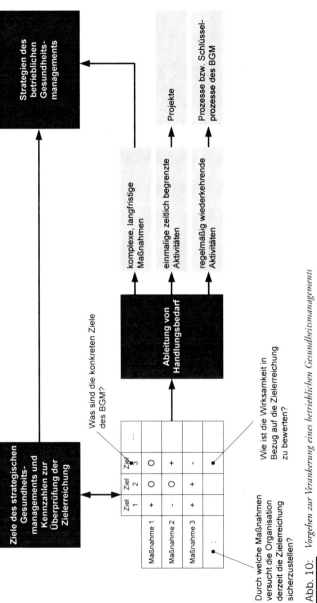

Abb. 10: *Vorgehen zur Verankerung eines betrieblichen Gesundheitsmanagements*

wendiger Veränderungsmaßnahmen sowie zum Abbau von Vorbehalten äußerst wichtig.

Die angemessene Einbindung von Fachexperten, Führungskräften und Mitarbeitern wurde schon weiter oben als erfolgskritisches Gestaltungsmerkmal hervorgehoben. Vor diesem Hintergrund muss ein betriebliches Gesundheitsmanagement personell und organisatorisch in einer Organisation verankert werden. Dies bezieht sich zum einen auf die Ausgestaltung der Gremienlandschaft zum anderen auf die Einbindung von Fach-, Macht- und Prozesspromotoren. Die Erfahrungen aus der praktischen Umsetzung betrieblicher Gesundheitsmanagementsysteme bestätigen die Bedeutung, die Führungskräfte im oben erläuterten IBGM-Modell haben. Je höher ein Machtpromotor in der Hierarchie einer Organisation angesiedelt ist, umso effizienter und effektiver lässt sich ein betriebliches Gesundheitsmanagement verwirklichen. Deshalb ist auch die personelle Stabilität insbesondere in Bezug auf Protagonisten eines betrieblichen Gesundheitsmanagements besonders wichtig.

Ein wesentliches Kennzeichen eines betrieblichen Gesundheitsmanagementsystems ist, dass es langfristig angelegt und im Rahmen kontinuierlicher Verbesserungsprozesse weiterentwickelt werden muss. Es muss flexibel auf Veränderungen reagieren und dabei immer auch Effektivitäts- und Effizienzanforderungen erfüllen. Die Identifikation von Anpassungsnotwendigkeiten erfordert zum einen geeignete Kennzahlensysteme, zum anderen sind Bewertungsansätze notwendig (zum Beispiel Selbstbewertung auf Basis des oben skizzierten IBGM-Modells), bei denen Prozesse und Strukturen des BGM regelmäßig Gegenstand einer Qualitätsprüfung sind. Die dabei identifizierten Stärken und Verbesserungsbereiche liefern die Grundlage für zielgerichtete Veränderungs- und Entwicklungsmaßnahmen.

Die wesentlichen Erfolgsfaktoren lassen sich in wie folgt zusammenfassen:

Erfolgsfaktoren für ein betriebliches Gesundheitsmanagement

⇨ Betriebsspezifische Ausgestaltung des betrieblichen Gesundheitsmanagementsystems und Verankerung im organisationalen Managementsystem
⇨ Breites, gemeinsam getragenes Gesundheitsverständnis als Voraussetzung für die Entwicklung einer nachhaltigen Gesundheitskultur
⇨ Ausrichtung an unterschiedlichen Interessengruppen (Stakeholderorientierung)
⇨ Offene, entwicklungsfähige Ansätze
⇨ Regelmäßige Überprüfung und Weiterentwicklung unter Effektivitäts- und Effizienzgesichtspunkten
⇨ Verknüpfung mit dem Tagesgeschäft
⇨ Keine einseitige Expertenorientierung, aktive Einbindung von Führungskräften, Mitarbeitern und Fachexperten
⇨ Personelle Stabilität in Bezug auf »Schlüsselfiguren«

Wirksamkeit betrieblicher Gesundheitsmanagementsysteme

Die Wirksamkeit eines betrieblichen Gesundheitsmanagements zu beurteilen, ist ein komplexes Vorhaben, das die spezifischen, weiter oben beschriebenen Merkmale berücksichtigen muss. Dies bedeutet letztlich, dass eine stakeholderorientierte Evaluation umgesetzt werden muss, die einerseits auf einer breiten Palette von Kennzahlen basiert und andererseits den Bezug der Ergebnisse zu den Aktivitäten des betrieblichen Gesundheitsmanagements herstellen muss. Letztlich bedeutet dies, dass eine Wirksamkeit nur dann konstatiert werden darf, wenn bei Unternehmen, die das IBGM-Modell über längere Zeit systematisch umgesetzt haben, mehrere Indikatoren dieselbe Entwicklung charakterisieren. Dies zeigt beispielhaft Abbildung 11 für ein ausgewähltes Unternehmen

Die in den Abbildungen 12 bis 14 angeführten Ergebnisse belegen anhand ausgewählter Kennzahlen die Wirksamkeit betrieblicher Gesundheitsmanagementsysteme. Bei den angeführten Ergebnissen ist zu beachten, dass sie von Unternehmen stammen, deren Gesundheitsmanagement einen gewissen Reifegrad hat. Dies ist notwendig, weil zum

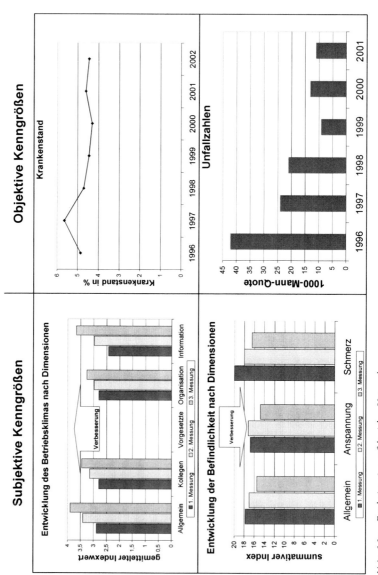

Abb. 11: *Ergebnisse eines erfolgreichen Unternehmens*

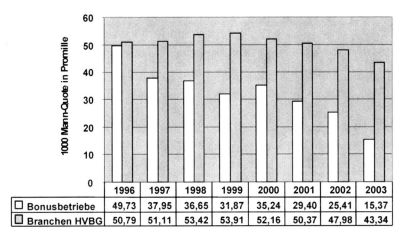

	1996	1997	1998	1999	2000	2001	2002	2003
☐ Bonusbetriebe	49,73	37,95	36,65	31,87	35,24	29,40	25,41	15,37
☐ Branchen HVBG	50,79	51,11	53,42	53,91	52,16	50,37	47,98	43,34

Abb. 12:   *Entwicklung von Unfalldaten im Modellvorhaben A*

Beispiel Verhaltens- bzw. Kulturveränderungen sich erst mittel- bis langfristig etablieren. Die Langfristigkeit eines betrieblichen Gesundheitsmanagements erfordert zudem Längsschnittbetrachtungen sowie Vergleiche mit geeigneten Branchenwerten, um nicht beeinflussbare externe Effekte zumindest teilweise kontrollieren zu können.

In der Abbildung 12 ist zunächst die Entwicklung des Unfallgeschehens in Bonusbetrieben im Vergleich zur Entwicklung der entsprechenden Kennzahlen beim Hauptverband der gewerblichen Berufsgenossenschaften dargestellt. Diese Daten belegen, dass die Bonusbetriebe – gerade in Bezug auf Unfälle – sehr große Erfolge erzielen konnten. Ausgehend von einem fast identischen Ausgangsniveau im Jahr 1996 haben sich in den Bonusbetrieben in den nachfolgenden Jahren enorme Verbesserungen eingestellt. Dies dürfte insbesondere auf den Ansatz einer gleichzeitigen Verhaltens- und Verhältnisprävention zurückzuführen sein. Ein systematisches betriebliches Gesundheitsmanagement auf Basis der EFQM-Philosophie hat damit auch große Potenziale für nachhaltige Verbesserungen im Bereich des klassischen Arbeits- und Gesundheitsschutzes. Der breit

171

angelegte, integrative Ansatz kann eingeengte und eingefahrene Fach-perspektiven überwinden.

Abbildung 13 beschreibt die Entwicklung der Fehlzeiten in einem der drei Modellvorhaben. Die Ergebnisse zeigen, dass die Interventi-onsbetriebe bei den untersuchten Zielgruppen schon zu Beginn des Modellvorhabens günstigere Fehlzeitenwerte aufzuweisen hatten als die Branchenvergleichsbetriebe. Dies war unter anderem auf eine Po-sitivauswahl bei den beteiligten Unternehmen zurückzuführen. Die Verläufe in den Unternehmen und den Branchen zeigen grob betrach-tet ein ähnliches Bild (überlagernde Effekte in Unternehmen und Branchen wirksam). Betrachtet man jedoch die Differenz, so zeigt dieser Deltawert eine interessante Tendenz. In den Bonusbetrieben ist im Zeitverlauf der Anstieg von Fehlzeiten schwächer und der Rück-gang stärker ausgeprägt als bei den Branchen. Dies ist ein Hinweis darauf, dass in den Bonusbetrieben stabilere Systeme vorhanden sind.

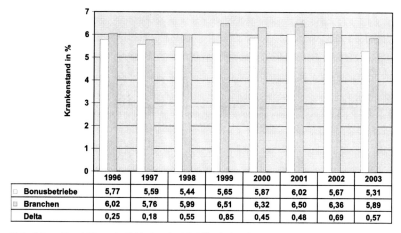

	1996	1997	1998	1999	2000	2001	2002	2003
Bonusbetriebe	5,77	5,59	5,44	5,65	5,87	6,02	5,67	5,31
Branchen	6,02	5,76	5,99	6,51	6,32	6,50	6,36	5,89
Delta	0,25	0,18	0,55	0,85	0,45	0,48	0,69	0,57

Abb. 13:   *Entwicklung der Fehlzeiten im Modellvorhaben A*

Die Grafik zeigt auch, dass Gesundheitsmanagementsysteme ihre volle Wirksamkeit nicht von Anfang an entfalten. Die Umsetzung begann 1996, aber erst ab 1998 vergrößerte sich die Differenz zu den Branchenwerten deutlich. Im Jahr 1999 war die Differenz am größten und auch 2003 lag sie noch deutlich über dem Ausgangswert von 1996. Insgesamt belegen diese Daten, dass ein systematisches betriebliches Gesundheitsmanagement selbst bei einer vergleichsweise positiven Ausgangssituation bei den Fehlzeiten diese verbessern und auf einem noch höheren Niveau stabilisieren kann.

Die nächste Grafik (Abb. 14) zeigt die Entwicklung der Krankengeldzahlungen der AOK (Lohnfortzahlung ab dem 42. Fehltag) in einem zweiten Modellvorhaben. In Abbildung 13 ist zu sehen, dass sich in den Bonusbetrieben ein positiver Anfangstrend auf stabilem Niveau einstellt. In den Vergleichsbranchen sind die Ausgaben von Anfang an höher, mit einem jahrgangsübergreifenden Trend zu steigenden Ausgaben. Die Differenz im Vergleich zu den Ausgaben in den Bonusunternehmen wird tendenziell größer. Damit wird deutlich, dass ein betriebliches Gesundheitsmanagementsystem auch gesellschaftlichen Nutzen stiftet.

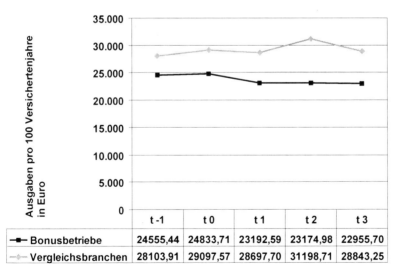

Abb. 14:   *Krankengeldausgaben im Modellvorhaben B [29]*

Neben den quantitativen Daten ist es sinnvoll auch qualitative in die Betrachtungen mit einzubeziehen, insbesondere um so Effekte auf der Kultur- bzw. Verhaltensebene zu verdeutlichen. In nachfolgender Aufzählung sind Aussagen aufgeführt, die im Rahmen eines Workshops gewonnen wurden. Ziel war es, Effekte eines betrieblichen Gesundheitsmanagements in der Organisation aus Sicht der verantwortlichen betrieblichen Akteure zu erheben. Diese beispielhaften Aussagen geben Hinweise darauf, dass die langfristige Umsetzung des IBGM-Modells auch zu einer Kulturveränderung geführt hat.

Erfahrungen betrieblicher Akteure mit der Umsetzung eines betrieblichen Gesundheitsmanagements

⇨ Der komplexe BGM-Ansatz wurde zu Beginn des Modellvorhabens eher kritisch bewertet. Heute wird die Komplexität des Modells als Stärke empfunden.

⇨ Anfangs wurden die Projektverantwortlichen der Unternehmen belächelt, heute werden sie aufgrund der positiven Erfahrungen im Zusammenhang mit der Umsetzung des Modellvorhabens geschätzt.

⇨ Die Betriebe, die sich am IBGM-Modell orientiert haben, haben ein wesentlich höheres Niveau bei der Umsetzung des betrieblichen Gesundheitsmanagements, sie arbeiten konsequenter und systematischer als vergleichbare Großunternehmen.

⇨ Externe Bewertungen, Auditierungen und Zertifizierungen sind gute und wirksame Stützen, welche die nachhaltige Weiterführung der Aktivitäten im Rahmen des Modellvorhabens gewährleisten.

⇨ Der Beitragsbonus ist Türöffner und Türstopper für BGM-Strukturen und Prozesse.

⇨ Die Erfassung der Kosten-Nutzen-Relation ist sehr schwierig, da der Nutzen des BGM monetär schwer nachweisbar ist.

Die Modellvorhaben haben jedoch nicht nur die Vorteile und Chancen eines betrieblichen Gesundheitsmanagements aufgezeigt. Sie haben auch Grenzen deutlich werden lassen. Abbildung 15 zeigt die Entwicklung an einem Konzernstandort, an dem letztlich nur teil- bzw. zeitweise gelungen war, das Thema Gesundheit im Managementsystem bzw. der Organisationskultur angemessen zu verankern. Einerseits weil die notwendige inhaltliche Breite des Ansatzes nur zeitweise

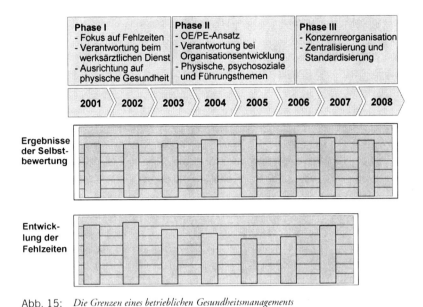

Abb. 15:   *Die Grenzen eines betrieblichen Gesundheitsmanagements*

gegeben war, andererseits weil Konzernvorgaben über die eigenen betrieblichen Aktivitäten am Standort dominiert haben.

In der ersten Phase hatten sich die Verantwortlichen des Standortes die Philosophie des IBGM nicht zu eigen gemacht und dementsprechend auch keinen systematischen Managementansatz realisiert.
Vielmehr waren die Anstrengungen einseitig auf eine Reduktion der
Fehlzeiten ausgerichtet. Der Fokus von Verbesserungsmaßnahmen lag
auf Maßnahmen zur Verbesserung der körperlichen Gesundheit. Bei
der Selbstbewertung führte dies dazu, dass die Ergebnisse auf einem
vergleichsweise niedrigen Niveau stagnierten und die Fehlzeiten nicht
wirksam reduziert werden konnten. Aufgrund einer Intervention des
Werksleiters kam es in der zweiten Phase zu einer Neuausrichtung
des betrieblichen Gesundheitsmanagements. Es wurde ein inhaltlich
breit angelegter Ansatz realisiert, der auch schnell zu Verbesserungen
bei den Fehlzeiten geführt hat. Die erzielten Erfolge konnten aber

nicht dauerhaft stabilisiert werden. Aufgrund von externen Vorgaben im Zuge einer Konzernreorganisation wurden Verantwortlichkeiten neu geregelt und in der Konzernzentrale zusammengeführt. Zudem mussten an den Standorten standardisierte Konzepte umgesetzt werden, wodurch die notwendige Individualität und damit Passung an die Bedürfnisse und die Kultur des Standortes erheblich eingeschränkt wurde. Dies spiegelt sich in den negativen Verläufen der Fehlzeitenentwicklung und der Selbstbewertungsergebnisse wider.

Betrachtet man vor allem die in Abbildung 15 aufgeführten Entwicklungen, so wird deutlich, dass ein betriebliches Gesundheitsmanagement nie losgelöst vom sonstigen betrieblichen Geschehen betrachtet werden darf und dass das Tagesgeschäft letztlich die Grenzen der Realisierungsmöglichkeiten bestimmt.

Literatur

[1] DYLLICK, T.: *Konzeptionelle Grundlagen unternehmerischer Nachhaltigkeit. In: Linne, G. und Schwarz, M. (Hrsg.): Handbuch Nachhaltige Entwicklung: Wie ist nachhaltiges Wirtschaften machbar?* Leske + Budrich, Oplanden 2003, S. 235-243

[2] STEIMLE, U. AND ZINK, K. J.: *Sustainable Development and Human Factors. In: Karwowski, W. (Ed.): International Encyclopedia of Ergonomics and Human Factors. Taylor & Francis, London, 2nd Edition. 2006, pp. 2355-2360*

[3] DE GROOT, R.: *Functions of Nature. Evaluation of nature in environmental planning, management and decision making.* Wolters-Noordhoff, Groningen 1992

[4] BURSCHEL, C., LOSEN, D. UND WIENDL, A.: *Nachhaltige Entwicklung und ökonomische Theorie. Eine Skizze der Anschlussmöglichkeiten und Grenzen. In: Umweltwirtschaftsforum, 11 (2003) 3, S. 84-91*

[5] STRÖSSENREUTHER, H.: *Sustainability-orientiertes organisationelles Lernen als Unternehmensziel. In: Umweltwirtschaftsforum, 5 (1997) 2, S. 30-35*

[6] THUL, M. J.; RITTER, A.; HAAS, B.: *Excellence durch eine nachhaltige Unternehmensführung. In: Haas, B.; Oetinger, R.; Ritter, A.; Thul, M. J. (Hrsg.): Nachhaltige Unternehmensführung: Excellence durch Verknüpfung wirtschaftlicher, sozialer und gesellschaftlicher Forderungen. Hanser, München (2007), S. 11 – 34*

[7] DYLLICK, T. UND HOCKERTS, K.: *Beyond the Business Case for Corporate Sustainability. In: Business Strategy and the Environment, Vol. 11 (2002), No. 2, pp. 130-141*

[8]   LOSEN, D.: *Stoffstrombasierte Investitionsplanung integrierter Biotechnologie. Ein Instrument nachhaltiger Unternehmensführung. Shaker, Aachen 2006*

[9]   SCHEIN, EH *Organisationskultur – The Ed Schein Corporate Culture Survival Guide. EHP, Köln (2005)*

[10]   THUL, M. LONGMUSS, J., ZINK, K. J.: *Das PaGIMo-Metamodell. In: Zink, K.J., Kötter, W., Longmuß, J., Thul, M. J. (Hrsg.): Veränderungsprozesse erfolgreich gestalten. Springer, Berlin (2009), (S. 160-163)*

[11]   SIMON FB *Einführung in Systemtheorie und Konstruktivismus, Auer, Heidelberg (2007)*

[12]   STAEHLE, W. H.: *Management. 8. Aufl. Vahlen, München (1999)*

[13]   SCHWANINGER, M.: *Managementsysteme. Campus, Frankfurt (1994)*

[14]   ULRICH, H.: *Management - eine unverstandene gesellschaftliche Funktion. In Siegwart, v. H., Probst, G. J. B. (Hrsg.), Mitarbeiterführung und gesellschaftlicher Wandel. Die kritische Gesellschaft und ihre Konsequenzen für die Mitarbeiterführung. Haupt, Bern (1983), S. 133-152*

[15]   BLEICHER, K.: *Das Konzept integriertes Management. 7., überarb. u. erw. Aufl. Campus, Frankfurt, New York (2004)*

[16]   Ulrich, H., Probst G. J. B.: *Anleitung zum ganzheitlichen Denken und Handeln. 4. unveränderte Aufl. Haupt, Bern (1996)*

[17]   RÜEGG-STÜRM, J.: *Das neue St. Galler Management-Modell. Grundkategorien einer integrierten Managementlehre. Der MSG-Ansatz. 2. durchgesehene Auflage. Haupt, Bern, Stuttgart, Wien (2005)*

[18]   THUL, M.J.: *Psycho-soziale Gesundheit als Managementaufgabe. In: Bundesanstalt für Arbeitsschutz und Arbeitsmedizin (Hrsg.): Psychische Belastungen am Arbeitsplatz Tagungsbericht Tb 135. Wirtschaftsverlag, Bremerhaven (2003), S. 50 – 74*

[19]   THUL, M. J., BENZ, D. ZINK, K.J.: *Betriebliches Gesundheitsmanagement – Ziele, Kennzeichen und praktische Umsetzung im Global Logistics Center, Germersheim. In: Landau, K. (Hrsg.):, Good Practice – Ergonomie und Arbeitsgestaltung. Ergonomia, Stuttgart (2003), S. 499-517*

[20]   ZINK, K. J., THUL, M. J., REUTER, A. Y.: *Prozessorientiertes Qualitätsmanagement für KMU nach DIN EN ISO 9000ff. Leitfaden zur Einführung eines QM-Systems bei KMU im Rahmen eines Gruppenberatungsansatzes. Kaiserslautern: Institut für Technologie und Arbeit, Universität Kaiserslautern. (2000)*

177

[21]   SCHAAFSMA, A. H., WILLEMZE, F. G.: *Moderne Qualitätskontrolle. 6. Aufl. Deutsche Philips GmbH, Hamburg (1970)*

[22]   SEGHEZZI, H. D.: *Integriertes Qualitätsmanagement. Das St. Galler Konzept. 2. vollständig überarb. U. erw. Auflage. Hanser, München, Wien (2003)*

[23]   PFEIFER, T.: *Qualitätsmanagement. Strategien, Methoden, Techniken. Hanser, München, Wien (1993)*

[24]   ZINK K.J.: *TQM als integratives Managementkonzept. Das EFQM Excellence Modell und seine Umsetzung. Hanser, München, Wien (2004)*

[25]   DEUTSCHES INSTITUT FÜR NORMUNG E.V. (HRSG.): *DIN EN ISO 9000: 2000. Qualitätsmanagementsysteme – Forderungen. Beuth, Berlin (2000)*

[26]   ZINK, K. J.: *Ganzheitliche Konzepte als Voraussetzung für nachhaltige Veränderungen. In: Schnauber, H. (Hrsg.): Kreativ und konsequent. Walter Masing: Ein Leben für die Qualität. Hanser, München, Wien, Zürich (2006), S. 85-104*

[27]   *EFQM - European Foundation for Quality Management (Hrsg.): Das EFQM-Modell für Excellence. EFQM, Brüssel (2000)*

[28]   THUL, M.J., ZINK, K. J.: *Konzepte und Instrumente eines integrativen betrieblichen Gesundheitsmanagements. In: Zentralblatt für Arbeitsmedizin, Arbeitsschutz und Ergonomie, Heft 8, Band 49 (1999), S. 274- 284*

[29]   ZINK, K.J., THUL, M.J., HOFFMANN, J., FLECK, A.: *Integratives Betriebliches Gesundheitsmanagement – ein Kooperationsprojekt des Instituts für Technologie und Arbeit und der AOK – Die Gesundheitskasse in Hessen – Umsetzung und Evaluation unter Berücksichtigung einer Stakeholderperspektive. In: Badura, B., Schröder, H., Vetter, C. (Hrsg.): Fehlzeiten-Report 2008, Springer Medizin Verlag, Heidelberg (2009), S. 171-186*

Zusammenfassung

Damit eine Organisation dem Thema Gesundheit dauerhaft die angemessene Bedeutung zumessen kann, ist es äußerst hilfreich, Nachhaltigkeit als zentrales Handlungsprinzip der Unternehmensführung zu etablieren. Einerseits weil Gesundheit ein zentrales Handlungsfeld der Nachhaltigkeit ist, andererseits weil Nachhaltigkeitskonzepte Handlungsstrategien erfordern, die langfristig und inhaltlich breit angelegt sind und so in besonderem Maße zur Förderung der Gesundheit beitragen können.

Dabei gilt es zwei zentrale Herausforderungen zu bewältigen: Einerseits muss in den meisten Fällen ein langfristig angelegter Prozess der Kulturveränderung bewältigt werden, andererseits werden geeignete Managementsysteme benötigt, um Nachhaltigkeit in den Prozessen und Strukturen einer Organisation wirkungsvoll zu verankern. Die historischen Entwicklungen im Qualitätswesen haben gezeigt, dass Excellence-Modelle die am besten geeigneten Ansätze zur Förderung von Qualität sind. Aufgrund der Allgemeingültigkeit der zentralen Handlungsprinzipien von Excellence-Modellen bietet es sich an, diese auch zum Aufbau und zur Bewertung betrieblicher Gesundheitsmanagementsysteme zu nutzen.

Integriertes Gesundheitsmanagement – Ein Leitfaden

Betriebliches Gesundheitsmanagement ist nur erfolgreich, wenn es systematisch in der Organisation verankert wird: Es gilt, das Thema »Gesundheit« in die bestehenden Prozesse der Unternehmensführung zu integrieren. Dies gelingt jedoch nur, wenn die Führungskräfte überzeugt sind und selbst mitspielen.

In diesem Beitrag erfahren Sie:
- wie Sie Ihre Führungskräfte überzeugen, das Thema Gesundheit ernst zu nehmen,
- welche acht Stellhebel Sie betätigen müssen, um ein Gesundheitsmanagement einzuführen,
- auf welche kritischen Erfolgsfaktoren Sie hierbei achten sollten.

DOROTHEA BENZ

Das Ziel: Leistungsfähige und engagierte Mitarbeiter

Auf einer Tagung zum Gesundheitsmanagement, die ein international tätiger Großkonzern ausrichtete, präsentierte ein Werkleiter eine Grafik, die über mehrere Jahre das Auf und Ab der Fehlzeiten der rund 6.000 Mitarbeiter seines Betriebes aufzeigte. Die Reduzierung der Fehlzeiten begründete er mit den Worten: »Da ging's unserem Standort wirtschaftlich schlecht, und wir mussten Arbeitsplätze abbauen.« Die Zunahme der Fehlzeiten wiederum sah er als Folge guter Auftragslagen, bei denen die Mitarbeiter keine Angst mehr um ihren Arbeitsplatz gehabt hätten: »Da kann man ja dann auch mal wegbleiben und sich mit einem Schnupfen ins Bett legen.«

Dieser Werkleiter reduzierte das Thema Gesundheit auf eine Maßzahl, nämlich die Anwesenheit der Mitarbeiter. Und die erklärte er sich letztlich mit dem »happy medium level of job insecurity«: Ein mittleres Maß an Arbeitsplatzunsicherheit sei für die Anwesenheit der Mannschaft gut. Eine Sichtweise, die weit verbreitet ist, jedoch einen entscheidenden Aspekt ausblendet: die Qualität der Anwesenheit. Wenn Mitarbeiter anwesend sind, sollten sie auch motiviert sein, mitdenken, ihr Wissen dem Unternehmen zur Verfügung stellen. Die bloße Anwesenheit eines Mitarbeiters sagt über diese Qualitäten nichts aus.

Der Perspektivwechsel

Wissenschaftliche Längsschnittstudien belegen, dass Verletzungen relationaler Erwartungen seitens des Arbeitsgebers – wie zum Beispiel der Abbau von als sicher propagierten Arbeitsplätzen – eine verminderte Bereitschaft der Arbeitnehmer nach sich zieht, sich aktiv für Veränderungen und Unternehmensentwicklungen zu engagieren [1]. Relationale oder wechselseitige Erwartungen leiten sich ab aus dem Konzept des »psychologischen Vertrages« [2]. Neben den formal-juristisch festgeschriebenen wechselseitigen Leistungen umfassen sie die unausgesprochenen, aus bisherigen oder aktuellen Erfahrungen und Verpflichtungen zwischen Arbeitnehmern und Arbeitgebern abgeleiteten impliziten Angebote, Erwartungen und Verpflichtungen. Relationale Kontrakte zeichnen sich durch Langfristigkeit und durch den Austausch monetärer sowie nicht-monetärer Leistungen aus. In empirischen Untersuchen ließ sich langfristige Arbeitsplatzsicherheit wiederholt als Element eines rationalen Kontraktes nachweisen [3, 4]. Es ist davon auszugehen, dass Arbeitsplatzunsicherheit über eine Herabsetzung der Arbeitszufriedenheit und der Bindung ans Unternehmen das Entstehen innerer Kündigung fördert [5, 6]. Die Anwesenheit der Beschäftigten, so lässt sch hieraus folgern, erlaubt noch lange keine Aussage darüber, wie motiviert und leistungsbereit sie sind. Beim betrieblichen Gesundheitsmanagement sollte es daher primär nicht um die Erhöhung der Anwesenheitsquote gehen, sondern zunächst um qualitative Ziele. Der quantifizierbare Erfolg – geringe Fehlzeiten, hohe Rate an Verbesserungsvorschlägen, hohe Mitarbeiterzufriedenheit – wird die Folge sein.

Wie im Beispiel des Werkleiters konzentrieren sich die meisten Unternehmen darauf, an der klar messbaren »Abwesenheit« zu drehen – sprich: sie ergreifen Maßnahmen, um die Fehlzeiten zu reduzieren. Anliegen dieses Beitrags ist es, die Perspektive zu wechseln – weg von den fünf bis zehn Prozent der Mitarbeiter, die krank sind, hin zur großen Zahl der gesunden Mitarbeiter. Und damit hin zum qualitativen Ziel der Gesunderhaltung: Wirkliches Gesundheitsmanagement richtet sich an jene, die jeden Tag zur Arbeit kommen und fit bleiben sollen.

Diese Sichtweise hat eine weit reichende Konsequenz: Das betriebliche Gesundheitsmanagement richtet sich an alle Mitarbeiter inklusive ihrer Führungskräfte. Gesundheit muss nun in den betrieblichen Alltag integriert werden. Ähnlich wie sich das Thema Qualität durch alle Prozesse und Funktionen des Unternehmens ziehen sollte, ist es auch bei der Gesundheit: Wie andere Kernziele sollte die Gesundheit der Mitarbeiter in die Unternehmensziele und Unternehmensleitbilder einbezogen sein, von dort in strategische Ziele und in die Jahresziele der Führungskräfte Eingang finden und sich schließlich in den Maßnahmen des Alltagsgeschäfts niederschlagen. Gesundheit darf deshalb auch nicht an Experten wegdelegiert werden. Wie beim Qualitätsmanagement gilt auch hier: Die Verantwortung muss bei den Führungskräften in der Linie liegen.

Acht Stellhebel für ein effizientes betriebliches Gesundheitsmanagement

Wie können Sie nun vorgehen, um ein solches umfassendes betriebliches Gesundheitsmanagement einzuführen? In den folgenden Abschnitten lernen Sie acht wesentliche Stellhebel kennen:

183

1. *Auftrag der Geschäftsleitung:* Gesundheitsmanagement erfordert einen klaren Auftrag durch die Geschäftsleitung mit klar definierten Zielen.

2. *Führungsaufgabe:* Gesundheitsförderung wird als Führungsaufgabe verstanden, die Maßnahmen sind Bestandteil der Zielvereinbarungen.

3. *Einbindung in die Unternehmensstrategie:* Gesundheitsförderung ist integriert in die normative, strategische und operative Ebene der Unternehmensführung; es existiert eine spezielle Strategie zum Gesundheitsmanagement.

4. *Personalentwicklung:* Förderung der Leistungsfähigkeit und Beschäftigbarkeit aller Mitarbeiter; Aktiver Einbezug der Mitarbeiter in das betriebliche Gesundheitsmanagement.

5. *Strukturen und Prozesse:* Zuständigkeiten und Befugnisse sind klar geregelt; durch eine adäquate Organisation ist die präventive Wirksamkeit des betrieblichen Gesundheitsmanagements sichergestellt.

6. *Ressourcenmanagement:* Finanzielle Mittel für das Gesundheitsmanagement werden bereitgestellt, eingesetzt und bezüglich ihrer Wirksamkeit überprüft.

7. *Einzelmaßnahmen zur Gesundheitsförderung:* Die unterschiedlichen Einzelmaßnahmen sind in das Gesamtkonzept eingebunden.

8. *Gesundheitskultur:* Die »ungeschriebenen Gesetze« im Unternehmen stehen im Einklang mit den Anforderungen und Regelungen des Gesundheitsmanagements.

Der folgende Handlungsleitfaden orientiert sich an diesen acht Stellhebeln. Er wendet den Blickwinkel ab vom Bemühen, Fehlzeiten im Unternehmen zu reduzieren. Das Augenmerk wird stattdessen auf den Gesunderhalt der Mitarbeiter gerichtet.

Der Leitfaden ist das Ergebnis praktischer Umsetzungserfahrungen in Großunternehmen ebenso wie in kleinen und mittleren Unternehmen. Theoretischer Hintergrund sind das St. Gallener Management-Modell [7], das EFQM-Modell [10] sowie der eigene systematische

Berateransatz der Autorin. Die Ansatzpunkte für eine Integration des Gesundheitsmanagements in die Unternehmensführung verdeutlicht Abbildung 1.

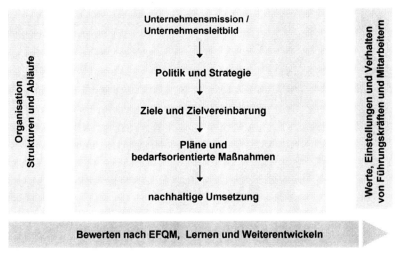

Abb. 1: *Vom Leitbild bis zur nachhaltigen Umsetzung: Ansatzpunkte für die Integration des Gesundheitsmanagements in die Unternehmensführung*

Die folgenden Ausführungen werden für Sie vor allem dann interessant sein, wenn Sie

⇨ die Leistungsfähigkeit und Leistungsbereitschaft Ihrer gesunden und sich jeden Tag engagierenden Mitarbeiter nachhaltig aufrecht erhalten wollen,

⇨ nicht nur bestehende Fehlzeiten – im Sinne von Quick-wins – senken wollen,

⇨ sich fragen, warum Ihre verschiedenen Maßnahmen zur Gesundheitsförderung wie gesundes Essen oder Fitness-Angebote so wenig ausrichten.

Stellhebel 1: Auftrag der Geschäftsleitung

Kerngedanke: Die Geschäftsleitung ist Auftraggeber des betrieblichen Gesundheitsmanagements.

Ein klarer Auftrag der Geschäftsleitung mit klar definierten Zielen ist die Basis für ein betriebliches Gesundheitsmanagement, das die Leistungsfähigkeit und Leistungsbereitschaft der Beschäftigten im Blick hat. Dieser Auftrag muss offiziell an die Führungskräfte und Mitarbeiter kommuniziert werden. Wie bei anderen wichtigen Unternehmenszielen gilt es auch hier, Fortschritte zu überprüfen und gegebenenfalls Korrekturmaßnahmen einzuleiten.

Notwendig ist ein Auftrag, der sich explizit auf die Gesunderhaltung bezieht – also nicht primär auf die Erhöhung der Anwesenheitsquote, sondern zunächst auf qualitative Ziele. Vor allem geht es darum, bei Führungskräften und Mitarbeitern Verantwortung für die eigene Gesundheit zu wecken.

Ziele und Ansatzpunkte des Gesundheitsmanagements

Wie kann ein solcher Auftrag der Geschäftsleitung aussehen? Das Unternehmen sollte zwei Grundziele im Blick haben (siehe Abbildung 2): zum einen die körperliche Leistungsfähigkeit der Mitarbeiter, zum

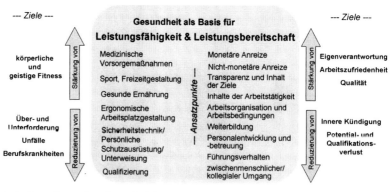

Abb. 2: *Der Auftrag der Geschäftsleitung: Ziele und Ansatzpunkte des Gesundheitsmanagements*

186

anderen aber auch deren Leistungsbereitschaft. Denn wenn ein Mitarbeiter gesund und fit ist, heißt das noch lange nicht, dass er dem Unternehmen seine Leistung zu Verfügung stellt. Hierzu muss er nicht nur gesund, sondern auch motiviert sein.

Auf dem Zielfeld der Leistungsfähigkeit geht es vor allem darum, die körperliche und geistige Fitness der Mitarbeiter zu stärken, Über- und Unterforderung sowie Unfälle und Berufskrankheiten zu vermeiden. Beim Thema Leistungsbereitschaft steht zum einen der Gedanke im Mittelpunkt, bei Führungskräften und Mitarbeitern die Eigenverantwortung für die eigene Gesundheit zu stärken. Zum anderen geht es darum, Demotivation und innere Kündigung zu vermeiden. Wie in der Abbildung aufgelistet, gibt es eine Reihe von Ansatzpunkten, um diese Ziele zu erreichen.

Kurzdiagnose »klarer Auftrag« – Checkliste zu Stellhebel 1

Stellen Sie fest, wie in Ihrem Unternehmen der Stellhebel 1 steht. Folgende Kriterien sind erfüllt, wenn der Hebel optimal eingestellt ist:

⇨ Die Geschäftsleitung ist Auftraggeber des betrieblichen Gesundheitsmanagements.

⇨ Die Geschäftsleitung hat mit ihrem Auftrag zum betrieblichen Gesundheitsmanagement klar definierte Ziele verbunden.

⇨ Es geht nicht nur um die Reduzierung der Fehlzeiten und Unfallzahlen, sondern um den Erhalt der Gesundheit der Beschäftigten.

⇨ Die Geschäftsleitung hat ihren Auftrag und die Wichtigkeit des Themas offiziell an Führungskräfte und Mitarbeiter kommuniziert.

⇨ Die Geschäftsleitung kontrolliert die Umsetzung sowie die Effekte des betrieblichen Gesundheitsmanagements und ergreift ggf. Korrekturmaßnahmen.

⇨ Es existiert eine Betriebsvereinbarung zum Gesundheitsmanagement.

Stellhebel 2: Führungsaufgabe

Kerngedanke: Gesundheitsförderung wird als Führungsaufgabe verstanden und akzeptiert.

Die Führungskräfte sollen sich um Gesundheitsförderung kümmern – das zu erreichen ist meist eine diffizile Aufgabe, die psychologisches Geschick und langen Atem erfordert. Es nützt nichts, Gesundheitsförderung von oben zu diktieren. »Jetzt soll ich mich auch noch darum kümmern, dass meine Mitarbeiter mehr Äpfel essen?« – diese entrüstete Frage bekam ich als Begrüßung von einem Meister zu hören, als ich von seinem Chef gerufen wurde, die Führungsmannschaft zu beraten.

Wie soll man in einer solchen, durchaus typischen Situation vermitteln, dass Gesundheitsförderung eine Führungsaufgabe ist? Am Beispiel dieses Betriebes, eines Logistikbetriebs mit insgesamt 220 gewerblichen Mitarbeitern, möchte ich in den folgenden Abschnitten eine mögliche Vorgehensweise beschreiben. Auftrag war es, in dem Unternehmen ein betriebliches Gesundheitsmanagement einzuführen.

Prozess des Bewusst-Werdens initiieren

Wir trafen uns zu einem Workshop, bei dem der Geschäftsführer und seine direkten Mitarbeiter am Tisch saßen. Die Idee war, einen Diskussionsprozess in Gang zu bringen, bei dem die Führungskräfte selbst Maßnahmen vorschlagen, um die Gesundheit in ihrem jeweiligen Bereich zu fördern. Doch zunächst galt es, überhaupt erst einmal in ein konstruktives Gespräch zum Thema Gesundheit zu kommen. Welches Gesundheitsverständnis hatten die Anwesenden?

Bisher hatte sich der Betrieb mit seinen »Gesundheitsmaßnahmen« auf die sieben Prozent der Mitarbeiter konzentriert, die krank sind. Man führte Fehlzeiten- und Krankenrückkehrgespräche, machte Krankenbesuche, immer mit dem Ziel, die Fehlzeitenquote zu senken. So anerkennenswert das war, lenkte ich doch das Gespräch weg von der Fehlzeitenquote, hin zu den 93 Prozent der Mitarbeiter, die jeden Tag zur Arbeit kommen und Leistung bringen: »Als Meister sind Sie verantwortlich, dass die anstehenden Leistungsziele erreicht werden. Dafür brauchen Sie gesunde, engagierte und qualifizierte Mitarbeiter.«

So gelang es, das Augenmerk auf den Erhalt der Gesundheit zu lenken. Die Führungsmannschaft diskutierte rege darüber, ob Gesundheit genetisch bedingt sei, wie viel der einzelne eigentlich dazu beitragen könne, gesund zu bleiben, was am Arbeitsplatz erreicht werden könne, was zu Hause und was auf dem Weg zur Arbeit. Lohnt es sich überhaupt, in diesem Thema aktiv zu werden? Diese Frage wurde besonders heftig diskutiert. So unterschiedlich die Meinungen waren: Die versammelten Führungsleute fingen an, sich ernsthaft mit dem Thema auseinanderzusetzen. Als dann ein Meister zugab, autogenes Training zu machen und dass ihm das gut tue, erreichte die Kommunikation einen hohen Reifegrad. Das Thema wurde nicht mehr ins Lächerliche gezogen, man fing an, sich konstruktiv auszutauschen.

Es geht in dieser Phase des Workshops nicht darum, eine einheitliche Meinung herbeizuführen – sondern darum, dass jeder Beteiligte herausfindet, hinter welchen Maßnahmen er persönlich stehen kann: Was halte ich für sinnvoll? Was könnte ich in meiner Abteilung konkret umsetzen? Dem einen Meister waren Maßnahmen zur Arbeitssicherheit wichtig, der andere brachte das Thema »Hebehilfe« ins Gespräch, ein dritter sprach das Arbeitsklima an. Der Workshop hatte einen Prozess des Bewusstwerdens über die Bedeutung des Themas Gesundheit und Prävention in Gang gesetzt.

Im Verlauf der Diskussion kamen nun konstruktive Vorschläge auf den Tisch, in denen sich die unterschiedlichen Überzeugungen und Werthaltungen der Führungskräfte widerspiegelten. Jeder schnürte am Ende daraus sein individuelles kleines Gesundheitspaket, das aus Maßnahmen bestand, hinter denen er stand und die er in seiner Abteilung umsetzen wollte. Das Ziel des Workshops war erreicht: Die Anwesenden verstanden Gesundheitsförderung als Führungsaufgabe.

In der Folge führte jeder Meister mit seinem Team eine ganz ähnliche Diskussion, die den Prozess weiter nach unten trug. In der Rolle eines Moderators und Beraters vermittelte er seine Vorschläge, und jede Meisterei leitete ihr eigenes Gesundheitsprogramm ein. Zudem einigten sich die Meister untereinander auf einige übergreifende Maßnahmen. So wurde zum Beispiel in der Werkshalle ein automatisches Tor eingebaut, um Zugluft zu vermeiden. Die Veränderungen waren im Unternehmen spürbar, der Krankenstand sank innerhalb eines Jahres um zwei Prozentpunkte von sieben auf fünf Prozent [8].

Entscheidend für diesen Erfolg war vor allem eines: Die Maßnahmen wurden auf Wunsch der Führungskräfte selbst realisiert. Es gab weder Vorgaben der Geschäftsleitung noch Vorschläge irgendwelcher Gesundheitsexperten. Nun galt es noch, das betriebliche Gesundheitsmanagement in einen dauerhaften Prozess zu überführen und fest im Unternehmen zu verankern. Hierzu wurden die Gesundheitsziele und die Maßnahmen der einzelnen Abteilungen in die Zielvereinbarungen der Führungskräfte und damit auch in deren Leistungsbeurteilung mit aufgenommen.

Die anfängliche Abwehrhaltung beim Thema Gesundheit, wie wir sie im Beispiel des Logistikunternehmens vorfanden, ist weit verbreitet und zählt sicher zu den kritischsten Punkten bei der Einführung eines betrieblichen Gesundheitsmanagements. Im Vordergrund stehen die Leistungs- und Gewinnziele, das Thema Gesundheit liegt den meisten Führungskräften sehr fern. Auch die demografische Entwicklung wird nur selten als wirklich drängendes Problem empfunden – notfalls könnte man ja die Produktion ins Ausland verlagern, wo es genügend junge und billige Arbeitskräfte gibt. Zwei Argumente erweisen sich jedoch immer wieder als zugkräftig, wenn es darum geht, ein Unternehmen für eine umfassende betriebliche Gesundheitsförderung zu gewinnen: Erstens kann Gesundheitsmanagement in das bestehende Managementsystem integriert werden, so dass es, einmal implementiert, zum Selbstläufer wird. Und zweitens haben die Führungskräfte einen persönlichen Nutzen, wenn Sie das Thema Gesundheit in ihren Arbeitsalltag einbeziehen.

Kurzdiagnose »Führungsaufgabe« – Checkliste zu Stellhebel 2

Stellen Sie fest, wie in Ihrem Unternehmen Stellhebel 2 steht. Folgende Kriterien sind erfüllt, wenn der Hebel optimal eingestellt ist:

⇨ Gesundheitsförderung wird als Führungsaufgabe verstanden – die Verbesserung der betrieblichen Gesundheitssituation ist Bestandteil der Zielvereinbarung.

⇨ Das Erreichen dieser Ziele wird in Leistungsbeurteilungen berücksichtigt.

Führungskräfte aller Hierarchieebenen…

⇨ …sind Treiber ihrer abteilungs- oder teamspezifische Maßnahmen, deren Wirksamkeit sie überprüfen,

⇨ …werden zu sicherheits- und / oder gesundheitsförderlichem Führungsverhalten geschult,

⇨ …nehmen bzgl. gesundheitsförderlichem Verhalten eine Vorbildfunktion ein,

⇨ …arbeiten mit unterschiedlichen Gesundheitsmanagement-Fachexperten zusammen.

⇨ Führungskräfte stellen Mitarbeiter für Gesundheitsmanagement-Aktivitäten frei.

⇨ Führungskräfte setzen Mittel aus ihren (eigenen) Budgets zur Verbesserung der Gesundheitssituation ein.

⇨ Über das Gesundheitsmanagement wird regelmäßig kommuniziert (z.B. Regelkommunikation der Geschäftsleitung, auf der Betriebsversammlung, in der Werkszeitung).

⇨ Führungskräfte veranlassen Investitionen in das betriebliche Gesundheitsmanagement, ohne dies von kurzfristigen Erfolgen abhängig zu machen.

Stellhebel 3: Einbindung in die Unternehmensstrategie

Kerngedanke: Gesundheitsrelevante Aspekte sind in den Unternehmenszielen festgeschrieben.

Gesundheit und Strategie

Ein mittelständisches, international ausgerichtetes Unternehmen der IT-Branche, schickes Geschäftsgebäude, tolle Kantine mit ausgewogenem Essen, vorwiegend jüngere Mitarbeiter – aber dennoch moderat steigende Fehlzeiten. Die für das Gesundheitsmanagement verantwortliche Personalmitarbeiterin wunderte sich: »Warum nutzen unsere Mitarbeiter die Angebote nicht, warum nehmen sie an den Gesundheitsvorträgen und Gesundheits-Check-ups nicht teil? Wir geben so viel Geld aus, aber die Akzeptanz fehlt.«

Als Beraterin führte ich in diesem Unternehmen ein erstes Gespräch mit dem Personalleiter, der zunächst eine persönlich eher reservierte Haltung zum Thema vermittelte. Nach einigen erläuternden Sätzen über meine Arbeitsweise fragte ich im Zuge der Situationsanalyse nach der Strategie des Unternehmens – welche Ziele und Kerngeschäfte das Unternehmen habe, wo es in zwei bis drei Jahren stehen wolle. Der Personalleiter fing an, Feuer zu fangen, war plötzlich voll bei der Sache. Das Thema interessierte ihn, während Gesundheit ja doch eher ein Randthema gewesen war.

Nach 30 Minuten und einigen Skizzen auf dem Flip stand eine erste Hypothese im Raum: Das Unternehmen kam aus goldenen Gewinnzeiten, das Top-Management hatte jedoch strategische Weichenstellungen verpasst und plante einen Personalabbau. Meine Frage, ob sich das Unternehmen in einem Downsizing-Prozess befände, rührte an einem Tabu: Es war zwar so, aber es durfte nicht ausgesprochen werden. Die Mitarbeiter aber ließen sich durch Event-Veranstaltungen, zu denen auch Gesundheitsvorträge zählten, nicht täuschen: Sie verlangten nach Orientierung, nach einer kommunizierten Strategie, nach einer Gewissheit, ob Ihre Arbeitsplätze gesichert waren oder nicht. Dies war ihr primäres Bedürfnis.

Damit war klar: Zunächst galt es, die Geschäftsführung zu einer strategischen klaren Aussage zu bewegen, zu einer Kommunikation der Unternehmensziele und zu einem Dialog über die Führungskaskade. Nur in diesen Rahmen konnte dann auch das Thema Gesundheit sinnvoll und glaubwürdig eingebunden werden.

Gesundheitsziele in die Strategie integrieren

Gesundheits- und Unternehmensziele müssen aufeinander abgestimmt sein. Nur wenn die Unternehmensziele klar kommuniziert sind, kann das Gesundheitsmanagement die richtigen Ziele formulieren und mit seinen Maßnahmen an die jeweils aktuelle Unternehmensstrategie andocken. Im Falle eines Downsizing-Prozesses sieht der Zielkatalog des Gesundheitsmanagements völlig anders aus als in Wachstumsphasen. Einige Beispiele verdeutlichen den Zusammenhang zwischen Unternehmensstrategie und Gesundheitszielen:

⇨ Wenn Personalabbau droht, haben die Menschen im Unternehmen Zukunftsängste – dann sind klare Informationen, Qualifizierung der betroffenen Mitarbeiter, die Förderung der Wechselbereitschaft, das Eröffnen von neuen Perspektiven innerhalb oder außerhalb des Unternehmens die entscheidenden Maßnahmen, die Ängste und Druck abbauen und damit gesundheitsfördernd wirken. Rückenschule, Checkup oder Salattheke sind in dieser Lage völlig uninteressant.

⇨ Wenn ein Unternehmen anstelle von starren Arbeitszeiten Ziele vereinbart und darauf setzt, dass ein Mitarbeiter in der Lage ist, Arbeitszeit und Freizeit eigenverantwortlich auszubalancieren, können Angebote für ein erfolgreiches Selbstmanagement sinnvoll sein: Wie gelingt es, die vom Unternehmen geforderten Ziele zu erreichen und sich gleichzeitig die für die Gesundheit notwendigen Erholzeiten zu nehmen?

⇨ Wer dagegen einen Gewerbebetrieb führt, zum Beispiel ein Maler-
geschäft, wird ganz andere Ziele in den Vordergrund stellen – dass
die Mitarbeiter bei schadstoffhaltigen Farben eine Maske aufzie-
hen oder beim Streichen nicht rauchen.

⇨ Wenn ein Unternehmen sein Auslandsgeschäft ausbaut und Mitarbeiter häufig in ferne Länder reisen sollen, so wirkt sich auch diese
Internationalisierungsstrategie unmittelbar auf die Gesundheitsziele aus. Da geht es dann um Impfungen oder um Hilfestellungen, wie Mitarbeiter nach langen Flugreisen mit dem Tag-Nacht-
Rhythmus zurecht kommen.

Deutlich wird: Je nach Unternehmensstrategie variieren die Gesundheitsziele. Nur wenn die aktuellen Unternehmensziele bekannt sind,
können für das Gesundheitsmanagement hieraus spezielle Strategien
und Pläne mit klar definierten, realistischen Zielen entwickelt werden.
In diese Strategien gehen dann interne Kennzahlen ein (zum Beispiel
Fehlzeiten, Krankenstand, Mitarbeiterbefragungen oder Gefährdungsanalysen) ebenso wie wissenschaftliche Erkenntnisse oder andere
externe Informationen zum Beispiel der Berufsgenossenschaften oder
Krankenkassen.

Kurzdiagnose »Einbindung in die Unternehmensstrategie« – Checkliste für Stellhebel 3

Stellen Sie fest, wie in Ihrem Unternehmen Stellhebel 3 steht. Folgende Kriterien sind erfüllt, wenn der Hebel optimal eingestellt ist:

⇨ Mitarbeiterorientierung und andere gesundheitsrelevante Aspekte
sind in den Unternehmenszielen festgeschrieben.

⇨ Die Organisation zieht interne Kennzahlen (z.B. Fehlzeiten, Krankenstand, Mitarbeiterbefragungen, Gefährdungsanalysen etc.),
wissenschaftliche Erkenntnisse, Informationen einschlägiger Institutionen (z.B. BG, Krankenkassen) zur Entwicklung von Unternehmensstrategien und Plänen heran.

194

⇨ Gesundheitsrelevante Aspekte finden in nicht gesundheitsspezifischen Verfahrensanweisungen und Betriebsvereinbarungen Berücksichtigung.

⇨ Für das betriebliche Gesundheitsmanagement wurden spezielle Strategien und Pläne mit klar definierten, realistischen Zielen entwickelt (z.B. visualisiertes Leitbild/Konzept zum betrieblichen Gesundheitsmanagement).

⇨ Die Strategien, Pläne und Ziele des betrieblichen Gesundheitsmanagements sind allen Führungsebenen bekannt und können an die Mitarbeiter von diesen verständlich kommuniziert werden (--> Bewusstseinsbildung bei den Mitarbeitern).

⇨ Es existiert eine wirksame Top-down-/Bottom-up-Kommunikation allgemein und bzgl. des betrieblichen Gesundheitsmanagements.

⇨ Die Ziele und das Vorgehen des betrieblichen Gesundheitsmanagements werden durch die Führungsebenen regelmäßig reviewt.

⇨ Bei der Umgestaltung von Arbeitsplätzen, der Einführung neuer Maschinen und bei baulichen Maßnahmen werden Gesundheitsaspekte berücksichtigt.

Stellhebel 4: Personalentwicklung

Kerngedanke: Die Organisation betreibt eine systematische Personalentwicklung – mit Blick darauf, die Mitarbeiter ihren Fähigkeiten entsprechend einzusetzen und zu entwickeln.

Der Stellhebel »Personalentwicklung« hat für die meisten Unternehmen bereits eine wichtige Bedeutung, wenn auch nicht explizit im Zusammenhang mit dem Thema Gesundheit. Doch ist der Zusammenhang unbestritten: Wenn ein Mitarbeiter nicht die Fähigkeiten, Kompetenzen und Fertigkeiten zur Verfügung hat, um seine Arbeit zu bewältigen, führt das zu Stress und Erschöpfung. Das kann schon bei kleinen Dingen anfangen: Der Mitarbeiter beherrscht den Umgang mit Powerpoint oder Excel nicht, verliert dadurch Zeit und kommt unter Druck, weil er mit seiner eigentlichen Aufgabe nicht vorankommt.

Ein anderes Beispiel sind Projekte ohne klaren Auftrag und unprofessionelles Projektmanagement – in vielen Unternehmen eine der größten Quellen für Druck, Stress und Überforderung. Es wird an Projekten gearbeitet, die keinen definierten oder einen ständig wechselnden Auftrag haben, es fehlen Termine, um über den Projektfortschritt zu berichten. Die Projektbeteiligten wissen nicht, welche Priorität ihr Chef diesem Projekt beimisst, sie stehen im Zielkonflikt zwischen Linienchef und Projektchef. Linienmitarbeiter kommen nicht zu den Projektsitzungen, weil die eigentliche Arbeit wichtiger erscheint, dafür arbeitet dann der Projektleiter abends und am Wochenende an den Projektaufgaben. Gutes Projektmanagement, so wird deutlich, ist ein wesentlicher Schutz vor Überarbeitung und Stress. Führungskräfte hierzu zu befähigen, zählt zu den Aufgaben der Personalentwicklung – natürlich nicht nur aus gesundheitlichem Blickwinkel.

Personalentwicklung als Instrument gegen Stress und Erschöpfung

Aufgabe der Personalentwicklung ist es, auf Über-, aber auch auf Unterforderungssymptome zu achten und gegebenenfalls schnell zu reagieren. Wenn es in einem Team oder in einer Abteilung zu Fehlzeiten kommt, die nicht durch eine Grippewelle oder ähnliche konkrete Ursachen erklärbar sind, kann die Personalentwicklung die Situation anhand eines dreistufigen Konzepts analysieren, dem folgende Fragen zugrunde liegen:

⇨ Sind die Aufgaben, Kompetenzen und Verantwortungen einer Person geklärt? Das heißt: Weiß sie, was sie zu tun hat und was nicht? Weiß sie, was sie entscheiden darf und was sie nicht entscheiden muss? Ist es ihr klar, für was sie den Kopf hinhalten soll und für was nicht? Oftmals erkranken oder erschöpfen sich Menschen, die hoch motiviert sind, weil sie sich in Bereiche einmischen, für die sie nicht zuständig sind und in denen sie deshalb nichts bewirken können.

⇨ Angenommen die Aufgaben sind eindeutig definiert, die Schnittstellen zu den Nachbarteams geklärt und der Verantwortungsbereich klar festgelegt – dann sollte man fragen: Hat diese Frau oder dieser Mann das notwendige Know-how für seine Aufgabe? Oder benötigt er schleunigst eine Qualifizierung? Was ist der Mitarbeiter bereit zu investieren, um sich die Qualifikation zu erwerben?

⇨ Angenommen auch diese Voraussetzung ist erfüllt, der Mitarbeiter also für seine Aufgabe ausreichend qualifiziert – dann sollte man erst untersuchen, ob er quantitativ überfordert ist: Wie viel Arbeit hat der Mitarbeiter auf dem Tisch? Ist die Arbeit im Team gleichmäßig verteilt? Oft neigen gerade hoch engagierte Leute dazu, alle Arbeit an sich zu ziehen.

Die Analyse mündet in Maßnahmen, die im Rahmen einer Teamentwicklung oder eines Coachings entwickelt und umgesetzt werden. Hierbei lernt der betroffene Mitarbeiter, sein eigenes Arbeitshandeln und Arbeitssystem aus der Vogelperspektive zu betrachten. Er macht sich über Aufgaben, Kompetenzen und Verantwortungen Gedanken, führt sich die Prozesse und Schnittstellen vor Augen. Er verschafft sich Klarheit und reflektiert seine Aufgaben: Muss ich diese Aufgabe machen oder will ich sie machen? Bin ich der Richtige, oder wäre eher ein Anderer der Richtige? Muss ich eine Aufgabe jetzt machen oder kann ich Prioritäten setzen? Wo sollte ich mich mehr engagieren, um für das Unternehmen ein interessanter und wertvoller Mitarbeiter zu bleiben?

Zugleich müssen sich die Maßnahmen an der Strategie des Unternehmens ausrichten – wie ja generell eine systematische Personalentwicklung stets eingebunden ist in die Strategiearbeit des Unternehmens. Wo steht das Unternehmen in drei bis fünf Jahren? Wie sehen dann die Kernprozesse und Haupttätigkeiten aus? Welche Fertigkeiten und Fähigkeiten benötigen die Mitarbeiter dann? Sind diese Fragen beantwortet, lässt sich der Qualifikationsbedarf vorausschauend relativ gut ableiten – ebenso wie die Frage, ob für qualifizierte Mitarbeiter noch genügend herausfordernde Aufgaben zur Verfügung stehen. Und damit sind wir wieder beim Thema Gesundheit, gilt es doch, sowohl eine Über- als auch eine Unterforderung zu vermeiden. Wenn Sie Fachexperten an Bord haben, die nach einem Strategiewechsel ihre Aufgaben verlieren und ihr Wissen nicht mehr einsetzen können, sind Unzufriedenheit und Befindlichkeitsstörungen vorprogrammiert.

Aus dem Instrumentenkasten des Coachs: Die fünf Antreiber

Welcher Mitarbeiter kann mit welchen Aufgaben betraut werden? Auf welche Stelle passt er? Wann ist er überfordert? Wann sieht er eine Aufgabe als Herausforderung? Oder wenn es in einem Team unterschiedliche Tätigkeiten gibt: Wer macht dann was? Hilfestellung bei diesen Fragen sind die fünf »Antreiber«, die einen Menschen antreiben und bei jedem Menschen unterschiedlich ausgeprägt sind. Sie zu erkennen und die Mitarbeiter entsprechend einzusetzen, ist ein wichtiges Stück Führungskunst, das nicht nur die Leistungsfähigkeit eines Teams, sondern auch die Gesundheit der Mitarbeiter maßgeblich beeinflusst. Versuchen Sie festzustellen, welcher Antreiber bei einem Mitarbeiter vorherrscht, um ihn dann richtig führen und einsetzen zu können [9]:

1. Sei perfekt! Der Perfekte kommt bei unvorhergesehenen Aufgaben ins Schwitzen, weil er alles perfekt machen will. Es fällt ihm schwer zu unterscheiden, wann sein Perfektionismus angebracht ist. Er neigt dazu, das Unmögliche zu versuchen und eine perfekte Leistung abzugeben, auch wenn nur 80 Prozent notwendig sind.
2. Sei gefällig! Der Gefällige will es allen Recht machen, kann nicht Nein sagen, bezieht nur zögernd eine eigene Position. Er neigt dazu, jedem zu helfen – und bietet sich geradezu dafür an, von Kollegen missbraucht zu werden. Die Führungskunst liegt darin, diesen Mitarbeiter beim Ziehen von Grenzen zu unterstützen und ihn zu ermutigen, stärker seine Meinung und Wünsche zu artikulieren.
3. Beeil Dich! Die Beeil-dich-Menschen sind in der Lage, auf wechselnde Bedingungen schnell zu reagieren, liefern meist rasch Ideen und sind schnelle Umsetzer. Sie sind jedoch für Tätigkeiten meist wenig geeignet und auch nur schwer motivierbar, bei denen über längere Zeit hohe Konzentration und genaues Arbeiten verlangt wird.
4. Sei stark! Diese Menschen sind sehr gut in Verhandlungen. Sie haben ihre Emotionen unter Kontrolle, sind eher misstrauisch und begegnen einem Geschäftspartner mit Vorsicht. Für das Kundenmanagement, bei dem es auf Vertrauen und eine persönliche Beziehung zum Kunden ankommt, sind sie eher ungeeignet. Umso mehr liegen ihnen knallharten Verhandlungen etwa im Einkauf.
5. Streng dich an! Menschen mit diesem Antreiber sind beharrlich, können sich durch ein schweres Thema durchbeißen – oder sich auch daran festbeißen. Sie suchen ständig nach neuen Herausforderungen, ohne sich allzu sehr um die Wirtschaftlichkeit ihrer Arbeit zu kümmern. Sie lieben Projekte, die andere

für undurchführbar halten. Als Führungskraft muss man sie bremsen, wenn sie sich in eine Sache verbeißen, deren Nutzen den Invest nicht mehr rechtfertigt.

Es ist sinnvoll, bei der Personalentwicklung zwischen Mitarbeiter- und Führungsebene zu unterscheiden. Betrachten wir beide Ebenen aus dem Blickwinkel der Gesundheitsförderung – und fassen die wichtigsten Aufgaben zusammen. Bezogen auf die Mitarbeiterebene sind dann die folgenden Punkte entscheidend:
Die Personalentwicklung hat dafür Sorge zu tragen, dass ein Mitarbeiter

⇨ die notwendigen Qualifikationen, wenn er sie nicht schon mitbringt, im Unternehmen erwerben kann,

⇨ diese Qualifikationen in seiner Position auch einsetzen kann,

⇨ mit seinen Aufgaben weder über- noch unterfordert ist und

⇨ stetig Neues dazulernen kann, um geistig flexibel und lernfähig zu bleiben.

Um diese Anforderungen zu erfüllen, benötigt die Personalentwicklung eine vorausschauende Qualifikationsbedarfsplanung, die aus der Unternehmensstrategie abgeleitet wird. Wird eine Über- oder Unterforderung erkennbar, ist sie in Form von Teamworkshops zu thematisieren, in denen Aspekte wie Aufgaben, Kompetenzen und Verantwortungen geklärt werden.

Bezogen auf die Führungsebene kommt der Personalentwicklung eine Fülle an Aufgaben zu, die von der Auswahl des Führungsnachwuchses bis zur Entwicklung von Führungsfähigkeiten reicht. Im Zusammenhang mit der betrieblichen Gesundheitsförderung sollte die Personalentwicklung dafür Sorge tragen, dass ein Vorgesetzter sich vor allem durch folgende Eigenschaften auszeichnet:

⇨ Er ist ein klarer Stratege, der es versteht, Aufgaben, Kompetenzen und Verantwortungen seines Teams eindeutig festzulegen.

⇨ Er kann mit Konflikten umgehen – hat keine Angst vor Konflikten und kann sie konstruktiv angehen.

⇨ Er ist ein guter (Multi-)Projektmanager. Da Mitarbeiter immer häufiger in Projekte einbezogen werden, ist fundiertes Projektmanagement-Wissen wesentlich; der Vorgesetzte sollte ein Coach für seine Projektmitarbeiter und Projektleiter sein.

⇨ Er verfügt über ein gewisses Ausmaß an Empathie für die Bedürfnisse und Stärken seiner Mitarbeiter. Er erkennt u.a. die »Antreiber« bei seinen Mitarbeitern (siehe Kasten) und versteht es, sie richtig zu führen und einzusetzen.

Kurzdiagnose »Personalentwicklung« – Checkliste für Stellhebel 4

Stellen Sie fest, wie in Ihrem Unternehmen Stellhebel 4 steht. Folgende Kriterien sind erfüllt, wenn der Hebel optimal eingestellt ist:

⇨ Die Organisation betreibt eine systematische Personalentwicklung. Dazu gehört
   – die Ableitung der zukünftigen Tätigkeitsanforderungen aus der Unternehmensstrategie
   – die Entwicklung und Umsetzung langfristiger, zielgerichteter Qualifizierungspläne für die Mitarbeiter.

⇨ Es findet eine regelmäßige Abstimmung des Qualifikationsprofils der Mitarbeiter mit den aktuellen qualifikatorischen Anforderungen ihres Arbeitsplatzes statt.

⇨ Die Mehrzahl der Tätigkeiten beinhaltet neben der reinen Ausführung auch die Planung, die Kontrolle und das Problemlösen (vollständige/ganzheitliche versus monotone Tätigkeiten). Dies kann auch durch geschicktes Rotieren oder durch Gruppenarbeit gewährleistet werden.

⇨ Die Beschäftigten haben die Möglichkeit, bei der Ausführung der Arbeitstätigkeit vorhandene Qualifikationen zu nutzen oder diese auszuweiten.

⇨ Das Unternehmen bietet ausreichende Qualifizierungsmaßnahmen an zur Förderung der Fach-, Methoden- und Sozialkompetenz.

⇨ Mitarbeiter als Experten vor Ort werden aktiv zur Beseitigung gesundheitsgefährdender Bedingungen einbezogen (zum Beispiel durch Workshops, Sicherheitsbegehungen).

⇨ Besondere Leistungen im Bereich des betrieblichen Gesundheitsmanagements werden zeitnah und angemessen (öffentlich und/oder monetär usw.) anerkannt.

Stellhebel 5: Strukturen und Prozesse

Kerngedanke: Das Thema Gesundheit ist in Form von Strukturen und Prozessen fest im Unternehmen verankert.

Vor allem Großbetriebe brauchen Strukturen und Prozesse – der Stellhebel »Strukturen und Prozesse« ist daher vor allem in solchen Unternehmen ein zentraler Punkt. In Klein- und Mittelbetrieben ist der Eigner unmittelbar daran interessiert, dass »seine Leute« jeden Tag motiviert zur Arbeit kommen und ihr Bestes geben. Er wird sich – allein aus persönlichem wirtschaftlichem Interesse – auch zum obersten Gesundheitsmanager berufen fühlen und dieses Thema in seine Entscheidungen und Prozesse einbeziehen.

Anders in Großunternehmen: Dort ist eine sorgfältige Regelung der Zuständigkeiten und Befugnisse notwendig. Nur dann ist es möglich, dass das Gesundheitsmanagement in strategische Entscheidungen und komplexe Veränderungsprozesse integriert und im ganzen Unternehmen fortlaufend weiterentwickelt wird. Und nur dann lässt sich im Großunternehmen ein Überblick über eingesetzte Ressourcen schaffen und Wissenstransfer zu »best practices« gewährleisten. Der Aufbau einer entsprechenden adäquaten Organisation sollte die präventive Wirksamkeit des betrieblichen Gesundheitsmanagements sicherstellen und verhindern, dass das Thema »Anwesenheit, Gesundheit und Motivation« an die Personalabteilung, an den Werksarzt oder Sicherheitsfachkraft delegiert wird.

Implementierung

Es bietet es sich an, das Thema Gesundheit in vorhandene Strukturen zu integrieren. Das gilt auch für das Steuerungsgremium, das beispielsweise in den Jour fixe der Geschäftsführung eingebunden werden kann. In jedem Fall sollte das Steuerungsgremium aus Führungskräften des oberen bis mittleren Managements bestehen, die in der Lage sind, richtungweisende Entscheidungen zu treffen, Ressourcen zu bewilligen und Aufträge an die Führungsmannschaft und Stabsfunktionen zu erteilen. So wird auch gewährleistet, dass in Großbetrieben die rechte Hand weiß, was die linke tut.

Um das Gesundheitsmanagement zu implementieren, wird die Steuerungsgruppe in der Regel Unterstützung durch interne oder externe Fachexperten (Psychologen, Arbeitsmediziner, Sicherheitsfachkräfte, Sozialpädagogen, Sportwissenschaftler, Ergonomen etc.) hinzuziehen. Doch Vorsicht: Die Fachexperten sollten sich nur in einer beratenden und organisierenden Funktion sehen, keinesfalls jedoch stellvertretend Führungsaufgaben wahrnehmen. Wenn der Auftraggeber sie darum ersucht, »einmal mit Mitarbeiter X zu sprechen, weil der die Hebehilfen nicht in Anspruch nimmt« oder mit der Kollegin Y, »weil die offenbar total überfordert ist«, dann sollten sie dieses Ansinnen zurückweisen. Dies ist und bleibt Aufgabe des Vorgesetzten. Stattdessen ist eine Beratung oder ein Coaching für die Führungskraft der richtige Weg, um sie bei der Erfüllung ihrer Führungsrolle zu stärken. Vor diesem Hintergrund erscheint es besser, externe Experten erst dann einzuschalten, wenn im Unternehmen Gesundheitsmanagement tatsächlich schon als Führungsaufgabe verstanden wird – und wenn das Top-Management einen klaren Auftrag erteilt hat.

Sicher ist es sinnvoll, Fachexperten für Gesundheitsmanagement in betriebliche Entscheidungen einzubinden, so dass sie ihre Expertise einbringen können. Denkbar ist, ihnen ein Veto-Recht zuzubilligen (das natürlich auch jederzeit wieder entzogen werden kann). Ein Experte ist dann in der Lage, gesundheitsgefährdende Entscheidungen tatsächlich zu verhindern. Aufgabe der Experten wird es vor allem sein, rechtzeitig auf mögliche Verstöße gegen gesetzliche Bestimmungen, zum Beispiel des Arbeitssicherheitsgesetzes, hinzuweisen.

Kurzdiagnose »Strukturen und Prozesse des betrieblichen Gesundheitsmanagements« – Checkliste für Stellhebel 5

Stellen Sie fest, wie in Ihrem Unternehmen Stellhebel 5 steht. Folgende Kriterien sind erfüllt, wenn der Hebel optimal eingestellt ist:

⇨ Es gibt ein Steuerungsgremium, das für die systematische Steuerung und Umsetzung des betrieblichen Gesundheitsmanagementansatzes zuständig ist.

⇨ Es gibt Fachgruppen zur Bearbeitung spezifischer Probleme, die im Zusammenhang mit dem betrieblichen Gesundheitsmanagement stehen.

⇨ Die Gremien des betrieblichen Gesundheitsmanagements arbeiten mit traditionellen Arbeitsschutzgremien zusammen.

⇨ Die für Gesundheitsmanagement zuständigen Personen bzw. Gremien sind in betriebliche Entscheidungsprozesse, die Auswirkungen auf die Gesundheit der Mitarbeiter haben, eingebunden. Gegebenenfalls haben sie sogar gewisse Befugnisse, zum Beispiel Veto-Rechte bei betrieblichen Maßnahmen, die negativen Einfluss auf die Gesundheit der Mitarbeiter haben.

⇨ Das Unternehmen arbeitet in Gremien mit Kunden und Lieferanten (zum Beispiel Zulieferer, Fremdfirmen, Leiharbeiter etc.) zusammen, um Gesundheitsgefahren zu beseitigen.

⇨ Das Unternehmen arbeitet mit externen Organisationen bei der Verbesserung der betrieblichen Gesundheitssituation (Berufsgenossenschaft, Krankenversicherung, Beratungsunternehmen, Hochschulinstitute) zusammen.

⇨ Maßnahmen des betrieblichen Gesundheitsmanagements sind von einem systematisch analysierten Bedarf abgeleitet und ihre Wirksamkeit wird überprüft.

⇨ Das betriebliche Gesundheitsmanagement ist nicht einseitig auf technische Fragestellungen ausgerichtet, sondern seine Analyse-, Bewertungs-, Gestaltungs- und Umsetzungsmaßnahmen berücksichtigen technische, personelle und organisatorische Aspekte gleichermaßen (ganzheitlicher Ansatz).

Stellhebel 6: Ressourcenmanagement

Kerngedanke: Das Unternehmen stellt ausreichend Ressourcen für die Umsetzung der Gesundheitsziele zur Verfügung – und diese Ressourcen werden effizient eingesetzt.

Ein Meister und sein Team sind sich einig, dass in einer Halle automatisierte Schnelllauftore eingebaut werden sollten, um Erkältungskrankheiten zu vermeiden. Die Mitarbeiter sind verschwitzt und werden in die Halle ständig der Zugluft ausgesetzt. Doch nun weiß keiner, wo das Geld herkommen soll, um das Tor zu realisieren. Ein typischer Fall, der deutlich macht: Wenn das Unternehmen den Prozess für ein betriebliches Gesundheitsmanagement in Gang bringt und die Abteilungen Vorschläge machen sollen, muss auch ein Budget vorhanden sein.

Wie ernst ein Unternehmen es mit dem Thema Gesundheit tatsächlich meint, zeigt sich nicht zuletzt im Umgang mit den materiellen Ressourcen und Arbeitsmitteln. Grundlegende Investitionen werden meist – zu Recht – im Bereich des Arbeits- und Umweltschutzes getätigt, um Gefährdungen der Mitarbeiter und der Umwelt zu vermeiden. Besteht ein Gefährdungspotenzial, bei dem technische Maßnahmen nicht ausreichen, muss das Unternehmen Schutzausrüstungen zur Verfügung stellen und den richtigen Umgang damit schulen.

Die Ressourcen effektiv einsetzen

Höhenverstellbare Schreibtische, die ein zeitweises Arbeiten im Stehen erlauben, Headsets und vieles Andere können positive Beiträge zur Gesunderhaltung leisten – vorausgesetzt diese Maßnahmen werden von den Mitarbeitern verstanden und akzeptiert. Andernfalls sind die Ressourcen verschwendet. Die Investitionen allein, wie zum Beispiel der Bau eines betriebseigenen Fitness-Studios, macht wenig Sinn, wenn der Bedarf weder von den Mitarbeitern selbst benannt wird noch eine kommunikative Einbettung dieser Investitionen in ein betriebliches Gesamtkonzept gewährleistet ist. »Die hatten wohl noch Budget für das laufende Jahr frei, das sie verbrauchen müssen« – werden sich die Mitarbeiter sagen.

Ergibt jedoch eine Mitarbeiterbefragung, dass die häufigste Ursache für Fehlzeiten Rückenschmerzen sind, kann mit einem gezielten Aufbau der Rückenmuskulatur im betriebseigenen Fitness-Center – vielleicht noch verbunden mit einem Kurs zum richtigen Heben und Tragen auch in der Freizeit – ein wirksamer Beitrag zur Gesunderhaltung der Beschäftigten geleistet werden. Diesen Zusammenhang werden die Mitarbeiter dann verstehen und die Investition richtig einordnen können.

Herrschen in einem Betrieb eher psychische Belastungen vor – Konflikte, Ängste vor Restrukturierung, ausufernde Überstunden, unsicherer Erfolg bei strategisch wichtigen Projekten – sind Investitionen mehr in Teamentwicklungen, Führungskräftecoachings, Projektmanagement- und Changemanagement-Schulungen ratsam.

Um Ressourcen also richtig einsetzen zu können, müssen gesundheitsrelevante Daten zunächst systematisch gesammelt werden. Hier kann auch eine gut durchgeführte Mitarbeiterbefragung wertvolle Informationen liefern. Erst mit diesem Wissen ist es möglich, bei den Ursachen für mögliche Gesundheits- und Leistungsbeeinträchtigungen anzusetzen und so die Mittel wirksam einzusetzen. Ebenso systematisch sollten die Effekte erfasst werden, die mit dem Einsatz der Ressourcen erzielt werden – denn nur so lässt sich prüfen, ob sich der Invest gelohnt hat. Je größer ein Betrieb, desto mehr Aufwand bedarf es bezüglich der Analyse und Dokumentation. Ist die Mehrzahl der Beschäftigten bei ein oder zwei Krankenkassen versichert, kann es sich auch lohnen, diese Kassen um einen Gesundheitsbericht zu bitten. Dieser umfasst die anonymisierte Auswertung der Fehlzeitenursachen (ärztliche Diagnosen nach ICD-Schlüssel).

Kurzdiagnose »Ressourcenmanagement« – Checkliste für Stellhebel 6

Stellen Sie fest, wie in Ihrem Unternehmen Stellhebel 6 steht. Folgende Kriterien sind erfüllt, wenn der Hebel optimal eingestellt ist:

⇨ Gefährliche Materialien und Energieträger werden durch ungefährlichere ersetzt oder – wo dies nicht möglich ist – werden geeignete Schutzmaßnahmen getroffen sowie die betroffenen Mitarbeiter über die Gefahrenquellen umfassend informiert.

⇨ Das Unternehmen wartet und unterzieht regelmäßig Geräte, Maschinen und Anlagen Sicherheitsüberprüfungen, um eine Gefährdung der Gesundheit der Mitarbeiter auszuschließen.

⇨ Es findet eine systematische Überprüfung der Gebäude (bzw. Arbeitsstätten) und Betriebsmittel in Bezug auf Gesundheitsgefahren statt.

⇨ Gesundheitsrelevante Informationen werden systematisch gesammelt, ausgewertet und dokumentiert.

⇨ Das für das betriebliche Gesundheitsmanagement benötigte Know-how ist vorhanden oder wird bereitgestellt bzw. entwickelt.

⇨ Das Unternehmen stellt berechtigten Personen notwendige Informationen zur Verfügung, die diese im Zusammenhang mit dem betrieblichen Gesundheitsmanagement benötigen (zum Beispiel Zugangsrechte, Zugang zu Datenauswertungen oder Kennzahlen).

⇨ Das Gesundheitsmanagement ist in den systematischen Finanzplanungsprozess des Unternehmens integriert.

⇨ Es werden ausreichend finanzielle Ressourcen für die Umsetzung von Maßnahmen zur Verfügung gestellt; die Maßnahmen werden untereinander abgestimmt und auf ihre Wirksamkeit überprüft.

Stellhebel 7: Einzelmaßnahmen zur Gesundheitsförderung

Kerngedanke: Das Unternehmen ergreift Einzelmaßnahmen, die zugleich in das Gesamtkonzept des Gesundheitsmanagements einbezogen sind.

Einzelmaßnahmen ins das Gesamtkonzept einbinden

Die meisten Unternehmen, die sich in der betrieblichen Gesundheitsförderung engagieren, ergreifen Einzelmaßnahmen. Sie reichen von den gesetzlichen geforderten Maßnahmen im Arbeitsschutz über den Umbau der Kantine bis zu Bewegungsprogrammen und Rückenschulen. So wertvoll diese Maßnahmen im Einzelnen sind, ihre Wirkung werden sie erst dann entfalten, wenn sie in ein Gesamtkonzept eingebunden sind. Dieses Konzept muss – wie im Stellhebel 3 ausgeführt – in die Unternehmensstrategie eingebunden sein. Davon ausgehend lassen sich die Einzelmaßnahmen dann vier Ebenen zuordnen: Die Basis bilden die Anforderungen an die Sicherheit, dann folgt die Ebene der körperlichen Gesundheit, dann die der geistigen Gesundheit und schließlich – als oberstes Ziel – die Arbeitszufriedenheit.

Dementsprechend breit ist das Spektrum der Einzelmaßnahmen. Zu ihnen zählen gesetzliche Vorschriften und Verfahrensanweisungen wie das Tragen von persönlicher Schutzausrüstung, Sicherheitsunterweisungen oder die Umsetzung der Bildschirmrichtlinie ebenso wie medizinische Vorsorgeuntersuchungen oder die Fünf-Minuten-Bewegungspause. Mitarbeiterbefragungen über Zufriedenheit und Betriebsklima geben die Möglichkeit, Wünsche zu erkennen und Verbesserungen einzuleiten.

Die folgende Checkliste nennt eine Reihe möglicher Maßnahmen. Halten wir aber fest: Einzelmaßnahmen zur Gesundheitsförderung sind nur *ein* Element des betrieblichen Gesundheitsmanagements. Sie können nur dann nachhaltige Wirkung haben, wenn sie in ein

Gesamtkonzept eingebunden sind und von den Mitarbeitern gewollt und als sinnvoll erachtet werden.

Kurzdiagnose »Einzelmaßnahmen zur Gesundheitsförderung« – Checkliste für Stellhebel 7

Stellen Sie fest, wie in Ihrem Unternehmen Stellhebel 7 steht. Folgende Kriterien sind erfüllt, wenn der Hebel optimal eingestellt ist:

⇨ Auf das Einhalten gesundheitsgerechter, gesetzlicher Vorschriften und Verfahrensanweisungen (zum Beispiel Tragen persönlicher Schutzausrüstungen, Sicherheitsunterweisungen, Umsetzung der Bildschirmrichtlinie) wird besonderes Augenmerk gelegt. Es finden regelmäßige Unterweisungen statt. Zuwiderhandlungen werden sanktioniert.

⇨ Das Unternehmen bietet gesundheitsbezogene Kurse an (zum Beispiel Stressreduktion, Bewegungstraining, Rückenschule).

⇨ Das Unternehmen verfügt über Angebote für eine gesundheitsgerechte Verpflegung (in der Kantine, Shops, Kooperationen mit Catering).

⇨ Es finden Krankenrückkehr-Gespräche statt.

⇨ Die Organisation überprüft die Gesundheit ihrer Mitglieder regelmäßig und umfassend (zum Beispiel durch medizinische Vorsorgeuntersuchungen), Mitarbeiterbefragungen (zum Beispiel Zufriedenheit, Betriebsklima) und leitet darauf aufbauend Verbesserungsmaßnahmen ab.

⇨ Das Unternehmen hat ein strukturiertes Wiedereingliederungsmanagement für langzeitkranke oder leistungsgeminderte Mitarbeiter

⇨ Das Unternehmen bietet organisierten Erfahrungsaustausch zu Gesundheitsthemen an (Vorträge, Gesundheitstage, Events).

⇨ Geeignete arbeitsplatznahe Maßnahmen (zum Beispiel Fünf-Minuten-Bewegungspause, Headsets, Stehpulte) werden besonders gefördert.

Stellhebel 8: Gesundheitskultur

Kerngedanke: Die »ungeschriebenen Gesetze« im Unternehmen stimmen mit den offiziellen Zielen und Maßnahmen des betrieblichen Gesundheitsmanagements überein.

Stellhebel mit Brisanz

Der Stellhebel »Gesundheitskultur« birgt große Brisanz, rührt er doch an den »ungeschriebenen Gesetzen«, die in jeder Organisation vorhanden sind. Alle offiziellen Maßnahmen des Gesundheitsmanagements werden ad absurdum geführt, wenn sie diesen ungeschriebenen Gesetzen widersprechen.

Ungeschriebene Gesetze – das sind Verhaltenserwartungen, die von den Organisationsmitgliedern gelebt werden, ohne dass sie jemals ausgesprochen werden müssen. Werden Sie befolgt, erhält das Organisationsmitglied »stilles Lob«, bei Zuwiderhandlung jedoch meist aggressive Kommentare und Sanktionen. Solche ungeschriebenen Gesetze können die offiziellen Bemühen eines betrieblichen Gesundheitsmanagements in Frage stellen, seine Wirksamkeit mindern und seine Glaubwürdigkeit unterlaufen.

Einige weit verbreitete ungeschriebene Gesetze lauten zum Beispiel:

⇨ »Wenn jemand aufgrund einer Erkrankung arbeitsunfähig ist, wird erwartet, dass er so schnell wie möglich wieder anfängt zu arbeiten, auch dann, wenn er noch nicht zu 100 Prozent fit ist.«

⇨ »Verstöße gegen Gesundheits- und Sicherheitsbestimmungen werden toleriert, wenn es dem Unternehmen nützt.«

⇨ »Bei uns gilt es als schick, selbst bis an die Grenzen der Belastbarkeit zu gehen.«

⇨ »Sie gelten nur dann als gute Führungskraft, wenn Sie mindestens zehn Stunden täglich arbeiten und Meetings freitags abends um 17 Uhr nicht in Frage stellen.«

Solche ungeschriebenen Gesetze oder Normen ersetzen in vielen Unternehmen offizielle, zum Teil arbeitsvertragliche Regelungen. Verstößt ein Mitarbeiter gegen ein ungeschriebenes Gesetz und geht zum Beispiel unter der Woche um 16 Uhr nach Hause zum Schwimmen, wird er zumindest zu hören bekommen, ob er sich heute einen Gleittag gönnt oder ob er vielleicht überfordert sei und Erholung brauche.

Um die erforderliche Nachhaltigkeit eines betrieblichen Gesundheitsmanagements zu erzielen, müssen die ungeschriebenen Gesetze, die die »Gesundheitskultur« prägen, benannt und gegebenenfalls modifiziert werden. Ein solcher Kulturwandel ist ein Prozess, der langen Atem erfordert [10]. Wenn dann am Ende dieses Prozesses die ungeschriebenen Gesetze mit den Zielen des Gesundheitsmanagements übereinstimmen, würden bei einer Mitarbeiterbefragung die Mitarbeiter folgender Aussage zustimmen: »Generell kann man sagen, dass die öffentlich vertretenen Aussagen zu Gesundheitsthemen (in Leitbildern, Führungsgrundsätzen etc.) mit dem übereinstimmen, was in der Organisation tatsächlich gelebt wird.«

Die ideale Gesundheitskultur

Idealerweise herrscht eine Gesundheitskultur vor, die durch folgende Normen bestimmt wird:

⇨ Es ist allgemein akzeptiert, dass Einsatz und Engagement für den Job und das Unternehmen dort Grenzen hat, wo die Gesundheit des Einzelnen gefährdet wird.

⇨ Das Nutzen von Angeboten und Maßnahmen zur Förderung der Gesundheit – auch während der Arbeitszeit – wird von Kollegen und Führungskräften allgemein akzeptiert.

Die folgende Checkliste führt wesentliche Normen an, die in einer idealen Gesundheitskultur erfüllt sind.

210

Kurzdiagnose »Gesundheitskultur« – Checkliste für Stellhebel 8

Stellen Sie fest, wie in Ihrem Unternehmen Stellhebel 8 steht. Folgende Kriterien sind erfüllt, wenn der Hebel optimal eingestellt ist:

⇨ Es ist allgemein akzeptiert, dass Einsatz und Engagement für den Job und das Unternehmen dort Grenzen hat, wo die Gesundheit des Einzelnen gefährdet wird.

⇨ Bei betrieblichen Entscheidungen werden im Zweifelsfall wirtschaftliche Interessen gesundheitlichen Aspekten untergeordnet.

⇨ Das Unternehmen erwartet, dass jeder Mitarbeiter die Verantwortung für seine Gesundheit ernst nimmt.

⇨ Das Nutzen von Angeboten und Maßnahmen zur Förderung der Gesundheit –auch während der Arbeitszeit – wird von Kollegen und Führungskräften allgemein akzeptiert.

⇨ Generell kann man sagen, dass die öffentlich vertretenen Aussagen zu Gesundheitsthemen (zum Beispiel in Leitbildern, Führungsgrundsätzen etc.) mit dem übereinstimmen, was in der Organisation tatsächlich gelebt wird.

Literatur

[1] ROBINSON, S.L. & MORRISON, E.W. (1995). *Violation of psychological contracts. Impact on employee attitudes. In L.E. Tetrick, J. Barling et al. (Eds.), Changing employment relations. Behavioral and social perspectives* (S. 91-108). Washington: APA.

[2] ROUSSEAU, D.M. (1995). *Psychological contracts in organizations. Understanding written an unwritten agreements.* Newbury Park, CA: Sage.

[3] ROBINSON, S.L. & MORRISON, E.W. (1995). *Psychological contracts and OCB: The effect of unfulfilled obligations on civic virtue behavior. Journal of Organizational Behavior, 16, S. 289-298.*

[4] ROBINSON, S.L., KRAATZ, M.S. & ROUSSEAU, D.M. (1994). *Changing obligations and the psychological contract: A longitudinal study. Academy of Management Journal, 37, S. 137-152.*

[5] DAVY, J.A., KINICKI, A.J. & SCHECK C.L. (1997). *A test of job security's direct and mediated effects on withdrawl cognitions. Journal of Organizational Behavior, 18, S. 323-349.*

[6] BENZ, D., *Motivation und Befinden bei betrieblichen Veränderungen, Weinheim 2002*

[7]   BLEICHER, K., *Das Konzept integriertes Management, Frankfurt/Main, 7. überarb. und erw. Aufl. 2004.*

[8]   THUL, M. J.; BENZ, D.; ZINK, K. J. (2003): *Betriebliches Gesundheitsmanagement - Ziele, Kennzeichen und praktische Umsetzung im Global Logistics Center Germersheim. In: Landau, K. (Hrsg.): Arbeitsgestaltung und Ergonomie. Good Practice. Stuttgart, 2003, S. 499 – 517*

[9]   GÜHRS, M. & NOWAK, C., *Trainingshandbuch zur konstruktiven Gesprächsführung, Meezen 2003.*

[10]   THUL, M. J., *Gesunde Mitarbeiter – Ziel nachhaltiger Unternehmensführung, in: Kromm, W., Frank, G. (Hrsg), Unternehmensressource Gesundheit. Symposion Publishing, Düsseldorf 2009, S. 133ff*

Zusammenfassung

Kernelement ist ein Perspektivenwechsel: Gesund-
heits- statt Fehlzeitenmanagement. Dies wird insbesondere vor dem Hintergrund einer alternden Be-
schäftigtenstruktur zunehmend bedeutsam, erinnert
doch das reine Senken von Fehlzeiten oftmals dem
Bemühen, einem abfahrenden Zug hinterherzu-
rennen. Gesundheit wird hier als Leistungsfähigkeit
und Leistungsbereitschaft von MitarbeiterInnen und
Führungskräften verstanden. Acht Stellhebel zu deren
Förderung werden an Beispielen in die Praxis über-
setzt. Werden sie realisiert, gleichen sie einem Orga-
nisationsentwicklungsprozess, bei dem Gesundheitsmanagement in die Unternehmensführung integriert
werden kann. Gesundheitsmanagement wie hier
beschrieben erscheint daher auf der einen Seite als
komplex, vielleicht auch als aufwändig bis hin zu visi-
onär. Auf der anderen Seite sind durch die Integration
keine speziellen Prozesse mehr notwendig und es ist
leicht herauszufinden, was das individuelle Arbeitssystem braucht, um seine Mitarbeiter leistungsfähig
und motiviert zu halten. Die Fehlzeiten werden dabei
– quasi als Nebenprodukt – automatisch rückläufig.

Gesundheitsmonitor für Unternehmen

Wer die Gesundheit in einem Unternehmen managen möchte, muss messen können, wie es um sie bestellt ist. Der Gesundheitsmonitor verknüpft die Instrumente Mitarbeiterbefragung und gesundheitliche Vorsorgeuntersuchung und bindet sie reibungslos in die Betriebsabläufe ein.

In diesem Beitrag erfahren Sie:
- wie Sie gesundheitliche Ressourcen und Belastungen in Ihrem Unternehmen messen können.
- wie Sie Mitarbeiterbefragung, Managementanalyse und Gesundheitsvorsorge verknüpfen.
- welche Themen ein Monitoringsystem für das betriebliche Gesundheitsmanagement beinhaltet.

JOACHIM E. FISCHER

Einleitung und Übersicht

Wer nicht misst, kann auch nicht managen. Gesundheitsmanagement ohne Messinstrumente ist wie Geschwindigkeitskontrolle ohne Tachometer. Weil Fehlzeiten die Indikatoren für verpasste Chancen der Vergangenheit sind, eignen sie sich nicht als alleinige Kennziffer für die Erfolgskontrolle gesundheitsförderlicher Bemühungen im Betrieb. Noch weniger geben Fehlzeiten Auskunft über mögliche Ursachen. Fehlzeitenstatistiken orientieren allenfalls darüber, welche vom Arzt auf der offiziellen Krankheitsbescheinigung niedergelegten medizinischen Diagnosen als Begründung für längere Abwesenheit vom Arbeitsplatz hinreichen. Fehlzeitenstatistiken geben auch keine Auskunft über die Leistungsbereitschaft und die Leistungsfähigkeit der Anwesenden. Mitarbeiter verhalten sich nicht wie Maschinen, die entweder kaputt sind oder in einer kleinen Bandbreite der Nennleistung arbeiten. Abwesende Mitarbeiter fallen genauso aus, wie eine kaputte Maschine, aber Anwesenheit am Arbeitsplatz bedeutet noch lange nicht optimale Leistung und bestmöglichen Einsatz.

Mitarbeiterbefragungen versuchen unter den Anwesenden, den Zustand organisatorischer Themen, von Engagement, Unternehmenskultur und gelebter Wertewirklichkeit zu ergründen. Selten indes werden die Daten von Mitarbeiterbefragungen mit den Erfolgskennziffern von Unternehmen verknüpft. Noch seltener fragen Unternehmen ihre Mitarbeiter direkt nach subjektiver Gesundheit, nach persönlichen und betrieblichen Ressourcen oder nach den erlebten psychosozialen Belastungen. Austausch zwischen Mitarbeiterbefragung und Gesundheitsmanagement ist rar.

Die Kennziffern des Gesundheitsmanagement sind daher in den meisten Unternehmen etwa vergleichbar mit den Instrumenten in Sportflugzeugen. Sie sind geeignet für Sichtflug entlang medizinisch klar erkennbarer diagnostischer Konturen, sie sind aber kaum geeignet, im Nebel und Gewölk arbeitsbedingter psychosozialer Belastungen und in einem sich immer rascher wandelnden globalen Umfeld zu navigieren. Sichere Navigation statt gesundheitlicher Blindflug wäre indes wünschenswert angesichts der starken Zunahme stressassoziierter Erkrankungen und Leistungsminderungen.

In Reaktion auf die stark gewandelten modernen Arbeitsplätze mit ihren immer komplexeren Produktionsabläufen wurde zuerst an der Eidgenössisch Technischen Hochschule Zürich und später am Mannheimer Institut für Public Health der Universität Heidelberg in Zusammenarbeit mit international renommierten Stressforschern ein modulares Analyseinstrument entwickelt, das die Vorzüge der Mitarbeiterbefragung, einer persönlichen Gesundheitsanalyse, stressbiologischer Messverfahren und der Essentials aus Manager-Checks vereint. Das nachfolgende Kapitel beschreibt dieses Instrument, das im Work-Health-Check die persönliche Gesundheitsuntersuchung und im Work-Health-Profiler die Analyse von Unternehmen in einem durchgängigen System von Kennziffern und Indikatoren verbindet.

216

Der Work-Health-Check ist die persönliche Gesundheitsuntersuchung, über dessen Befunde die Teilnehmer einen individualisierten Gesundheitsbericht erhalten. Der Work-Health-Profiler baut auf diese Gesundheitsfakten auf und fasst die Einzelbefunde unter Wahrung der Anonymität für Unternehmen und Abteilungen zusammen. Der Work-Health-Profiler ergänzt die gesundheitliche Befundung durch gesundheitsökonomische Beurteilung. Letztere unterstützt das Abschätzen mutmaßlicher betriebswirtschaftlicher Folgen geplanter Maßnahmen und erlaubt eine Priorisierung nach möglichem Nutzen. Der Work-Health-Profiler unterstützt Führungskräfte als Kompass in der Entwicklung einer nachhaltigen und gesundheitsorientierten Unternehmenskultur. Dieses Kapitel stellt den Hintergrund bisheriger Verfahren, die Entwicklung, den Fragebogen, die möglichen medizinischen Module sowie die Individualberichte und Unternehmensauswertungen vor.

Bisherige Verfahren und Ansätze

Typischerweise versuchen Mitarbeiterbefragungen Erkenntnisse über die Organisation, die Arbeitszufriedenheit und mögliche Entwicklungspotenziale zu erlangen. In der Regel erfassen die Fragebögen Arbeitsbedingungen, Aspekte der Unternehmenskultur, Werte, Führungsqualität, Engagement und Arbeitszufriedenheit. Beispiele sind die konzernweite, regelmäßige Mitarbeiterbefragung bei Bertelsmann, oder etwa die Umfrage des »Great-place-to-Work«-Institutes. Bisher existiert indes keine Tradition, die Grundlagen dieser Mitarbeiterbefragungen in wissenschaftlichen Fachzeitschriften für andere nachvollziehbar zu veröffentlichen. Eher handhaben die Unternehmen und Autoren die Komposition der Fragebögen und ihre Auswertung wie alchemistische Geheimrezepte. Soweit dem Autor Hintergrundinformationen zu einzelnen Fragebögen zugänglich sind, erfüllen manche dieser unpublizierten Instrumente in ihrer Erarbeitung die Kriterien höchster wissenschaftlicher Standards, während andere, in der wissenschaftlichen Literatur verbreitete Verfahren einer exakten methodologischen Überprüfung zuweilen nicht standhalten. Wissenschaftliche

217

Publikation allein ist also kein hinreichendes Gütekriterium. Im Gebiet fehlt jedoch weitgehend eine Standardisierung und eine einheitliche Vorgehensweise - und dies obwohl die Zahl der wichtigen, zu berücksichtigenden Konstrukte endlich ist.

Die klassische Mitarbeiterbefragung stößt überall dort an Grenzen, wo Gesundheitsmanagement Auskunft über die persönliche Gesundheit benötigte. Hier existieren international validierte Instrumente mit vorzüglichen psychometrischen Eigenschaften, länderspezifischen Normdaten und diagnosebezogenen Vergleichskennziffern, so etwa im SF-12 zur Beurteilung der gesundheitsbezogenen körperlichen und psychischen Lebensqualität. Ohne besondere Vorkehrungen des Datenschutzes und eine vorherige Akzeptanz bei den Mitarbeitern ist es jedoch fast unmöglich, direkte persönliche Fragen zur Gesundheit in einer allgemeinen Mitarbeiterbefragung einzuschließen.

Daher bleiben mögliche Zusammenhänge zwischen Arbeitsbedingungen und der Gesundheit oder den Beschwerden der Mitarbeitenden verborgen. Praktisch regelmäßig fehlt eine persönliche Rückmeldung an die Teilnehmer.

Neben fragebogenbasierten Verfahren existieren die objektive Arbeitsplatzanalyse durch Expertenbeobachtung und Expertenbegehung, die arbeitsmedizinischen Untersuchungen und qualitative Vorgehensweisen wie Gesundheitszirkel. Die objektive Arbeitsplatzanalyse liefert wertvolle Daten insbesondere zu organisatorischen und ergonomischen Vorgängen und erlaubt begrenzte Einblicke in die beobachtbare, gelebte Unternehmenskultur. Die arbeitsmedizinischen Untersuchungen beschränken sich meist auf messbare medizinische Sachverhalte und klammern bisher das Themenfeld Stress und stressassoziierte Erkrankungen häufig aus. Gesundheitszirkel erbringen – da es Mitarbeitern in der Regel leichter fällt praktische Themen anzusprechen – oft vor allem ergonomische und organisatorische Verbesserungsvorschläge. Ob schwieriger zu äußernde Themen wie Unternehmenskultur oder Führungsqualität ausgelotet werden, hängt häufig von der Erfahrung und Moderationskunst des Zirkelleiters ab.

218

Davon unabhängig ergänzen einzelne Firmen die arbeitsmedizinisch vorgeschriebenen Untersuchungen um Vorsorgeaktionen, etwa der Messung von Risikofaktoren für Herz-Kreislauf-Erkrankungen. Viele Unternehmen gewähren ihren Führungskräften umfangreiche medizinische Manager-Checks. Als Entwicklung der Wellness-Industrie finden sich neben dem reinen Checkup in einem Diagnoseinstitut immer mehr Angebote von Medical-Spa oder Medical-Wellness, die Untersuchung und Kurzurlaub verknüpfen. Die Spanne der angebotenen Untersuchungen reicht von sinnvollen medizinischen Laboruntersuchungen über fragwürdige Messwerte bis hin zu verschiedensten bildgebenden Verfahren wie Ultraschall, Computertomografie und Kernspintomografie. Fast allen Untersuchungen gemeinsam ist, dass sie sich an der medizinischen Fachdisziplin der Anbieter orientieren. Diese Checks erfassen indes in der Regel nicht, was für am Limit arbeitende körperlich gesunde Leistungsträger wichtig wäre: das Messen der biologischen Work-Life-Balance. Medizinisch sinnvolle Vorsorgeuntersuchungen, etwa eine immunologische Stuhluntersuchung auf Blut bei über 45-Jährigen, werden selten für alle Mitarbeiter angeboten. Wenn das Angebot schon einmal besteht, sind die Teilnahmeraten gering.

Fundierte stressphysiologische Untersuchungen blieben bislang auf den Forschungskontext beschränkt, beispielsweise in der britischen Whitehall-Studie an über 10.000 Staatsangestellten, oder etwa den stressbiologischen Forschungsansätzen der ETH Zürich. Derartige Untersuchungen fanden bisher mangels einfach in der Praxis einsetzbarer Verfahren praktisch keine Anwendung im Unternehmensalltag. Zur Kosten-Nutzen-Analyse existieren erste Versuche, Softfaktoren wie Gesundheit, Engagement oder Betriebsklima in betriebswirtschaftlich kalkulierbaren Größen auszudrücken. Einige dieser Ansätze, wie etwa das Dresdner Modell, lehnen sich an bewährte Methoden der Gesundheitsökonomie an, die Kosten und Nutzen unterschiedlicher Gesundheitsleistungen errechnen.

Entwicklung des Gesundheitsmonitors

Sowohl in der Forschung als auch für die Anwendung in Unternehmen fehlte bisher jedoch ein Instrument, das die Vorteile der bestehenden Verfahren integriert und das die Brücke von der Mitarbeiterbefragung zu einer Gesundheitsuntersuchung schlägt, die sowohl subjektive Gesundheit, Stressbelastung und Ressourcen erfasst, als auch objektive medizinische Daten einer präventivmedizinisch sinnvollen Vorsorgeuntersuchung mit persönlicher Rückmeldung an die Teilnehmer einschließt.

Das in diesem Kapitel vorgestellte Instrument entstand in zehnjähriger Entwicklungsarbeit aus einem gemeinsames Forschungsprojekt der Eidgenössischen Technischen Hochschule Zürich und einem Produktionsstandort des Flugzeugherstellers EADS [1]. Das Instrument sollte sowohl psychosoziale Belastungen als auch Ressourcen, Gesundheitsverhalten, Arbeitsbedingungen und subjektive Gesundheit erfragen als auch objektive medizinisch-biologische Indikatoren zu messen [2, 3]. Das Instrument sollte Teilnehmer in der Praxis über die Aussicht eines kostenlosen, persönlichen, ganzheitlichen Gesundheitschecks gewinnen. Die Forschergruppe nahm an, dass Mitarbeitende bei einer persönlichen Vorsorgeuntersuchung unter ärztlicher Leitung auch die Fragenkomplexe zu den Arbeitsbedingungen und zur Unternehmens- und Führungskultur erlebensnaher ausfüllen als bei einer anonymen Mitarbeiterbefragung.

Ziel war daher von Beginn an, die Teilnehmer mit einem verständlichen und ausführlichen persönlichen Gesundheitsbericht zu Eigenverantwortung und -initiative für ihre Gesundheit zu motivieren. Ziel war ferner, für das Unternehmen die üblicherweise sonst aus Mitarbeiterbefragungen destillierten Informationen mit den subjektiven und objektiven Gesundheitsindikatoren zu verknüpfen und diese Daten als Ausgangspunkt für gesundheitsbezogene Veränderungen zu nehmen. Die so gewonnenen Befunde wurden in mehreren Hundert Einzelgesprächen und Ergebnisworkshops mit der Unternehmenswirklichkeit abgeglichen. Iterativ entstanden unter Mitarbeit zahlreicher namhafter internationaler Wissenschaftler aus der Arbeits- und Organisationspsychologie, der Stressforschung, der Sozialepidemiologie, der Präventivmedizin und der Arbeitsmedizin der Work-Health-Check und der Work-Health-Profiler. Die zusammenfassenden Abteilungsberichte des Work-Health-Profilers sollten Führungskräften die notwendigen Informationen bereitstellen, Maßnahmen zur Organisationsentwicklung und zur Optimierung der Führungskultur zu ergreifen.

Fünf Anforderungen wurden an das Instrument gestellt:

⇨ Der Fragebogen sollte sowohl die Gesundheit und das Gesundheitsverhalten messen, als auch die wesentlichen gesundheitsrelevanten Aspekte der Unternehmenskultur und der Arbeitsbedingungen. Der Fragebogen sollte differenziert genug über unternehmensrelevante Fragen Auskunft geben, um anstelle einer Mitarbeiterbefragung eingesetzt werden zu können.

⇨ Die medizinische Untersuchung sollte präventivmedizinisch sinnvolle Messwerte umfassen, insbesondere zur Abklärung des Herz-Kreislauf-Risikos. Die medizinische Untersuchung sollte ferner wichtige stressphysiologische Messwerte einschließen, um chronische Stressbelastung objektivieren zu können.

⇨ Die Integration der Untersuchung in die Betriebsabläufe, die Minimierung von Warte-, Transfer- und Untersuchungszeiten, die Optimierung der Untersuchungsabläufe und eine gezielte PR-Arbeit im Unternehmen sollten einerseits direkte und indirekte Kosten minimieren und andererseits Teilnehmerraten von 60 Prozent oder höher sicherstellen.

⇨ Die Berichte des Instruments sollten intuitiv verständlich sein. Die Teilnehmer sollten durch die Berichte nicht ermahnt werden, sondern im Sinne von Gesundheitsförderung zu positiven Veränderungen ermuntert werden. Die Berichte für das Unternehmen sollten Beratungsgespräche dahin unterstützen, Veränderungsziele erarbeiten zu können. Die Unternehmensberichte sollten eine ökonomische Bewertung der Ergebnisse unterstützen oder beinhalten.

⇨ Sowohl Fragebogen wie auch die medizinische Untersuchung sollten als modulares System gestaltet sein, um ein Angebotspektrum
von der einfachen internetbasierten Fragebogen-Untersuchung bis
hin zum hochwertigen Manager-Check-Up zu umfassen.

Das wissenschaftliche Fundament

Das wissenschaftliche Fundament geht auf verschiedenen wissenschaftliche Langzeituntersuchungen zurück, unter anderem die
Whithall-II Studie an britischen Staatsangestellten [4-7]. Diese und
andere Untersuchungen untermauerten den Befund, dass ungünstige
psychosoziale Arbeitsbedingungen das Risiko für Herz-Kreislauf-Erkrankungen mehr als verdoppeln. Zu Beginn der Entwicklung des
Instruments vor 10 Jahren existierten bereits Ansätze, psychosoziale
Belastungen am Arbeitsplatz zu messen, doch waren biologischen
Mechanismen wie auch die Fragen nach dem Zusammenhang mit
anderen Aspekten der Unternehmenskultur noch recht ungeklärt [8].
Die Forschungsgruppe des Autors knüpfte daher ausgehend vom Institut für Verhaltenswissenschaften der ETH Zürich wissenschaftliche
Netzwerke in verschiedene Richtungen: einerseits zu den führenden
biologisch orientierten Stressforschern in Nordamerika und Europa,
andererseits zu den Studienleitern der großen Langzeitstudien an der
Harvard School of Public Health, zu Studien mit Fokus auf Arbeitsbedingungen in London (Sir Michael Marmot) und Schweden (Töres
Theorell) und schließlich zur Arbeits- und Organisationspsychologie.

Konzeptionell baute die Arbeitsgruppe auf das vom amerikanischen Stressforscher Bruce McEwen erweiterte Allostase-Modell
auf und ergänzte das dort eingesetzte stressbiologische Messmodell
[9-11]. Das Konzept der Allostase besagt stark vereinfacht, dass
psychosoziale Belastungen eine primär gesunde biologische Anpassungsreaktion hervorrufen (etwa bei einem Schreck spannt sich die
Muskulatur an und beschleunigt sich der Herzschlag in Vorbereitung
auf eine mögliche Flucht). Chronische psychosoziale Belastungen
indes können diese Anpassungsmechanismen medizinisch messbar
und ungünstig verstellen und auf Dauer zu biologischem Verschleiß

führen (Allostatische Last): etwa in erhöhtem Blutdruck und der daraus beschleunigten Arterienverkalkung, einem erhöhten Blutzucker, erhöhter Entzündungsbereitschaft [12, 13]. Ferner erhöht chronische Belastung über biologisch weniger erholsamem Schlaf das Risiko von Burnout. Bis heute haben die Mitglieder der Arbeitsgruppe über 70 wissenschaftliche Publikationen zu diesen Themen in internationalen Fachzeitschriften veröffentlicht.

Es gibt daher keinen Zweifel, dass die Arbeitsbedingungen die psychische und biologische Gesundheit beeinflussen. Die Folgen reichen von Burnout über Rückenschmerzen bis hin zur Erkältungshäufigkeit. Daher spricht wissenschaftlich wenig gegen die Aussage in einer Studie der Techniker Krankenkasse, dass vermutlich ein Drittel aller Fehlzeiten mit stressassoziierten Erkrankungen zusammenhängen. Wesentlich ist, die gesundheitlich relevanten Aspekte der Unternehmenskultur bezogen auf die Arbeitsbedingungen im ersten Jahrzehnt des 21. Jahrhunderts richtig zu messen und nicht einfach anzunehmen, dass Instrumente und Fragen aus den 80er Jahren des vergangenen Jahrhunderts heute noch immer angemessen sind. Trotz über einem Dutzend wissenschaftlichen Veröffentlichungen zu den eingesetzten Fragebogeninstrumenten, zahlreichen psychologischen Doktorarbeiten zur Optimierung des Fragebogens, überarbeitete die Arbeitsgruppe daher von 2007 bis 2009 das Instrument nochmals, verkürzte es und verglich es mit anderen etablierten Messverfahren.

Betriebliches Gesundheitsmanagement braucht nicht nur eigene Kennziffern, diese Kennziffern müssen sich auch in der betriebswirtschaftlichen Planung in Geldwerte umrechnen lassen – spätestens dann, wenn Maßnahmen ergriffen werden sollen, denn bewilligte Ressourcen können nur einmal ausgegeben werden. Aus unternehmerischer Sicht sind daher zuverlässige Return-on-Investment Berechnungen unabdingbar. Auf diese Fragen richtet sich der aktuelle Forschungsfokus der Arbeitsgruppe. Im Herbst 2009 soll ein erstes Modell der betriebswirtschaftlichen Bewertung in den Work-Health-Profiler integriert und in Zusammenarbeit mit Unternehmen in den folgenden Jahren optimiert werden.

Der Fragebogen

Der Fragebogen enthält in Kurzform die wesentlichen theoretischen Modelle zur Beschreibung der Arbeitsbedingungen [14-16], ferner Skalen zur persönlichen Gesundheit [17], zum Gesundheitsverhalten und zu Bewältigungsstrategien. Der Fragebogen erfasst sowohl Belastungen, als auch Ressourcen. Im Durchschnitt ist der Fragebogen in etwa 30 Minuten auszufüllen. Der Ausgangspunkt des aktuellen Fragebogens im Work-Health-Check und Work-Health-Profiler war das Forschungsinstrument der Arbeitsgruppe, das aus Komponenten international gebräuchlicher Skalen kompiliert war. Das Forschungsinstrument enthielt vornehmlich Skalen, für die in wissenschaftlichen Langzeitstudien ein bedeutsamer Zusammenhang zwischen einem bestimmten Merkmal – etwa der Fairness in Organisationen – und langfristigen gesundheitlichen Folgen belegt werden konnte. Zur Messung des subjektiven Gesundheitszustandes wurden ebenfalls in der internationalen wissenschaftlichen Literatur bewährte Instrumente aufgenommen.

Das resultierende Basis-Forschungsinstrument wurde zusätzlich mit den Instrumenten bekannter Mitarbeiterbefragungen verglichen, etwa der Mitarbeiter-Befragung des Bertelsmann-Konzerns, den Fragen des Gallup-Instituts oder dem umfassenderen Fragebogen des Great-Place-to-Work-Instituts. Ebenfalls berücksichtigt wurden in der Entwicklung der Work-Ability-Index von Illmarinen, sowie zusammengesetzte Instrumente, wie die salutogenetische Arbeitsplatzanalyse (SALSA) von Rieman und Udris und der in Dänemark entwickelte COPSOQ. Mit Variablen wie Tätigkeitsspielraum, Lernförderlichkeit, Partizipation, soziale Unterstützung, Führung, Commitment, Anerkennung, Work-Life-Balance, Reward sind wichtige Ressourcen enthalten. Das Instrument fokussiert nicht nur auf den Arbeitsbereich, sondern erfasst im Sinne einer ganzheitlichen Perspektive auch individuelle Einstellungen und Werte, das soziale Umfeld sowie die sozioökonomischen Daten. Aus dem Forschungsinstrument mit mehr als 400 Items entstand die verkürzte englischsprachige Urfassung des

Work-Health-Check von halbem Umfang, in welchem die einzelnen
Skalen von 8 bis 12 Items auf 3 bis 5 Einzelfragen verkürzt wurden.

Tabelle 1: Fragegruppen und Themen im Work-Health-Check

Thema	Erläuterung
Allgemeine Angaben zur Person	Sozioökonomischer Status, Berufsgruppe, Tätigkeit, Beschäftigungsgrad in Anlehnung an die Erhebungsmethoden des Robert-Koch-Instituts
Gruppe subjektive Gesundheit	
Gesundheitliche Lebensqualität	Lizenzierte Version des SF-12 zur körperlichen und psychischen Lebensqualität. Eine weltweit in der medizinischen Outcome-Forschung sehr verbreitetes Instrument mit hervorragenden psychometrischen Eigenschaften. Ergänzt um Items für Depression aus SF-36.
Symptome und Beschwerden	Funktionelle Beschwerden nach der von Zerrsen-Skala.
Erschöpfung	Erschöpfungsfragebogen nach Appels ergänzt um Fragen zu Burnout.
Gesundheitserwartungen	Kernfragen des Work-Ability-Index nach Illmarinen.
Vorsorgemaßnahmen	Identifikation möglicher Handlungsfelder und Präferenzen für die persönliche Vorsorge und Gesundheitsförderung.
Krankheiten	Kurze Liste der Vorerkrankungen, Kategorien nach dem Carlsson Comorbidity Index sowie dem Work-Ability-Index von Ilmarinen.
Familienanamnese	Wesentliche Fragen zur familiären Belastung hinsichtlich Herz-Kreislauf-Erkrankungen sowie Krebserkrankungen.

Tabelle 1: Fragegruppen und Themen im Work-Health-Check (Fortsetzung)	
Thema	**Erläuterung**
Gruppe persönliche Ressourcen	
Lebensgewohnheiten	Fragen zu Rauchen, Alkoholkonsum, Ernährungsstil, sowie körperlicher Akvitität bei der Arbeit und in der Freizeit.
Schlaf	Schlafqualität und Schlafprobleme abgeleitet aus dem Jenkins Sleep Quality Fragebogen.
Schlafgewohnheiten	Schlafdauer und sowie Screeningfragen zum Schlafapnoe-Syndrom nach dem Berliner Fragebogen.
Bewältigung	Selbstwirksamkeitserwartung nach der Kurzskala von Schwarzer.
Stimmung und Kontakte	Typ-D Persönlickeit nach Denollet.
Soziale Unterstützung	Qualität des persönlichen sozialen Netzes als wesentlicher privater Ressource, nach der Skala aus der ENRICHD-Studie zu Herzinfarkt.
Fähigkeit von der Arbeit Abschalten zu können	Verausgabungsbereitschaft – Skala nach Siegrist.
Gruppe Belastungen	
Stressbelastung	Stressfragen nach der weltweiten Interheart-Studie zum Vergleich von Risikofaktoren für Herzinfarkt. In der Interheartstudie so bedeutsam wie Rauchen.
Stressempfinden	Subjektives Stressempfinden nach der »perceived stress scale« von Cohen.
Sorgen	Anhaltende Sorgen gelten als Risikofaktor für Depression und Burnout und erniedrigen die Aktivität des erholungsfördernden parasympathischen vegetativen Nervensystems.

Tabelle 1: Fragegruppen und Themen im Work-Health-Check (Fortsetzung)

Thema	Erläuterung
Gruppe Ressourcen bei der Arbeit	
Arbeitszufriedenheit und Work-Life-Balance	Fragen zur Arbeitszufriedenheit und Work-Life-Balance in Anlehnung an das Konstrukt »sense of coherence« von Antonovsky.
Arbeitsbedingungen	Arbeitsanforderungen, Handlungsspielraum, Arbeitsmittel, Information, Ressourcen bei der Arbeit in Weiterentwicklung des Job-Demand-Control Modells von Karasek und Theorell.
Kritik, Lob, Beachtung	Haltungen und gelebtes Verhalten im Unternehmen.
Persönliche Entwicklung	Fragen zur persönlichen Weiterentwicklung im Unternehmen.
Vertrauen, soziales Kapital	Kollegiales Betriebsklima, soziale Unterstützung bei der Arbeit.
Partizipation	Fragen nach der Möglichkeit, wie sich Mitarbeiter auch bei Entscheidungsprozessen einbringen können nach einem von Kivimäki entwickelten und in Finnland sowie der Whitehall-Studie eingesetzten Instruments.
Führungsstil	Unterstützendes und faires Führungsverhalten nach Skalen des SALSA und aus der Whitehall-Studie.
Werte und Unternehmenskultur	Fragen zum Engagement, zur Kongruenz gelebter Werte mit Unternehmensleitbild sowie zur Gleichberechtigung aller im Unternehmen.
Gratifikationsindex	Effort-Reward-Imbalance nach Siegrist, Kurzform. Skala die das Verhältnis zwischen abverlangter Leistung und Einsatz sowie erlebter Wertschätzung in Form von Anerkennung, Chancen, Sicherheit und Lohn erfasst.

Medizinisch sinnvolle Messwerte

Medizinisch sinnvolle Messwerte sollten sich nach dem ausrichten, was im jeweiligen Alter für alle Menschen eine relevante Untersuchungsmaßnahme ist. Der Gemeinsame Bundesausschuss hat in Deutschland dafür einige Leistungen vorgesehen, so etwa den Check-up 35 mit einer sehr basalen Untersuchung des Herz-Kreislauf-Risikos verbunden mit einer körperlichen Untersuchung oder etwa mit der gestaffelten Vorsorgeuntersuchung für Darmkrebs. Vorsorgeuntersuchungen sollen chronische gesundheitliche Belastungen wie etwa Bluthochdruck, hohen Gehalt an ungünstigen Blutfetten oder hohen Blutzucker frühzeitig erkennen - Jahrzehnte vor den möglichen langfristigen Folgen wie Herzinfarkt oder Schlaganfall.

Zahlreiche ärztliche Dienstleister und Institute bieten aufwändige Manager-Check-Untersuchungen an. In der Regel stehen eine umfangreiche medizinische Diagnostik und bildgebende Verfahren bis hin zur Kernspintomografie im Vordergrund. Diese Untersuchungen sind durchaus sinnvoll in fortgeschrittenem Alter, etwa bei über 70-Jährigen. In dieser Altersgruppe steigt das Krebsrisiko und und sind organische Veränderungen häufig. Bei gesunden 40-Jährigen sind behandlungsbedürftige Befunde sehr selten. Ohne Fokus auf Lebensstil und Stressbewältigung zielen daher die rein medizinischen Check-Ups etwas an den Nöten und Bedürfnissen der Leistungserbringer vorbei. Sie sind in aller Regel im besten Alter zwischen 35 und 50 und fast immer körperlich sehr gesund. Sie arbeiten häufig an der maximalen Leistungsgrenze. Es geht eher darum, die Work-Life-Balance zu bewahren und einen Burnout zu vermeiden, als darum, ob »Work-Wine-Balance« zu einer im Ultraschall sichtbaren leichten Leberverfettung beigetragen hat.

Beim Work-Health-Check als mögliches Vorsorgeangebot für alle Mitarbeiter wurden die medizinischen Parameter sowohl hinsichtlich der möglichen medizinischen Konsequenz und Handlungsfolgen als auch mit Blick auf die Kosten ausgewählt. Zu den eingeschlossenen Messwerten gehören etwa die Bestimmung des Blutdrucks und der Blutfette als früh behandelbare unsichtbare Risikofaktoren für Herz-

228

Kreis-Lauferkrankungen sowie die Aufzeichnung des Herzschlags über 12 - 40 Stunden. Aus den feinen Schwankungen des Abstands zwischen jeweils zwei Herzschlägen, der sogenannten Herzfrequenzvariabilität, lässt sich die Aktivität des parasympathischen vegetativen Nervensystems ablesen. Dieses System wirkt als »biologische Stressbremse« und aktiviert die Erholungssysteme des Organismus. Bei Burnoutgefährdeten ist die Aktivität in aller Regel vermindert. Weitere Module sind die Fotografie des Augenhintergrunds, die eine Früherkennung von Veränderungen an den kleinsten Blutgefäßen erlaubt oder die immunologische Untersuchung auf Blut im Stuhl als Beitrag zur Darmkrebs-Vorsorge. Tabelle 2 gibt eine Übersicht über die eingeschlossenen Messwerte. Der Work-Health-Check kann auch ohne medizinische Untersuchung durchgeführt werden. Wenn Teilnehmer die ihnen bekannten Werte online oder auf dem Fragebogen angeben, erhalten sie dafür auch Befundinformation, etwa die Berechnung des biologischen Risikoalters.

Tabelle 2: Enthaltene medizinische Messwerte im Basisinstrument	
Gruppe Laborwerte	
Indikatoren	**Erläuterung**
Blutzellen (Blutbild, Blutplättchen)	Grundlegende Eckwerte der Immunaktivität und des Gehalts an roten Blutzellen, preisgünstiger Parameter, in weitem Normalbereich alleine ohne wesentliche Aussagekraft.
Blutfette (HDL, LDL, Triglyceride)	Wichtigste Risikofaktoren für Arterienverkalkung und damit für Herzinfarkt, Gefäßverschluss und Schlaganfall. Insbesondere bei ungünstigen Fettverhältnissen (hoes LDL, sehr hohe Triglyceride, niedriges HDL).
Entzündungsaktivität (CRP, Leberwerte)	Zusätzlicher unabhängiger Risikofaktor für Herz-Kreislauf-Erkrankungen, erhöhte Grundaktivität bei vermindertem Tonus des parasympathischen Nervensystems.
Blutzuckerstoffwechsel	Beurteilung des Risikos für Diabetes aus Nüchternblutzucker, der Zuckeranlagerung auf dem roten Blutfarbstoff (HbA1c) und dem Nüchtern-Insulinwert.

Tabelle 2: Enthaltene medizinische Messwerte im Basisinstrument (Fortsetzung)	
Gruppe Laborwerte	
Indikatoren	**Erläuterung**
Schilddrüsenfunktion	Unter- und seltener Überfunktion der Schilddrüse geht mit diffusen unspezifischen Krankheitszeichen einher, ist in der Bevölkerung nicht selten und leicht behandelbar.
Nierenfunktion	Frühzeichen einer möglicherweise reversiblen Nierenschädigung, z. B. durch Bluthochdruck ist die Ausscheidung kleinster Eiweißmengen im Urin.
Vitamin D Spiegel	Gerade im Frühjahr in Deutschland bei vielen älteren Menschen erniedrigte Vitamin-D-Spiegel (aktive Form wird in der Haut unter Sonneneinstrahlung gebildet). Erhöhtes Risiko für Osteoporose, Depression, Herz-Kreislauferkrankungen und möglicherweise Krebs.
Darmkrebsvorsorge	Immunologischer Test auf Blut im Stuhl. Gegenüber dem von den gesetzlichen
fett Gruppe Messwerte	
Blutdruck	Systolischer und diastolischer Blutdruck nach standardisierter Ruhephase im Sitzen.
Körpermaße	Body-Mass-Index, Bauchumfang und Verhältnis von Bauch zu Hüftumfang.
Herzfrequenzvariabilität	12-24 Stunden Aufzeichnung und Darstellung der Herzfrequenzvariabilität in 5-Minuten-Intervallen über Wach- und Schlafzeit. Index für die Aktivität des Parasympathikus und Erholung. Frühindikator für Veränderungen bei hohem Stress oder bei Erholung / regelmäßige körperliche Bewegung.
Augenhintergrund	Fotografie mittels Visucam-Kamera und offline-Beurteilung durch Augenfacharzt. Zusätzlich Messung der Refraktion (Sehschärfe) und des Augeninnendrucks (Glaukom-Screening).

Der Bericht für Teilnehmer

Wer Mitarbeiter zu mehr Selbstverantwortung für die eigene Gesundheit bewegen möchte, muss gut informieren. Allgemeinen Aufklärungsbroschüren sind weitgehend wirkungslos. Die wirksamsten schriftlichen Dokumente sind persönliche, auf den Einzelnen bezogene Informationen. Daher ist der persönliche Gesundheitsbericht das wesentliche Ergebnis für Teilnehmer des Work-Health-Check. Der Bericht ist ebenso wie die Untersuchung modular aufgebaut. Der Bericht kann entweder gedruckt versandt oder als verschlüsseltes PDF übermittelt werden.

Der Bericht gliedert sich in vier Abschnitte: Das Radarchart ist eine intuitiv verständliche Übersichtsgrafik über die Fragebogendaten (siehe Abbildung 1). Die tabellarische und grafische Übersicht über die Befunde fasst die Daten auf wenigen Seiten zusammen. Die ausführliche Beurteilung der einzelnen Ergebnisse und schließlich die Grafiken und Bilder zu weitergehenden Untersuchungen wie Herz-Frequenz-Variabilität oder Fotografie des Augenhintergrunds liefern ausführliche Information.

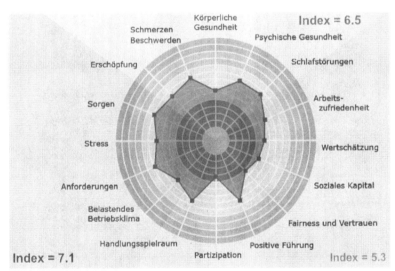

Abb. 1: *Radarchart zur Übersicht über die wichtigsten mit dem Fragebogen erfassten Skalen. Angezeigt sind der Gesundheitsindex, der Ressourcenindex und der Index der Belastungen. Der mittlere Kreis entspricht dem Durchschnitt der Vergleichs-Bevölkerung.*

Zu jedem Einzelwert erhalten die Teilnehmer eine kurze Erläuterung des Wertes, sowie eine nach Alter, Geschlecht angepasste Beurteilung des persönlichen Wertes. Die Beurteilungen des persönlichen Wertes sind zusätzlich in den Ampelfarben unterlegt. Dunkelgrün steht für eine Stärke oder Ressource, hellgrün für günstige Werte, beige für noch normale Werte ohne besonders schützenden Effekt, gelb für mögliche Belastungen und rostrot für dringend weiter zu verfolgende und möglicherweise gefährdende Befunde. Wo entsprechende Empfehlungen der Fachgesellschaften oder der WHO für Grenzwerte vorliegen, orientiert sich die Farbwahl und diesen Vorgaben (zum Beispiel definieren die WHO und Fachgesellschaften einen systolischen Blutdruck von über 160 mm Hg als behandlungsbedürftigen Bluthochdruck, daher die Farbe rostrot). Ein Expertensystem generiert anhand der Befunde spezifische persönliche Einzelbeurteilungen (etwa zu einem erhöhten Blutdruck). Auf dem Befundbericht sind zu verschiedenen Beurteilungen Codes angegeben, die Zugang zu weiterführenden Informationen im Internet eröffnen.

Optional kann der Befundbericht durch einen persönlichen Arztbericht ergänzt werden. Alle Berichte enthalten die Berechnung zusammenfassender Indizes, etwa für subjektive Gesundheit oder persönliche Ressourcen. Ferner wird das biologische Herz-Kreislauf-Risiko-Alter im Vergleich zum kalendarischen Alter angegeben. Diese Risikoberechnung basiert auf den Formeln des Framingham- und des Procam-Scores zur Errechnung des Herzkreislauf-Risikos, sowie den Formeln des CARRISMA-Scores, der über Labor- und Messwerte auch das Gesundheitsverhalten berücksichtigt [18].

Der Bericht für Unternehmen

Für das Management und die Führung eines Unternehmens sind Frühindikatoren zu den Arbeitsbedingungen, zur psychischen Belastung der Mitarbeitenden und zur Gesundheit wesentliche Voraussetzung zur Gestaltung der Verhältnisse und zur Steuerung eines strategischen Gesundheitsmanagement. Unternehmen benötigen daher Kennziffern, um innerhalb des Unternehmens Unterschiede zwischen

Abteilungen identifizieren zu können. Ein geflügeltes Wort besagt, dass »Fehlzeiten mit den Meistern umziehen«. Ohne glaubhafte Kennziffern lässt sich eine der Kernaufgaben von Führungskräften, nämlich die Gestaltung eines Betriebsklimas hoher Motivation, Verantwortung und Leistungsbereitschaft in einem Klima von Wertschätzung, Vertrauen und Respekt nicht dingfest machen. Gefragt sind daher Instrumente, die Stärken und Schwächen einer Organisation sichtbar machen und der Unternehmensleitung verhelfen, strategische Veränderungen in die gewünschte Richtung zu begründen, einzuleiten oder mit Zielvereinbarungen zu verknüpfen und das Erreichen der Ziele zu monitorisieren.

Derartige Kennziffern sollten ähnlich hierarchisch strukturiert sein, wie die Kennziffern in einer Erfolgsrechnung oder Bilanz. Ausgangspunkt vertiefenderer Analysen ist das weitere Differenzieren der einzelnen Positionen einer Bilanz oder der Kontengruppen in der Ertragsrechnung. Der Work-Health-Profiler fasst die Ergebnisse der Teilnehmer unter Wahrung des Datenschutzes auf Ebene von Abteilungen, Bereichen und für das ganze Unternehmen zusammen. Basis jeder Gruppenauswertung sind die von mindestens 10 Teilnehmern zusammengefassten Daten. Kleinere Auswertungseinheiten ergeben keine hinreichende statistische Sicherheit für einen Vergleich.

Ausgangspunkt der zusammenfassenden Analyse ist das geschätzte mediane Gesundheitsalter im Vergleich zum medianen kalendarischen Alter, vergleichbar den Aktiva und Passiva einer Bilanz. Das geschätzte Gesundheitsalter wird wie im Bericht für einzelne Teilnehmer zunächst als Herz-Kreislauf-Risiko-Alter errechnet, danach als Risiko-Alter unter Berücksichtigung des Gesundheitsverhaltens und schließlich als Risiko-Alter unter Berücksichtigung der psychosozialen Ressourcen und Belastungen. Auf der nächsten Ebene der Detailauswertung stehen zusammenfassende Kennziffern wie der Index »subjektive Gesundheit«, der Index »arbeitsbedingte Ressourcen«, der Index »persönliche Ressourcen«, der Index »Belastungen«, der Index »Gesundheitsverhalten« und der Index »gemessene Gesundheit«. Jeder einzelne Index enthält spezifische, abgegrenzte Skalen oder Merkmale, die aus jeweils 5 bis 10 Einzelfragen errechnet wurden. Auf der untersten Ebene stehen die Antworten zu den Einzelfragen.

Diese Daten erlauben den Vergleich von Abteilungen innerhalb eines Unternehmens, ermöglichen eine Verlaufskontrolle und liefern die Basis für das Benchmarking im Vergleich zu anderen Unternehmen der Branche oder der beschäftigten Bevölkerung. Optional besteht die Möglichkeit, Kennziffern des Unternehmens wie Fehlzeiten, Daten zur Qualität, zur Produktivität oder zur Innovationskraft (zum Beispiel Anzahl der Verbesserungsvorschläge) in das System zu integrieren. Für das Unternehmen resultiert ein Gesundheitsbericht, der über die reine Betrachtung üblicher Gesundheitsberichte nach Krankheiten hinausgeht und eine Analyse und Management der gesundheitlichen Ressourcen unterstützt.

Ausblick

Keine Einzeluntersuchung, keine Gruppenauswertung und kein Benchmarking im Vergleich zu anderen Unternehmen verändert etwas. Die Berichte für das Unternehmen können indes die Basis für eine bedarfsorientierte Planung von Veränderungen und Entwicklungsprozessen liefern und unterstützen Unternehmen über das interne Erfahrungswissen und qualitative Analysen hinaus in einem integrierten Gesundheitsmanagement. Fruchtbar für das Unternehmen wird der Work-Health-Profiler dann, wenn sich Entscheidungsträger, Linienmanagement, Personalentwicklung, Mitarbeitervertretung sowie Arbeitsschutz, Arbeitssicherheit und betriebsärztliche Dienste aufgrund der Datenbasis auf gemeinsames Vorgehen verständigen und dies auch umsetzen. In der Konsequenz zeigt sich der Meister.

Betriebliches Gesundheitsmanagement wird in Zukunft vermehrt zur mittelfristigen gesundheitlichen »Wettervorhersage« eingesetzt werden. Mit der Zunahme der psychischen Belastungen und der Zunahme der chronischen Erkrankungen in einer älter werdenden Belegschaft gewinnt die Prävention und das Abwenden von vermeidbaren Belastungen immer mehr an Gewicht. Dazu bedarf es Instrumente, die durch die persönliche Standortbestimmung den einzelnen

Mitarbeiter in seiner Selbstverantwortung für die eigene Gesundheit unterstützen, und die andererseits dem Unternehmen die Situation widerspiegeln. Unternehmen werden in Zukunft Verfahren benötigen, welche die ganze Spannbreite von Mitarbeiterbefragung eine persönliche Gesundheitsanalyse mit stressphysiologischen Messungen bis hin zur medizinischen Untersuchung integrieren – so wie heute moderne Business-Software alle monetären Geldflüsse von Personalentlohnung bis zu Bestellwesen und Lagerhaltung integriert. Das hier vorgestellte Instrument eignet sich durch seinen modularen Aufbau als zentrales Monitoringsystem für die Gesundheit und ihre Bedingungen in Unternehmen.

Literatur

[1] SCHNORPFEIL P, NOLL A, SCHULZE R, EHLERT U, FREY K, FISCHER JE, *Allostatic load and work conditions. Soc Sci Med 2003; 57:647-56.*

[2] FERRIE JE, HEAD J, SHIPLEY MJ, VAHTERA J, MARMOT MG, KIVIMAKI M, *Injustice at work and incidence of psychiatric morbidity: the Whitehall II study. Occup Environ Med 2006; 63:443-50.*

[3] SCHNORPFEIL P, NOLL A, WIRTZ P, SCHULZE R, EHLERT U, FREY K, FISCHER JE, *Assessment of exhaustion and related risk factors in employees in the manufacturing industry--a cross-sectional study. Int Arch Occup Environ Health 2002; 75:535-40.*

[4] KUMARI M, HEAD J, MARMOT M, *Prospective study of social and other risk factors for incidence of type 2 diabetes in the Whitehall II study. Arch Intern Med 2004; 164:1873-80.*

[5] STANSFELD SA, BOSMA H, HEMINGWAY H, MARMOT MG, *Psychosocial work characteristics and social support as predictors of SF-36 health functioning: the Whitehall II study. Psychosom Med 1998; 60:247-55.*

[6] BOSMA H, PETER R, SIEGRIST J, MARMOT M, *Two alternative job stress models and the risk of coronary heart disease. Am J Public Health 1998; 88:68-74.*

[7] MARMOT MG, BOSMA H, HEMINGWAY H, BRUNNER E, STANSFELD S, *Contribution of job control and other risk factors to social variations in coronary heart disease incidence. Lancet 1997; 350:235-9.*

[8] HEMINGWAY H, SHIPLEY M, BRUNNER E, BRITTON A, MALIK M, MARMOT M, *Does autonomic function link social position to coronary risk? The Whitehall II study. Circulation 2005; 111:3071-7.*

235

[9]   McEwen BS, *From molecules to mind. Stress, individual differences, and the social environment. Ann N Y Acad Sci 2001; 935:42-9.*

[10]   Seeman TE, McEwen BS, Rowe JW, Singer BH, *Allostatic load as a marker of cumulative biological risk: MacArthur studies of successful aging. Proc Natl Acad Sci U S A 2001; 98:4770-5.*

[11]   McEwen BS, *Stress, adaptation, and disease. Allostasis and allostatic load. Ann N Y Acad Sci 1998; 840:33-44.*

[12]   Thayer JF, Fischer JE, *Heart rate variability, overnight urinary norepinephrine and C-reactive protein: evidence for the cholinergic anti-inflammatory pathway in healthy human adults. J Intern Med 2009; 265:439-47.*

[13]   von Kanel R, Bellingrath S, Kudielka BM, *Association between burnout and circulating levels of pro- and anti-inflammatory cytokines in schoolteachers. J Psychosom Res 2008; 65:51-9.*

[14]   Kivimaki M, Ferrie JE, Head J, Shipley MJ, Vahtera J, Marmot MG, *Organisational justice and change in justice as predictors of employee health: the Whitehall II study. J Epidemiol Community Health 2004; 58:931-7.*

[15]   Kouvonen A, Kivimaki M, Vahtera J, Oksanen T, Elovainio M, Cox T, Virtanen M, Pentti J, Cox SJ, Wilkinson RG, *Psychometric evaluation of a short measure of social capital at work. BMC Public Health 2006; 6:251.*

[16]   Kivimaki M, Leino-Arjas P, Luukkonen R, Riihimaki H, Vahtera J, Kirjonen J, *Work stress and risk of cardiovascular mortality: prospective cohort study of industrial employees. BMJ 2002; 325:857.*

[17]   van den Berg TI, Alavinia SM, Bredt FJ, Lindeboom D, Elders LA, Burdorf A, *The influence of psychosocial factors at work and life style on health and work ability among professional workers. Int Arch Occup Environ Health 2008; 81:1029-36.*

[18]   Gohlke H, Winter M, Karoff M, Held K, CARRISMA: *a new tool to improve risk stratification and guidance of patients in cardiovascular risk management in primary prevention. Eur J Cardiovasc Prev Rehabil 2007; 14:141-8.*

Zusammenfassung

Der in diesem Beitrag vorgestellte Gesundheitsmonitor bündelt Evidenz aus Präventivmedizin, Stressforschung, Gesundheitsförderung und Organisationspsychologie. Es handelt sich um ein modulares Analyseinstrument, das die Vorzüge der Mitarbeiterbefragung, einer persönlichen Gesundheitsanalyse, stressbiologischer Messverfahren und der Essentials aus Manager-Checks vereint:

⇨ Der *Work-Health-Check* ist die persönliche Gesundheitsuntersuchung, über deren Befunde die Teilnehmer einen individualisierten Gesundheitsbericht erhalten.

⇨ Der *Work-Health-Profiler* baut auf diese Gesundheitsfakten auf und fasst die Einzelbefunde unter Wahrung der Anonymität für Unternehmen und Abteilungen zusammen.

Der Work-Health-Profiler unterstützt Führungskräfte als Kompass in der Entwicklung einer nachhaltigen und gesundheitsorientierten Unternehmenskultur. Das Instrument eignet sich durch seinen modularen Aufbau als zentrales Monitoringsystem für die Gesundheit und ihre Bedingungen in Unternehmen.

Gesund Führen

Erhöhter Stress bei weiblichen Führungskräften............... 241
GUDRUN SANDER, INES HARTMANN

Gesundheitsförderlich führen............................. 267
DANIELA EBERHARDT

Gesundheit ist Führungsthema –
ein Disput der Herausgeber.............................. 303
LUTZ BECKER, GUNTER FRANK, WALTER KROMM

Erhöhter Stress bei
weiblichen Führungskräften

Formal und juristisch sind die Frauen den Männern heute in den deutschsprachigen Ländern weitestgehend gleichgestellt. In der Realität sieht die Situation etwas anders aus – was vor allem für Frauen in Führungspositionen mehr Druck und damit auch eine zusätzliche Gesundheitsbelastung mit sich bringt.

In diesem Beitrag erfahren Sie:
- dass im betrieblichen Alltag ganz unterschiedliche Vorstellungen von Gleichstellung existieren,
- welche besonderen Erwartungen an Frauen in Führungspositionen hieraus resultieren,
- was Ihr Unternehmen tun kann, um den geschlechtsspezifischen Belastungen zu begegnen.

GUDRUN SANDER, INES HARTMANN

Perspektiven der Gleichstellung

Frauen in Führungspositionen sind immer noch eine Seltenheit. In der Schweiz hatten 2005 nur drei Prozent der börsennotierten Unternehmen eine Frau in der Geschäftsleitung. Im oberen und mittleren Management variieren die Anteile in Deutschland, Österreich und der Schweiz zwischen fünf und zehn Prozent, je nach Berechnungsgrundlage. Frauen in Aufsichts- oder Verwaltungsräten sind ebenso eine Rarität. Der Frauenanteil in Boards, Vorständen und Aufsichtsräten beträgt in Deutschland 10 Prozent, in der Schweiz 9 Prozent und in Österreich 7 Prozent. In Deutschland ist das gute Resultat aber darauf zurückzuführen, dass aufgrund Arbeitnehmendenvertretungen 20 Prozent Frauen in Aufsichtsräten sind, auf Anteilseignerseite jedoch nur 3 Prozent [1]. Einen Überblick über die Situation gibt auch der WEF Global Gender Gap Report 2007. Der Anteil Frauen an »Legislators, senior officials, and managers« beträgt demnach in Deutschland 35 Prozent, in der Schweiz 27 Prozent und in Österreich 28 Prozent [2].

Managerinnen sind in unseren Ländern also immer noch eine kleine Minderheit. Dass diese Minderheiten-Position auch erhöhten Stress verursachen und damit gesundheitliche Folgen haben kann, zählt zu den Besonderheiten von Frauen in Führungspositionen. Bevor wir diesen Aspekt detaillierter betrachten, soll zunächst ein anderer, wenig bekannter Zusammenhang aufgezeigt werden: Von dem, was unter Gleichstellung verstanden wird, gibt es ganz unterschiedliche Vorstellungen – und eben dies hat einen entscheidenden Einfluss darauf, welchen Erwartungen Frauen als Managerinnen ausgesetzt sind.

Die Rollenerwartungen an Frauen und Männer sind kulturspezifisch und historisch begründet und unterliegen einem ständigen Wandel. War es zum Beispiel vor 20 Jahren in Deutschland, der Schweiz und Österreich »normal«, dass sogenannte Ernährerlöhne bezahlt wurden, ist dies nunmehr gesetzlich verboten. Unter Ernährerlöhnen wird die Tatsache verstanden, dass ein Familienvater für die gleiche Tätigkeit mehr Lohn erhält als eine (alleinstehende) Frau oder ein unverheirateter Mann – eben mit der gesellschaftlichen Begründung, der Mann hätte ja eine Familie zu ernähren, die Frau oder der unverheiratete Mann hingegen nicht. Der gesellschaftliche Diskurs veränderte sich, und die Wertvorstellung eines gleichen Lohnes für gleiche oder gleichwertige Arbeit setzte sich mehrheitlich durch.

Dennoch stehen uns die alten Rollenbilder oftmals im Wege, wenn es zum Beispiel um die Frage von mehr Frauen in Führungspositionen geht. Diese sich laufend ändernden Rollenbilder im Sinne von Erwartungskomplexen an Frauen und Männer in unserer Gesellschaft korrespondieren auch mit unterschiedlichen Vorstellungen über das, was als »gute Gleichstellung« zu verstehen ist. Es gibt nicht *ein* universell gültiges Verständnis von Gleichstellung, vielmehr existieren derzeit drei bis vier verschiedene Perspektiven. Zum Ausdruck kommen diese Perspektiven in verschiedenen Konzepten und Modellen, die ihre Grundlagen in unterschiedlichen wissenschaftstheoretischen

Abb. 1: *Von der Theorie zur Maßnahme: Ebenen anwendungsorientierten Gleichstellungswissens [3, S.19]*

Positionen haben – und sich in der Folge auf die Wahl der Instrumente und Maßnahmen auswirken, um zum Beispiel den Anteil von Frauen in höheren Führungspositionen zu erhöhen (siehe Abb. 1).

Wie im Führungsalltag mit Managerinnen umgegangen wird, welche Organisationskultur für Führungsfrauen einfacher oder schwieriger ist, hängt oft (unbewusst) mit diesen verschiedenen Perspektiven von Gleichstellung zusammen. Es lohnt sich deshalb – gerade auch mit Blick auf die spezifischen Belastungen, denen Frauen dadurch im Führungsalltag ausgesetzt sind – auf die verschiedenen Perspektiven der Gleichstellung kurz einzugehen. Unterschieden werden üblicherweise: das Gerechtigkeits-Modell, der Differenz-Ansatz, der Diversity-Ansatz als erweiterter Differenzansatz und der Dekonstruktions-Ansatz [4, S.193 ff, und 7].

Die Gleichheits-Perspektive: Das Gerechtigkeits-Modell

Die Vertreterinnen und Vertreter des Gerechtigkeits-Modells gehen davon aus, dass Männer und Frauen »eigentlich« gleich sind, das heißt die grundsätzliche Annahme des Modells beruht auf der Ähnlichkeit zwischen Frauen und Männern. Das strategische Ziel ist somit, Frauen gleiche Zutrittschancen wie den Männern zu gewähren – sei es zu Führungspositionen, zu Bildung, zu politischer Macht, zu finanziellen Ressourcen. Begrifflich sprechen die Vertreter und Vertreterinnen des Modells deshalb auch oft von »Chancengleichheit«. In Bezug auf Managementaufgaben wird unterstellt, dass Frauen grundsätzlich genauso gute Führungskräfte sein können wie Männer. Problematisch an diesem Ansatz ist, dass zwar die Gleichwertigkeit männlicher und weiblicher Beiträge anerkannt wird, de facto aber eine kulturelle Anpassung an standardisierte männliche Normen erfolgt. »Bei uns haben Frauen die gleichen Chancen wie Männer. Wir nehmen nur die Besten«, ist ein häufig zu hörendes Argument in Unternehmen. Wenn dieses Modell in der Organisationskultur verankert ist, stehen die meist wenigen Führungsfrauen unter einem großen Anpassungsdruck: Sie haben nur dann eine Chance sich durchzusetzen, wenn sie sich so verhalten wie karrierebewusste Männer.

Die Vertreterinnen und Vertreter dieses Ansatzes reflektieren häufig nicht, dass die bestehende Unternehmenskultur und die Organisationsstrukturen im Zusammenarbeiten von Männern entstanden und unbewusst auf deren Bedürfnisse angepasst sind – zum Beispiel an den männlichen Vollzeit-Mitarbeiter oder -Manager, der seine Energien voll auf die Erwerbsarbeit konzentrieren kann. In der theoretischen Diskussion wird auch häufig von einer »Adding-Women-Perspektive« gesprochen. Die Hauptlast der Anpassung liegt bei den Frauen. In Kombination mit dem Minderheitenstatus, männlich dominierten Führungsvorstellungen und schlechteren Netzwerken (siehe nachfolgende Abschnitte), kann dies zu einer stärkeren Stressbelastung führen, die durchaus auch Auswirkungen auf die physische Gesundheit haben kann.

Die Differenz-Perspektive

Der Differenz-Ansatz hat sich als Antwort auf den Gerechtigkeits-Ansatz entwickelt, indem er die unterschiedlichen Lebensverhältnisse von Frauen und Männern ins Blickfeld rückt. Im Differenz-Ansatz wird von einer grundsätzlichen Verschiedenheit von Frauen und Männern ausgegangen, die überwiegend sozialisationsbedingt erklärt wird. Die männlichen und weiblichen Beiträge werden als gleichwertig und ergänzend, aber nicht identisch betrachtet. Das strategische Ziel dieses Ansatzes ist somit die Anerkennung der Verschiedenheit, aber Gleichwertigkeit der Geschlechter. Frauen denken anders, sie fühlen anders – und tragen mit anderen Ressourcen zu den Unternehmenszielen bei.

Es steht also in Bezug auf Führungsaufgaben nicht die Annahme im Vordergrund, dass Frauen in Führungspositionen das Gleiche tun und können wie Männer, sondern dass Frauen anders, aber weder besser noch schlechter mit Führungsaufgaben umgehen. Dementsprechend sollen durch den Einbezug beider Geschlechter im Management ganzheitlichere und umfassendere Lösungen gefunden werden.

Problematisch an dieser Vorstellung ist, dass sie Frauen (und auch Männer) auf das »Anders-Sein« festschreibt – mit der Folge, dass die Differenzen zwischen den Managerinnen und Managern überbetont werden. Dies erschwert zu einem gewissen Grad auch die Veränderung der Arbeitsbeziehungen zwischen Männern und Frauen (Frauen sind für das Klima und die Kommunikation im Team zuständig, Männer entscheiden). Dazu kommt, dass Differenz in unserer Gesellschaft häufig gleichzeitig mit einer hierarchischen Abgrenzung einhergeht: Der Beitrag zur Konfliktlösung durch eine Frau wird als weniger wertvoll erachtet, als der Beitrag eines Mannes zur Lösungsfindung. Ebenfalls problematisch ist die inhaltliche Bestimmung von Weiblichkeit und Männlichkeit, die sich – wie eingangs erwähnt – kulturhistorisch unterscheidet und laufend verändert. Kritisch ist vor allem die Annahme, es gäbe eine spezifisch weibliche bzw. eine spezifisch männliche Sicht der Welt, die ausschließlich dadurch geprägt ist, dem weiblichen bzw. männlichen Geschlecht anzugehören [5, S.33].

Ein Verständnis von Gleichstellung auf der Grundlage des Differenz-Ansatzes führt somit einerseits zu einer gleichwertigen Anerkennung der Beiträge und Leistungen von Frauen, kann andererseits aber auch dazu beitragen, dass traditionelle Rollenbilder und Stereotypen (zum Beispiel dass Führen männlich ist) weiter verfestigt werden. Überwiegt in einem Unternehmen diese Perspektive von Gleichstellung, sind Managerinnen häufig damit beschäftigt, um soziale Anerkennung zu ringen, in wirklich machtvolle Positionen zu kommen (Leiterin Finanzen und nicht Leiterin Human Ressources) und über den Status der »Klimaverbesserin« hinauszuwachsen. Besonders Managerinnen, die sich selber nicht auf diese Ergänzungsrolle festlegen lassen wollen, kommen durch die »Double-bind-Messages« der Kollegen – »Sei anders aber doch gleich wie wir!« – in erhöhte Stresssituationen.

Diversity-Ansatz als erweiterter Differenz-Ansatz

Unter Diversity wird ganz grundsätzlich die Vielfalt der sozialen Zusammensetzung einer Gesellschaft und auch eines Unternehmens verstanden. Wird Diversity aus der Perspektive eines Differenz-Ansatzes verstanden – im Sinne von »different but equal« – liegt der Fokus auf einer Vervielfältigung der Unterschiede zwischen den möglichen Kategorien. So wird bei diesem Ansatz nicht das Geschlecht in den Mittelpunkt gestellt, sondern die Vielzahl der Lebensbedingungen und -entwürfe. Eine Frau ist nie nur Frau, sondern hat gleichzeitig auch eine gewisse Hautfarbe, ein bestimmtes Alter, sie ist Mutter, Karrierefrau oder Ehepartnerin (oder hat alle drei Rollen zusammen). Frauen und Männer gehören immer auch einer bestimmten Ethnie, Nationalität, Religion oder Klasse an, sie sind arm oder reich, alt oder jung. Dadurch können andere Eigenschaften das Bewusstsein stärker prägen als die Geschlechtszugehörigkeit.

Im Grunde treten bei diesem Ansatz die gleichen Problematiken wie beim Differenz-Ansatz auf. Dazu kommt noch die Gefahr einer möglichen Hierarchisierung der einzelnen Kategorien.

Zwischenfazit

In Unternehmen werden die Perspektive von Gleichheit und die Perspektive von Differenz häufig gleichzeitig gelebt und vertreten – bewusst oder unbewusst. Das führt Managerinnen und Manager in ein Dilemma: Die Perspektive der Gleichheit geht davon aus, dass Gleiches auch gleich behandelt werden muss. Die Perspektive der Differenz unterstellt dagegen, dass Ungleiches auch ungleich behandelt werden muss, um letztlich wieder Gleichheit herzustellen. Da es aber – wie die Diversity-Perspektive zeigt – nicht möglich ist, die Frage der Gleichheit oder Ungleichheit der Geschlechter in universal gültiger Form zu klären, bleiben beide Perspektiven in ihren Annahmen gefangen. Dazu kommt, dass Gleichheit immer Differenzvorstellungen braucht (bezogen auf Ein- und Ausschlussprozesse) und umgekehrt, der Differenz-Ansatz im Hinblick auf eine bestimmte Zielvorstellung ein deklariertes Verständnis von Gleichheit braucht. Die beiden Ansätze sind also aufeinander bezogen – in paradoxer Weise [6, 7]. Dies führt für Managerinnen zu den nachfolgend beschriebenen Besonderheiten.

Besonderheiten von Frauen in Führungspositionen

Die verschiedenen Perspektiven von Gleichstellung wirken sich – wie schon erwähnt – unterschiedlich auf die Organisationskulturen aus. Wer muss sich wem stärker anpassen? Wird die Mitwirkung von Frauen in Teams allgemein bzw. im Führungsteam im Speziellen eher als Bereicherung oder als Irritation wahrgenommen? Je nach Gleichstellungs-Perspektive fallen die Antworten auf solche Fragen anders aus. Für Frauen in Führungspositionen resultieren hieraus besondere Phänomene, die teilweise miteinander zusammenhängen und sich oft auch gegenseitig verstärken. Es liegt nahe, dass diese Phänomene die in der SHAPE-Studie gefundenen geschlechtsbedingten Unterschiede begründen [8]. Im Folgenden soll daher auf diese Phänomene näher eingegangen werden.

»Token women«-Phänomen [9, S.802 ff]

Der englische Begriff »token« bedeutet soviel wie Einzelfall oder Aushängeschild. In diesem Zusammenhang bezieht er sich auf eine einzelne Frau, die in einem Funktionsbereich oder auf einer Hierarchieebene in einem bisher von Männern dominierten Bereich tätig ist. Der Begriff kann sich auch auf mehrere Frauen beziehen, so lange diese Minderheitenstatus haben, das heißt weniger als etwa 15 bis 20 Prozent der Personen ausmachen. Diese Frauen werden als Exotinnen, Abweicherinnen, aber auch als Vorzeige- oder Alibifrauen betrachtet. Angesichts der Tatsache, dass in Führungsfunktionen (vor allem im oberen Management) noch immer sehr wenige Frauen beschäftigt sind, hat jede Frau in diesen Stufen einen »token«-Status. Sie fühlt sich unter einer besonderen Beobachtung, da sie sichtbarer und auffälliger ist als Angehörige der männlichen Mehrheit. Dies könnte erklären, warum sich weibliche Führungskräfte in der SHAPE-Studie auffallend mehr Sorgen darüber machen, ob sie ihre Aufgaben richtig ausführen [8].

Hinzu kommt, dass dieser Status auch vermehrt die geschlechtsstereotypen Erwartungen aktiviert. Die einzelne Frau wird – unbewusst – immer am Geschlechterrollenstereotyp gemessen und folglich oft femininer wahrgenommen als in Gruppen mit ausgeglichener Geschlechterzusammensetzung. Es kommt zu einem so genannten »gender-role spillover«, das heißt zu einem Überschwappen geschlechtsstereotyper Merkmale auf die Rollenerwartungen, mit denen die Frau konfrontiert wird. Auf Männer in Führungsgremien wirkt es häufig sehr irritierend, wenn eine Kollegin als sehr durchsetzungsfähig und »dominant« auftritt.

Gleichzeitig ist die Managerin selbst in einem Dilemma, denn es wird einerseits ihre Weiblichkeit unter Männern betont, andererseits aber auch ihre Abweichung von den Männern. So wird jeder kleinste Fehler wahrgenommen und gerne ihrem Geschlecht zugeschrieben, während die Erfolge sie zum »Quasi-Mann« machen. Je mehr sie sich aber dem Männlichkeitsstereotyp annähert, desto eher wird sie als »unweiblich« etikettiert. Betont sie dagegen die Weiblichkeit, besteht die Gefahr, dass sie als »nicht professionell« betrachtet oder dass ihr gar unterstellt wird, ihre Weiblichkeit strategisch einzusetzen. Dies führt zu so genannten »double bind«-Situationen (doppelte Botschaften), bei denen von Frauen gleichzeitig die Unterstreichung der Weiblichkeit (Differenz) und eine hohe Anpassungsleistung an die männliche Welt (Gleichheit) gefordert wird.

In der Folge entsteht einerseits ein starker Druck auf die Frauen, sich innerhalb dieses schmalen Bandes zu bewegen, andererseits erhöht es aber auch ihre soziale Isolation, da sie weder richtig zu den Frauen noch zu den Männern gehören. Deutlich macht das eine Studie unter Führungspersonen [10, S.201]: Bei der Frage nach typischem Fehlverhalten von Frauen, das sie am Aufstieg hindern würde, gaben jeweils gleich viele Frauen wie Männer an, dass sich die Frauen zu weiblich bzw. zu männlich verhalten würden. Dieses Beispiel zeigt, wie schwierig es in der Praxis ist, sich »richtig« zu verhalten, das heißt innerhalb dieses Bandes zwischen weiblich, aber nicht zu weiblich und männlich, aber nicht zu männlich zu agieren. Eine häufige unbewusste Gegenreaktion von Führungsfrauen liegt darin, dass sie versuchen, sich über ihre fachlichen Qualifikationen zu positionieren – dass sie also letztlich versuchen, mehr und besser zu arbeiten als der durchschnittliche Kollege, um sich so über ihre Fachkompetenz zu profilieren.

In der SHAPE-Studie hat sich bei weiblichen Führungskräften ein signifikant erhöhter körperlicher Beschwerdedruck gezeigt [8], besonders bezogen auf Erschöpfung und Gliederschmerzen. Aber auch in Bezug auf die Stressbelastung aufgrund von hohen Anforderungen und vor allem aufgrund eines Mangels an Bedürfnisbefriedigung schnitten die weiblichen Führungskräfte schlechter ab. Dabei könnte die belastende Situation des Token-Status – sprich: die ständige Beobachtung, der erhöhte Arbeitseinsatz und das schmale Band von »richtigem« Verhalten – einen entscheidenden Einfluss ausüben.

Üblicherweise verbessert sich die Situation mit steigendem Frauenanteil im Management [11, S. 86]. Wenn Frauen keine kleine Minderheit mehr sind, verliert die Tatsache, dass sie Frauen sind, an

Brisanz. Der »gender-role spillover« wird abgeschwächt. Die Kollegen beurteilen sie dann viel eher nach ihren individuellen Kompetenzen als an den stereotypen Rollenerwartungen. Eine zu prüfende Hypothese für zukünftige Untersuchungen ist, ob mit einem steigenden Anteil von Frauen in Führungspositionen tendenziell der Stresslevel bei Managerinnen sinkt.

Homosoziale Reproduktion [12] und Netzwerke

Potenzialeinschätzungen, Beförderungen und Einstellung von neuen Führungskräften sind hoch riskante und ungewisse Entscheidungen in einem Unternehmen. Fehlentscheidungen sind mit hohen Kosten verbunden. Unbewusst suchen wir in solchen Situationen nach Ähnlichkeiten, um die Entscheidung abzusichern. Homosoziale Reproduktion beschreibt die Dynamik, weshalb Männer wiederum Männer in Führungspositionen befördern. Männliche Führungskräfte bilden in den meisten Organisationen eine relativ homogene Gruppe. Diese Gleichheit in Normen, Werten, Interessen und Fähigkeiten und häufig auch Ausbildungsinstitution vereinfacht die Kommunikation untereinander. Oft werden Auswahlentscheidungen nach dem Kriterium der Gleichheit (mit dem Vorgänger oder der Vorgängerin) getroffen, sei dies bewusst oder unbewusst. Da das Geschlecht einen nicht unwesentlichen Faktor von Gleichheit darstellt (neben anderen Faktoren wie zum Beispiel Alter, Studienabschluss, Lebensphase, Interessen oder Ausbildung), kann dies dazu beitragen, dass Führungspositionen eher von Männern an Männer weitergegeben werden.

Hauptursache für dieses Phänomen ist, dass Gleichheit einerseits Sympathie schafft und andererseits auch bestätigende Wirkung für die eigene (das heißt auswählende) Person haben kann. Sympathie stärkt das Sicherheitsempfinden bei der Auswahlentscheidung (zum Beispiel für ein neues Geschäftsleitungsmitglied). Die Gleichheit in möglichst vielen Kriterien, also auch dem Geschlecht, erhöht damit die subjektiv angenommene Wahrscheinlichkeit für zukünftigen Erfolg.

250

Im Zusammenhang mit dem Phänomen der homosozialen Reproduktion rückt auch die Frage nach Netzwerken und so genannten Männerbünden [13] im Management ins Zentrum. Sie beruhen auf dem Prinzip der Vergemeinschaftung und zeichnen sich durch damit verbundene Funktionen und Ziele aus. Die Mitgliedschaft bedeutet eine Grenzziehung nach außen. Obwohl viele Netzwerke heute Frauen nicht explizit ausschließen, spielt das Geschlecht eine wesentliche Rolle.

Untersuchungen zeigen, dass es Frauen wie Männern ähnlich gut gelingt, informelle Netzwerke aufzubauen, was die Anzahl der Beziehungen anbelangt. Vergleicht man die Netzwerke, stellt man fest, dass Männer wie Frauen dazu tendieren, mit ihresgleichen zu interagieren. Das heißt es existieren dann häufig zwei geschlechtergetrennte Netzwerke in einer Organisation. Hierbei sind Männer wie Frauen jeweils schlecht in das Netzwerk des anderen Geschlechts integriert. Männliche Manager erhalten von ihren Netzwerken aber mehr Unterstützung als Frauen von ihren Netzwerken. Hinzu kommt, dass Männer über mehr multiplexe Beziehungen innerhalb eines Netzwerkes verfügen, sprich: Der Netzwerkpartner ist Freund, Sportskollege und Berufskollege gleichzeitig.

Solange in Organisationen nur wenige Frauen in zentralen statushöheren Positionen vertreten sind, sind diese Frauen auf Netzwerkkontakte zu höherrangigen Männern angewiesen, um Zugang zu den benötigten Ressourcen zu erhalten. Frauen teilen deshalb ihre Netzwerke auf: Instrumentelle Ressourcen erhalten sie über Netzwerkkontakte zu Männern, in deren Netzwerke sie aber weniger zentral eingebunden sind. Expressive Ressourcen erhalten sie durch Netzwerkkontakte zu Frauen (soziale Unterstützung). Diese Aufteilung der Netzwerke führt zu versteckten Kosten. Frauen sind oft gezwungen, mehrere Netzwerke gleichzeitig zu unterhalten [14]. Im Zusammenhang mit der oft auch familiären Doppelbelastung und dem Anpassungsdruck aufgrund des Token-Status führt dies häufig zu einer höheren Stressbelastung als bei Männern. Das Nicht-integriert-sein in wichtige männerdominierte Netzwerke drängt Führungsfrauen in eine verstärkte soziale Isolation und führt zu einem Mangel an sozialer

Unterstützung. Die wichtigen »Vorbesprechungen« werden im informellen Netzwerk gemacht, in das Managerinnen – wenn überhaupt – nur schlecht integriert sind.

»Think-manager-think-male«-Phänomen

Das typische Bild einer erfolgreichen Führungskraft entspricht mehr dem männlichen Geschlechterrollenstereotyp als dem weiblichen. Psychologen betrachten das Phänomen als Aufeinandertreffen zweier verschiedener Typen, dem »Communality«- und dem »Agency«-Typus [11, S.80f]. Frauen werden in der Regel mit dem »Communality«-Typus assoziiert. Er besitzt Eigenschaften wie Zärtlichkeit, Hilfsbereitschaft, Freundlichkeit, ist nett, sympathisch und einfühlsam, tritt behutsam auf und spricht mit sanfter Stimme. Männern hingegen werden in der Regel die Charakteristika des zweiten Typus zugeschrieben: Der Agency-Typ steht für Bestimmtheit und Kontrolle, gilt eher als aggressiv, ehrgeizig, dominant, selbstbewusst, energisch, unabhängig und individualistisch. Und genau diese Eigenschaften verbinden die meisten Menschen mit guten Führungskräften.

Das bedeutet: Eine Frau ist schon allein aufgrund ihres Geschlechts vom gängigen Bild einer Führungskraft weiter entfernt als ein Mann. Somit wird dieser schon durch die Tatsache seiner Geschlechtszugehörigkeit als prädestinierter für eine Führungsfunktion wahrgenommen. Dies bedeutet für Frauen, dass sie sich an das Stereotyp »Mann« anpassen müssen, um als Managerinnen wahrgenommen zu werden. Das wiederum birgt die Gefahr, dass sie sich dann aus der bei Frauen in Führungspositionen akzeptierten »Verhaltensbandbreite« entfernen (siehe »Token women«-Phänomen oben).

Dazu kommt, dass das Führungspotenzial von Frauen häufig unterschätzt wird [15]. Dies ist besonders dann der Fall, wenn die zu besetzende Stelle (zum Beispiel Leiterin Bau) weit vom Geschlechterrollenstereotyp abweicht. Es ist einfacher, sich vorzustellen, dass eine Frau der Personalabteilung vorsteht als dass sie die Leiterin einer Tunnelbaustelle ist. Häufig wird das Potenzial von Managerinnen auch unterschätzt, wenn die beurteilende Person selber einen ausgeprägten Geschlechtsrollentraditionalismus aufweist oder wenn wenige Potenzialinformationen über die Bewerberin vorliegen (bzw. die Kriterien und Bewertungsmaßstäbe nicht transparent sind).

All dies zeigt: Weibliche Führungskräfte müssen sehr viel mehr um die Anerkennung ihres Führungspotenzials kämpfen, was sich in der SHAPE-Studie in einem Mangel an Anerkennung und mehr sozialen Spannungen zeigt. »Am stärksten wird bei weiblichen Managern das Bedürfnis nach Achtung und Wertschätzung frustriert.« [8].

Kausalattribution [16]

Das Phänomen der Kausalattribution beschreibt die Tatsache, dass Erfolg bei einem Mann eher seiner Kompetenz zugeschrieben, bei einer Frau eher mit Zufall oder günstigen Bedingungen erklärt wird. Ist eine Frau erfolgreich, wird dies gerne auf äußere Ursachen geschoben: »Sie hatte Glück«, oder: »Die Aufgabe war sehr einfach.« Im Falle eines Mannes wird der Erfolg eher auf innere, stabile Ursachen zurückgeführt (»er ist fähig«, »er hat das nötige Wissen«).

Umgekehrt ist es beim Misserfolg. Für diesen werden bei den Frauen meist mangelnde Fähigkeiten, das heißt stabile Ursachen wie zum Beispiel mangelndes Wissen oder Unerfahrenheit, verantwortlich gemacht. Bei den Männern hingegen wird Misserfolg viel eher mit Pech oder widrigen Umständen erklärt. Im Zusammenhang mit der Exponiertheit der Frauen als »token women« werden somit bei Führungsfrauen viel häufiger als bei Männern Unfähigkeiten oder Wissenslücken wahrgenommen. Dies erklärt auch, weshalb Frauen oft angeben, 150 Prozent leisten zu müssen, um die notwendige Anerkennung gewinnen zu können. In diesem Licht ist auch das Ergebnis einer Studie [17] bei Führungspersonen in Deutschland und der Schweiz zu sehen, wonach sich die weiblichen Führungskräfte zwar mehrheitlich gleichermaßen anerkannt fühlen wie ihre männlichen

Kollegen, für diese Anerkennung aber ihre fachliche Kompetenz häufiger unter Beweis stellen müssen. Zudem haben sie über die fachliche Kompetenz hinaus zusätzliche Anforderungen zu erfüllen (Stichwort »double bind«-Situationen): Sie müssen diplomatischer und anpassungsfähiger sein, ausgeprägtere soziale Fähigkeiten sowie ein besonders gutes äußeres Erscheinungsbild aufweisen.

Deutlich wird: Frauen in Führungspositionen stehen einerseits unter dem Druck, sich der männlich dominierten Managementkultur anzupassen, um dieselbe Anerkennung wie Männer zu erhalten. Andererseits müssen sie aber zusätzlich gewisse Fähigkeiten bzw. ein gewisses Verhalten zeigen, das den weiblichen Stereotypen entspricht.

Die Frage der Ursachenzuschreibung für Erfolge und Misserfolge kann auch im Zusammenhang mit hierarchischen Strukturen betrachtet werden [18]. In von Männern dominierten hierarchischen Strukturen eines Unternehmens sind Managerinnen an sich ein Widerspruch. Als Mitglieder einer marginalisierten und gesellschaftlich untergeordneten Gruppe passen sie nicht in die herrschenden Denkverhältnisse. Wenn sie trotzdem Erfolg haben, muss ihre Leistung folglich abgewertet werden. Es macht schließlich keinen Sinn, dass die Mitglieder einer untergeordneten Gruppe das gleiche Verhalten zeigen wie die Mitglieder der übergeordneten Gruppe. Sonst würde ja diese Unterscheidung hinfällig werden. Also kann der Erfolg einer Führungsfrau nur Zufall sein. Für Führungsfrauen bedeutet dies, dass sie immer wieder um soziale Anerkennung, Achtung und Wertschätzung ringen und immer wieder unterstreichen müssen, dass ihre guten Leistungen keine glücklichen Zufälle sind. Die Ergebnisse der SHAPE-Studie unterstreichen dies eindrücklich [8].

Distinktion [19]

Der Begriff »Distinktion« bedeutet »Unterscheidung«. Geprägt wurde der Begriff von Pierre Bourdieu. Er bezeichnet damit einen sozial anerkannten Unterschied, das heißt Merkmale oder Eigenschaften, die

Statusvorteile verschaffen. Der Wert einer Eigenschaft bemisst sich an der Differenz zu anderen Eigenschaften, das heißt an der Verschiedenheit zu den sozial angesehenen Eigenschaften. Genauer macht nicht die Differenz als Solche die Distinktionswirkung einer Eigenschaft aus, sondern die Exklusivität derselben. Diese Exklusivität entsteht durch strategische Abgrenzung. In Führungspositionen beispielsweise besteht eine solche Abgrenzung in Eigenschaften wie zeitlicher Flexibilität oder geographischer Mobilität. So können sich männliche Führungskräfte von den weiblichen Führungskräften abgrenzen (obwohl sie ihnen grundsätzlich dieselben Fähigkeiten für Führungspositionen zusprechen), indem sie Eigenschaften präsentieren, die für Frauen häufig schwerer einzuhalten sind, da sie die Doppelbelastung von Erwerbsarbeit sowie Haus- und / oder Familienarbeit zu tragen haben. Bourdieu bezeichnet das Verwenden solcher Eigenschaften zur Distinktion als die Konstruktion letzter Differenz, da die Generierung solch kleiner Unterschiede der dominierenden Gruppe erlaubt, sich gerade noch von den ansonsten gleichwertigen Konkurrentinnen und Konkurrenten abzuheben.

Ein gutes Beispiel für eine solche Distinktion ist der Anwesenheitskult unter Führungspersonen: Es wird eine Art Wettbewerb betrieben, wer am längsten bei der Arbeit bleibt. Dies demonstriert ein Zeichen der Leistungsbereitschaft und der Loyalität gegenüber der arbeitgebenden Organisation. Wegen der Doppelbelastung können und wollen aber gerade Frauen dieses Spiel oft nicht mitmachen, was die Wirkung der Distinktionsbemühungen noch unterstützt. So führt auch diese Praktik zu einem verstärkten Anpassungsdruck der Frauen im männlich dominierten Umfeld.

Anzumerken bleibt, dass der Distinktionsprozess nicht bewusst auf die Abwehr von Frauen abzielt und auch nicht als rein männliches Phänomen verstanden werden soll. Dennoch ist es eine empirisch erwiesene Tatsache, dass Männer im Management vermehrt die Möglichkeit haben, Distinktionsgewinne zu erzielen – und dass gerade die »Zeitkarte« (obwohl nicht explizit gegen Frauen gerichtet) in der geschlechtsspezifischen Betrachtung sticht.

Mehrfachbelastungen

Noch immer sind es größtenteils die Frauen, die ihre Karriere unterbrechen, mehr Tage frei nehmen und Teilzeit arbeiten, um den familiären Verpflichtungen nachzukommen. Dadurch erreichen sie weniger Berufsjahre und weniger bezahlte Arbeitsstunden pro Jahr, was wiederum ihren beruflichen Fortschritt bremst und ihr Einkommen verringert [11]. Obwohl sich in den letzten Jahren die Geschlechterrollen gelockert haben, wird vor allem Kindererziehung noch immer als Aufgabe der Frauen betrachtet.

Nicht wenige Führungsfrauen, die ihre Kinder fremdbetreuen lassen, fühlen sich als »Rabenmutter« oder werden mit dem Vorwurf konfrontiert, ihre Kinder zu vernachlässigen. Die Erziehungsleistung der Männer wird dabei völlig unterschätzt. Neben der zeitlichen Belastung spielt die psychische Belastung eine wesentliche Rolle. Inwieweit das vorherrschende Mutterbild das Stresserleben von Führungsfrauen beeinflusst, ist noch wenig wissenschaftlich untersucht. Bettina Wiese fand jedoch in Untersuchungen eine erhöhte psychosomatische Belastung bei berufstätigen Müttern aufgrund von externen Konflikten (limitierte Zeitressourcen) und besonders aufgrund von internen Konflikten. Letztere entstehen aufgrund des gleichzeitigen hohen Engagements im Berufsleben und in der Familie (intrapsychische Spannungen) [20]. Die zunehmende Kinderlosigkeit von gut ausgebildeten Frauen oder das zeitliche Aufschieben der Familienzeit sind überall zu beobachten.

Dies kommt auch in den demografischen Daten von Führungskräften zum Ausdruck. So hat eine Studie [17] mit weiblichen und männlichen Führungskräften in Deutschland und der Schweiz ergeben, dass 34 Prozent der befragten Frauen, aber nur 4 Prozent der Männer alleinstehend sind. Ebenso haben nur ein Fünftel der weiblichen, aber rund drei Viertel der männlichen Führungskräfte Kinder. Eine Untersuchung [11] unter Anwälten in Chicago zeigt ein ähnliches Bild: Gegenstand der Untersuchung war die Frage, weshalb so wenige Frauen in den obersten Führungsetagen großer Anwalts-

kanzleien vertreten sind. Die Untersuchung zeigte, dass nicht weniger
Frauen als Männer in diesen Unternehmen zu arbeiten beginnen, dass
die Frauen aber später häufiger in den öffentlichen Dienst oder in
andere Unternehmen der freien Wirtschaft wechseln. Die Gründe dafür lagen meist im Bestreben, Beruf und Familie unter einen Hut zu
bringen. Von den wenigen Frauen, die Partnerinnen in einer großen
Kanzlei waren, hatten 60 Prozent keine Kinder – und die Minderheit
der Frauen mit Kindern hatte die Schwangerschaft so lange aufge-
schoben, bis sie den Partner-Status erreicht hatte.

Zahlen belegen zudem, dass noch immer der Großteil der Haus-
und Familienarbeit von den Frauen erledigt wird. Im Jahr 2007 leisteten die Frauen in der Schweiz durchschnittlich fast doppelt so viele
Stunden an Haus- und Familienarbeit pro Woche als die Männer.
Auch bei alleinerziehenden Müttern lag der Aufwand für die Haus-
und Familienarbeit noch markant über demjenigen der Väter [21].
Ähnlich sieht das Bild in Deutschland aus. In Familien mit Kindern,
in denen beide Partner erwerbstätig sind, leisteten Frauen 2001/2002
dennoch doppelt so viel unbezahlte Arbeit wie Männer, und selbst in
Partnerschaften ohne Kinder, in denen Frau und Mann erwerbstätig
sind, wendeten die Frauen noch ca. 50 Prozent mehr Stunden für unbezahlte Arbeit auf als die Männer (vgl. Abbildung 2).
Diese Arbeitsteilung führt bei Frauen zu Mehrfachbelastungen (sowohl zeitlich als auch psychisch), die Männer meist nicht haben.

Führungsfrauen (mit höherem Einkommen) können zwar einen
Großteil der Hausarbeit delegieren und sind insofern nur noch für die
Führung der Haushaltshilfen zuständig. Der weitaus größere Teil der
Erziehungsverantwortung wird ihnen aber nur partiell abgenommen.
In der gesellschaftlichen Wahrnehmung wird bei einer nicht nor-
menkonformen Entwicklung des Kindes sehr schnell die »abwesende
Mutter« verantwortlich gemacht. In den seltensten Fällen macht man
den »abwesenden Vater« für ein Erziehungsversagen verantwortlich.
Dies fördert das schlechte Gewissen von Führungsfrauen mit Kindern
(eben eine Rabenmutter zu sein). Auch hier darf nicht übersehen
werden, dass die Rollenteilung in der bürgerlichen Familie ein eher

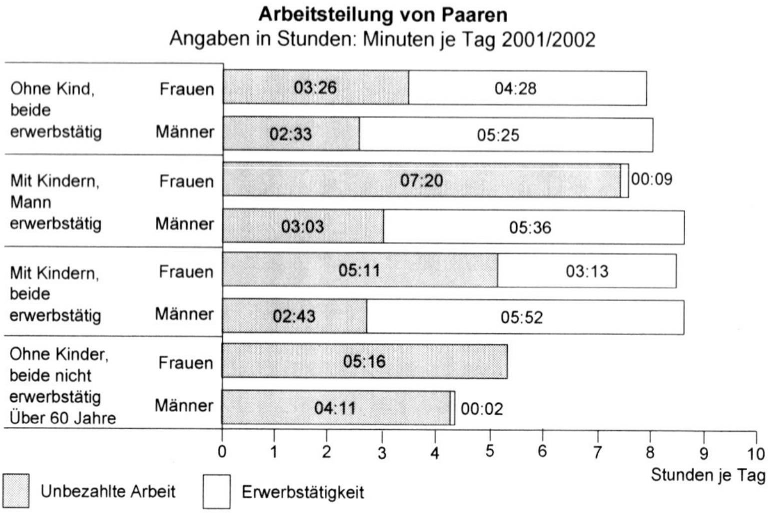

Arbeitsteilung von Paaren
Angaben in Stunden: Minuten je Tag 2001/2002

Ohne Kind, beide erwerbstätig	Frauen	03:26	04:28
	Männer	02:33	05:25
Mit Kindern, Mann erwerbstätig	Frauen	07:20	00:09
	Männer	03:03	05:36
Mit Kindern, beide erwerbstätig	Frauen	05:11	03:13
	Männer	02:43	05:52
Ohne Kinder, beide nicht erwerbstätig Über 60 Jahre	Frauen	05:16	
	Männer	04:11	00:02

0 1 2 3 4 5 6 7 8 9 10
Stunden je Tag

Unbezahlte Arbeit   Erwerbstätigkeit

Abb. 2: *Zeitaufwand von Frauen und Männern für unbezahlte Arbeit und Erwerbstätigkeit* [22]

junges Kind der Geschichte ist. Der Adel hat seit jeher seine Kinder fremd betreuen und erziehen lassen und in Arbeiterfamilien war und ist es – aus ökonomischen Gründen – kein Thema, dass beide Elternteile berufstätig sind. Auch außerhalb der deutschsprachigen Länder ist familienexterne Kinderbetreuung viel selbstverständlicher und verursacht den Führungsfrauen weniger schlechtes Gewissen als in Deutschland, Österreich und der Schweiz. Besonders in Deutschland und Österreich ist das Mutterbild auch stark über den Nationalsozialismus geprägt worden [23].

Diesen zeitlichen und psychischen Belastungen weichen viele Frauen über Teilzeitbeschäftigung aus [2], was – solange das überwiegend Frauen machen – ihrer beruflichen Laufbahn und Karriere hinderlich ist. Entsprechend wenige Frauen finden wir dann letztlich im oberen Management.

258

Die Perspektive der Dekonstruktion:
Ein Weg zur Stressreduktion bei Führungsfrauen

Wie lässt sich nun der Anpassungsdruck von Frauen in Führungspositionen entschärfen? Wie lässt sich dem Mangel an Wertschätzung und Achtung begegnen, den die SHAPE-Studie [8] deutlich als einen der Hauptfaktoren von überdurchschnittlichem Stress bei Führungsfrauen eruiert hat? Lösungswege kann hier möglicherweise die Perspektive der Dekonstruktion [24] aufzeigen. Auch das Dilemma von Gleichheit und Differenz lässt sich damit ein Stück weit auflösen.

Der Dekonstruktions-Ansatz

Beim Dekonstruktions-Ansatz wird davon ausgegangen, dass Geschlecht nicht etwas ist, das eine Person hat, sondern etwas, das gelernt und »getan« wird – im Sinne von sozialen Prozessen und Praktiken, die in der Situation jeweils Geschlechterrollen konstruieren und verfestigen. Damit ist gemeint, dass ich mich als Frau bzw. als Mann am Wiener Opernball, in einem Geschäftsleitungsmeeting, als Dozentin oder Dozent, im Militär oder an einem Elternabend jeweils anders verhalten muss, um entsprechenden (gesellschaftlichen) Erwartungen gerecht zu werden (»doing gender«). Ebenso sind Führung und Management soziale Konstruktionen, die bestimmte »Inszenierungen« – je nach Unternehmung – verlangen. Das strategische Ziel des Dekonstruktions-Ansatzes ist die Anerkennung der Vielfalt und – wie der Name vermuten lässt – die Auflösung bzw. kritische Infragestellung solcher Konstruktionsprozesse und Stereotypien ganz allgemein. Bezogen auf die Frage von Frauen in Führungspositionen wird also nicht nach der Gleichheit oder Differenz gefragt, sondern es werden zum Beispiel folgende Fragen gestellt:

⇨ Wie wird Führung in einem Unternehmen konstruiert?
⇨ Was hat Führung mit Präsenz zu tun?
⇨ Was wird unter guter Führung verstanden?

⇨ Wie beeinflusst das Bild vom männlichen Geschlechterrollen-Stereotyp die Vorstellungen von guter Führung?

⇨ Wie sehen die Vergeschlechtlichungsprozesse aus, wenn weibliche/männliche Führungskräfte konstruiert werden?

Durch ein solches Verständnis von Gleichstellung und das punktuelle kritische Hinterfragen von Selbstverständlichkeiten im Unternehmen und im Führungsalltag, könnte den in der SHAPE-Studie [8] ausgewiesenen unterschiedlichen Stresssituationen von Managerinnen und Managern möglicherweise begegnet werden. In dieser Perspektive wird nach dem WIE der Entstehung von Geschlechterdifferenz im Führungszusammenhang gefragt und nicht eine bestimmte Differenz oder Gleichheit vorausgesetzt.

Ein kleines Beispiel
Häufig wird Führung ganz eng verknüpft mit Präsenz und Kontrolle. Die Führungskräfte fühlen sich als der Motor [25], ohne den nichts läuft. Sie sind jene in Bezug auf einzelne Fähigkeiten und Fertigkeiten überlegenen Personen, die andere motivieren, Aufgaben delegieren und Leistungen überwachen und kontrollieren. Sie arbeiten deshalb auch intuitiv auf Unersetzlichkeit hin. Eine »Teilzeit-Führungskraft« arbeitet hingegen oft unbewusst darauf hin, möglichst viel zu delegieren und sich so weit wie möglich ersetzbar zu machen, was im traditionellen Führungsverständnis ein völliger Widerspruch ist. Die passende Metapher für eine solche Führungskraft wäre wohl eher ein Coach oder eine Moderatorin als der Motor. Sie oder er erscheint dann in den Augen der anderen manchmal als weniger motiviert und weniger einsatzbereit – besonders für Teilzeit-Männer eine problematische Unterstellung.

Letztlich ist es jedoch eine Frage der Perspektive, denn jede Führungskraft arbeitet – bezogen auf das einzelne Projekt ihres Aufgabenportfolios – Teilzeit. Keine Führungskraft ist rund um die Uhr physisch präsent, und keine Führungskraft arbeitet alleine. Den Großteil ihrer Zeit verbringen Führungskräfte in Sitzungen, mit Netzwerken, telefonieren oder besuchen Kunden. Geht es im Zeitalter der neuen Kommunikationsmedien nicht vielmehr um die Frage der Erreichbarkeit im Falle wichtiger, kurzfristiger Entscheidungen? Geht es nicht viel mehr um ein hohes Maß an Flexibilität, als um starre Vollzeit-Arbeitszeiten? Führung legitimiert sich heute mehr und mehr über sorgfältige Dramaturgiearbeit und nicht mehr über Fachexpertise. Der beste Verkäufer ist nicht unbedingt der beste Verkaufschef und die beste Chirurgin ist nicht unbedingt die beste Chefärztin. Solche unterschiedlichen Ansichten von guter Führung oder einer guten Führungskraft können im Sinne eines Dekonstruktionsansatzes erste Einsichten aufzeigen, warum in einem Unternehmen Frauen in Führungspositionen einem höheren Stresslevel ausgesetzt sind.

Umsetzung im Führungsalltag

Warum sollten Unternehmen das Thema ernst nehmen und sich überlegen, wie sie die besondere Stresssituation von Führungsfrauen verbessern können? Ganz einfach: Es lohnt sich, diesen Weg einzuschlagen – nicht nur mit Blick auf die Gesundheit der Managerinnen, sondern auch aus unternehmerischer Sicht. Denn ein hoher Frauenanteil im Management rechnet sich auch ökonomisch, sofern es gelingt, eine leistungsfördernde und motivierende Atmosphäre zu schaffen.

Wie verschiedene Studien belegen, zahlt sich der Einbezug von mehr Frauen in verantwortungsvolle Managementpositionen auch betriebswirtschaftlich aus: Die Catalyst-Studie [26], die 353 der Fortune-500-Unternehmen untersucht hat, weist für die Gruppe von Unternehmen mit einem vergleichsweise hohen Frauenanteil im Topmanagement-Team einen 35 Prozent höheren Return on Equity aus als die Gruppe von Unternehmen mit einem sehr unterdurchschnittlichen Frauenanteil. Eine dänische Studie [27], welche die größten 2500 Unternehmen in Dänemark untersuchte, gelangt zu der Schlussfolgerung, dass der Frauenanteil im Top-Management positive Effekte auf die finanzielle Performance des Unternehmens hat. Und eine jüngere McKinsey-Studie [28] bestätigt dies erneut: 89 europäische Großfirmen mit dem größten Anteil von Frauen im Top Management übertreffen um ca. 11 Prozent den jeweiligen Branchendurchschnitt beim Return on Equity und beim EBIT (Earnings before interest and taxes).

Natürlich gibt es kein Patentrezept, wie die erhöhte Stressbelastung bei weiblichen Führungskräften abzubauen ist. Ein offener Dialog über die verschiedenen Perspektiven und Facetten des Themas ist sicherlich ein erster Schritt in die richtige Richtung. Doch was können ein Unternehmen und die (männlichen) Führungskräfte konkret tun, um die erhöhte Stressbelastung weiblicher Führungskräfte abzubauen und im Idealfall dauerhaft zu vermeiden? Die folgenden Punkte sind als Anregung gedacht und nicht abschließend:

⇨ *Reflexionsplattformen zur Verfügung stellen:* Ein Unternehmen kann zum Beispiel Strategieentwicklungs-, Leitbildentwicklungs- oder größere Reorganisationsprozesse dazu nutzen, das Verständnis von »guter Führung« bzw. »gutem Management« und »guter Leistung« offen zu legen, kritisch zu reflektieren und gemeinsam neu zu entwickeln. Wichtig ist es, hierbei die Frauen in Führungspositionen einzubeziehen.

⇨ *Diversity-Kultur entwickeln:* Der Diversity-Ansatz sieht die Vielfalt als eine besondere Stärke. Unterschiede von Mitarbeiterinnen und Mitarbeitern werden als Chance für diese selbst und das Unternehmen gesehen. Eine solche Diversity-Kultur zu entwickeln, ist ein längerfristiger Prozess, der die Führungskräfte einbindet. Im Zentrum steht das Ziel, Vielfalt und partnerschaftlichen Umgang zu fördern – und die Erfolge auf diesem Weg zur neuen Kultur regelmäßig zu erheben und zu messen.

⇨ *Prozesse transparent machen:* Nach welchen Kriterien wird eine Geschäftsleitungsfunktion besetzt? Welche konkreten Anforderungen werden an eine Führungsaufgabe gestellt? Was genau beeinflusst die Höhe des Leistungsbonus? Nach welchen Leistungskriterien erfolgen die Beförderungen? Die Antworten auf diese und ähn-

liche Fragen sollten für alle Mitarbeitenden klar und nachvollziehbar sein. Gerade auch mit Blick auf die Frauen. Denn bei detail-
lierten und transparenten Kriterien schneiden Frauen mit ihren
Leistungen in der Regel sehr gut ab, während sie in einer von
Intransparenz und Pauschalbeurteilungen geprägten Organisation
aufgrund der Geschlechterrollenstereotypien (»Think-manager-
think-male«) ins Hintertreffen geraten.

⇨ *Anonymisieren und Vier-Augen-Prinzip:* In Bewerbungs- und Beur-
teilungssituationen – so belegen zahlreiche Experimente und Studien – haben die Geschlechterrollenerwartungen Einfluss auf die
Beurteilung. Zum Beispiel werden Fachartikel, die von Forsche-
rinnen bei Zeitschriften eingereicht werden, häufiger abgelehnt als
Artikel von Forschern. Es ist ratsam, in Beurteilungs- und Bewer-
bungssituationen wenn möglich eine zweite Meinung einzuholen
– vorzugsweise von einer Person, »die etwas anders denkt«.

Literatur

[1]   MIELKE, BIRGIT K.: *Frauen in die Aufsichtsräte – Frauenanteil in Führungsgremien. In:
Mitbestimmung, 10/2005*

[2]   HAUSMANN, RICARDO / TYSON, LAURA D. / ZAHIDI, SAADIA: *The Global Gender Gap Report
2007. Geneva: World Economic Forum, 2007*

[3]   *In Anlehnung an:* RÜEGG-STÜRM, JOHANNES: *Organisation und organisationaler Wandel.
Wiesbaden: Westdeutscher Verlag, 2001*

[4]   MÜLLER, CATHERINE / SANDER, GUDRUN: *Gleichstellungs-Controlling – Das Handbuch für
die Arbeitswelt. Zürich: vdf, 2005*

[5]   WETTERER, ANGELIKA: *Hierarchie und Differenz im Geschlechterverhältnis. In: Wetterer,
Angelika (Hrsg.): Profession und Geschlecht. Frankfurt: Campus, S. 13 – 40, 1992*

[6]   NENTWICH, JULIA: *Die Gleichzeitigkeit von Differenz und Gleichheit. Konstruktionen von
Gleichstellung und Geschlecht in Sprachspielen. Königstein i.T.: Ulrike Helmer Verlag, 2004*

[7]   NENTWICH, JULIA: *Gleichheit, Differenz, Diversity oder Dekonstruktion? Verschiedene
Geschlechter-Theorien und ihre Konsequenzen für die Gleichstellungsarbeit. In: Rote Revue
– Zeitschrift für Politik, Wirtschaft und Kultur, Nr. 1/2006*

[8]   KROMM, W., FRANK, G., GADINGER, M. Sich tot arbeiten – und dabei gesund bleiben, in:
Kromm, W., Frank, G. (Hrsg), Unternehmensressource Gesundheit, Symposion Publishing,
Düsseldorf 2009, S. 27ff*

[9]   NEUBERGER, OSWALD: *Führen und führen lassen: Ansätze, Ergebnisse und Kritik der Führungs-forschung. 6. völlig neu bearbeitete und erweiterte Auflage. Stuttgart: Lucius & Lucius, 2002*

[10]   HANNOVER, BETTINA / KESSELS, URSULA: *Erklärungsmuster weiblicher und männlicher Spitzen-Manager zur Unterrepräsentation von Frauen in Führungspositionen. In: Zeitschrift für Sozialpsychologie, 34 (3), 2003, S. 197 – 204*

[11]   EAGLY, ALICE H. / CARLI, LINDA L.: *Im Labyrinth der Karriere. In: Harvard Business Mana-ger, Dezember 2007, S. 76 – 89*

[12]   MOHR, GISELA / GÜNSTER, ANNA CHRISTINA: *Neue Arbeitswelt neue Chancen für Frauen an der Spitze? In: io new management, 20. 02. 2004*

[13]   RASTETTER, DANIELA: *Männerbund Management. Ist Gleichstellung von Frauen und Män-nern trotz wirksamer archaischer Gegenkräfte möglich? In: Zeitschrift für Personalforschung, 2, (1998), S. 167 – 186*

[14]   SCHEIDEGGER, NICOLINE / OSTERLOH, MARGIT: *Organisation und Geschlecht – Eine Netz-werkperspektive. Welche Netzwerkstruktur fördert die Karrieremobilität? In: Krell, Gertraude (Hrsg.): Betriebswirtschaftslehre und Gender Studies. Analysen aus Organisation, Personal, Marketing und Controlling. Wiesbaden: Gabler, 2005, S. 139-156*

[15]   FRIEDEL-HOWE, HEIDRUN: *Probleme der Führungspotentialbeurteilung bei Frauen. In: Sarges, Werner (Hrsg.): Management Diagnostik. Göttingen, 1995, S. 97 – 100*

[16]   KRUSE, LENELIS: *Führung ist männlich: Der Geschlechtsrollen-Bias in der psychologischen Forschung. In: Gruppendynamik, Nr. 18/1987, S. 251 – 267*

[17]   WUNDERER, ROLF / DICK, PETRA: *Frauen im Management – Ergebnisse einer empirischen Untersuchung. In: Wirtschaftspsychologie, Heft 1/2002, S. 29 – 34*

[18]   SANDER, GUDRUN: *Von der Dominanz zur Partnerschaft: Neue Verständnisse von Gleichstel-lung und Management. Bern, Stuttgart, Wien: Haupt, 1998*

[19]   HOFBAUER, JOHANNA: *Distinktion – Bewegung an betrieblichen Geschlechtergrenzen. In: Pasero, Ursula / Priddat, Birger P. (Hrsg.): Organisationen und Netzwerke: Der Fall Gender. Wiesbaden, 2004, S. 45 - 64*

[20]   WIESE, BETTINA / FREUND, A. M. / SEIGER, C. P. (2009): *Externales und internales Konflikter-leben erwerbstätiger Mütter (noch nicht publiziert). Informationen auf www.psychologie.uzh.ch*

[21]   Bundesamt für Statistik: *Auf dem Weg zur Gleichstellung von Frau und Mann – Stand und Entwicklung. Neuchâtel, 2008*

[22]   Statistisches Bundesamt, Bundesministerium für Familie, Senioren, Frauen und Jugend: *Wo bleibt die Zeit? Die Zeitverwendung der Bevölkerung in Deutschland 2001/02. Statistisches Bundesamt, 2003*

[23]   VINKEN, BARBARA: *Die deutsche Mutter. München: Piper, 2002*

[24]   WETTERER, ANGELIKA: *Die soziale Konstruktion von Geschlecht in Professionalisierungsprozessen. Frankfurt: Campus, 1995*

[25]   MÜLLER, WERNER R.: *Führungslandschaft Schweiz. In: Die Unternehmung, Nr. 4, 1988, S. 246 – 262. Eine ähnliche neuere Studie wurde durchgeführt, Ergebnisse z. B. in: Endrissat, Nada / Müller, Werner R. / Kaudela-Baum, Stephanie: En Route to an Empirically-Based Understanding of Authentic Leadership. In: European Management Journal 25(3), S. 207 – 220, 2007; Endrissat, Nada / Müller, Werner R: Authentic Leadership: What's in the construct? WWZ-Forschungsbericht 08/06. Basel: WWZ-Forum, 2006*

[26]   CATALYST: *The Bottom Line: Connecting Corporate Performance and Gender Diversity. New York, San Jose, Toronto, 2004*

[27]   SMITH, NINA / SMITH, VALDEMAR /VERNER, METTE: *Do Women in Top Management Affect Firm Performance? A Panel Study of 2500 Danish Firms. Bonn, 2005 (Discussion Paper No. 1708 of the Institute for the Study of Labor IZA)*

[28]   McKinsey & Company: *Women Matter: Gender diversity, a corporate performance driver, 2007*

Zusammenfassung

Weibliche Führungskräfte leiden mehr noch als ihre männlichen Kollegen unter Stress – so lautete eines der Kernergebnisse der SHAPE-Studie. Die Schlussfolgerung, dass effektive Gesundheitsprävention für Führungskräfte in einer Verbesserung des psychosozialen Arbeitsklimas, konkret im Gestaltungsspielraum bei der Erledigung der Aufgaben und in der Anerkennung und Wertschätzung der geleisteten Arbeit liegt, gilt daher in besonderem Maße auch für weibliche Führungskräfte. Verschiedene Perspektiven auf Gleichstellung und die aus dem zirkulären Diskurs von Gleichheit und Differenz resultierenden besonderen Phänomene, denen weibliche Führungskräfte heute in Unternehmen gegenüberstehen, erklären einen Teil der erhöhten Stressbelastung bei weiblichen Führungskräften. Ein möglicher Ausweg liegt in der kritischen Hinterfragung von Selbstverständlichkeiten im Zusammenhang mit Führung und Management im Sinne von Dekonstruktionsprozessen. Die Umsetzung im Führungsalltag erfordert eine Erhöhung der Genderkompetenz bei (männlichen und weiblichen) Führungskräften im Sinne von Reflexionsbereitschaft über Konstruktionsprozesse, Wissen über Geschlechterverhältnisse im Fachgebiet und Können beim Einsatz von einzelnen Instrumenten. Positiver Nebeneffekt: Ein Unternehmen, das auf diese Weise die besondere Stressbelastung seiner Managerinnen angeht, verbessert dabei auch die Qualität von Führung und Management sowie die finanzielle Performance insgesamt.

Gesundheitsförderlich führen

Wie ist Führung zu gestalten, die nicht nur eine gesunde Rendite, sondern auch gesunde Mitarbeiter im Blick hat? Nötig ist ein Führungskräfteverhalten, das auf ein breites Handlungsrepertoire, Flexibilität und eine sozial-verantwortliche Ausrichtung zurückgreifen kann.

In diesem Beitrag erfahren Sie:
- warum das Thema Mitarbeitergesundheit eine hohe Relevanz für die Chefetage hat,
- wie Sie die eigene Führungssituation analysieren und Handlungsmöglichkeiten entdecken,
- wie Sie als Führungskraft das Gleichgewicht zwischen Ressourcen und Belastungen erhalten.

DANIELA EBERHARDT

Gesundheit der Mitarbeiterinnen und Mitarbeiter – eine Führungsaufgabe?

Die Folgen schlechter Führung kann kein Arzt heilen, so lautet *die zentrale These* der Herausgeber des vorliegenden Buches, um auf die Relevanz von Führung hinzuweisen, auch wenn es um die Gesundheit der Mitarbeiterinnen und Mitarbeiter geht.

Die intensivere Auseinandersetzung mit dieser These beinhaltet verschiedene Fragen und Appelle, die im vorliegenden Beitrag aufgegriffen werden. Ziel dieses Kapitels ist es, die Vielfalt der Gestaltung der Führung aufzuzeigen und die verschiedenen Handlungsebenen transparent zu machen. Der Beitrag soll einladen, die eigene Führungssituation kritisch zu durchleuchten und Handlungsmöglichkeiten zu entdecken, die zur eigenen Führungssituation und zur eigenen Führungspersönlichkeit passen.

267

Zunächst steckt darin ein klares Statement, dass *Führung eine rele-vante Einflussgröße von Gesundheit oder fehlender Gesundheit der Mit-arbeiterinnen und Mitarbeiter ist.* Wir müssen uns also erst einmal mit der Frage beschäftigen, *warum das Thema Relevanz für die »Chefetage« hat.* Sind wir nicht alles mündige und selbstverantwortliche Persön-lichkeiten, auch am Arbeitsplatz? Dann steuern wir doch selbst unser Arbeitsleben und damit auch unsere Gesundheit. Aber: Führung nimmt Einfluss auf unser Arbeitsleben und hat sicherlich zum Ziel, Effizienz und Effektivität zu steuern. Und jegliche Art von Führung – ob bewusst gesteuert wird oder Dinge eher zugelassen werden – er-zeugt verschiedene Wirkungen für die beschäftigten Mitarbeiterinnen und Mitarbeiter und damit für das Unternehmen. Es entstehen auch gesundheitsbezogene Konsequenzen für die Einzelnen. Die psychische und physische Gesundheit der Mitarbeiterinnen und Mitarbeiter hat aber wiederum Einfluss auf den Erfolg eines Unternehmens. Im ersten Abschnitt »Gesundheit ist auch Chefsache« wird – ausgehend von den erzeugten Konsequenzen – die betriebswirtschaftliche Relevanz verschiedener Zusammenhänge von Führung und Gesundheit für die Unternehmen aufgezeigt.

Abschnitt zwei vertieft den *Aspekt der Unternehmensführung aus der Optik Corporate Social Responsibility (CSR) und soziale Nachhaltigkeit* (als Teil der nachhaltigen Entwicklung). Diese umfassenden Konzepte der Unternehmensführung integrieren eine Vielzahl an Überlegungen und Forderungen zur Gestaltung der Beziehung zu den Mitarbeite-rinnen und Mitarbeitern. Die Optik einer nachhaltigen Unterneh-mensführung fokussiert im besonderen Maße den Aspekt des Erhalts und der Förderung der Mitarbeitergesundheit sowie einer langfristig ausgerichteten Gestaltung von Führung. Die konkreten Ansätze und Gestaltungsmöglichkeiten einer nachhaltigen und sozial-verantwort-lichen Gestaltung der Mitarbeiterbeziehung werden aufgezeigt. Eine empirische Analyse von 121 Nachhaltigkeitsberichten gibt Einblicke in die Relevanz und praktische Ausgestaltung des Themas in Großun-ternehmen mit Hauptsitz in der Schweiz.

Die konkrete Umsetzung einer gesundheitsförderlichen Führung im eigenen Unternehmen ist vielfältig: Leistung, Motivation und Gesundheit der Mitarbeitenden wird durch Führung beeinflusst. *Führung setzt dabei auf verschiedenen Ebenen an*: Jegliches (Führungs-)verhalten ist eingebettet in ein Führungssetting, bestehend unter anderem aus Führungsstrukturen und -systemen, normativen Aussagen und Regelungen, einer bestimmten Führungskultur. Diesem Aspekt der indirekten Führung, das heißt via Normen, Kultur und Strukturen, ist der dritte Abschnitt gewidmet. Organisationsstrukturen, Abläufe, die Unternehmenskultur beinhalten immer Vorstellungen dazu, wie der Mensch im Allgemeinen »funktioniert«. Das heißt aus einem sogenannten Menschenbild heraus entstehen eine Unternehmenskultur, normative Vorstellungen und Vorgaben und auch Organisationsstrukturen und -abläufe, die zunächst einmal nicht mehr auf der Ebene der einzelnen Person ansetzen. Gleichwohl nehmen genau diese Vorgaben und Routinen auf das Erleben und Verhalten aller Mitarbeiterinnen und Mitarbeiter einer Organisation starken Einfluss und in der Konsequenz auch auf das gesundheitsrelevante Verhalten der Mitarbeiterinnen und Mitarbeiter.

Die tägliche Führungsherausforderung liegt im Alltag einer Führungsperson in der Gestaltung der Führungsbeziehung zu den unterschiedlichen Persönlichkeiten ihres Teams. Die Führung jedes einzelnen Mitarbeiters und jeder einzelnen Mitarbeiterin ist sehr individuell. *Führung von Mitarbeiterinnen und Mitarbeitern* (sowie kleinerer Teams) ist der Schwerpunkt des vierten Abschnitts. Die besondere Herausforderung besteht darin, der einzelnen Person zu entsprechen und gleichzeitig im Quervergleich gerecht zu sein. Motivation, Kommunikation, Orientierung geben sind Möglichkeiten zur Gestaltung der Führungsbeziehung. Es ist bekannt, dass Partizipation und Mitwirkung am Arbeitsplatz, die Sinnhaftigkeit der Arbeit, die wahrgenommene Anerkennung der eigenen Arbeit sowie die Belastungssituation, die physische und psychische Gesundheit der Mitarbeiterinnen und Mitarbeiter beeinflussen.

Führung hat einen relevanten Einfluss auch auf die Gesundheit der Mitarbeiterinnen und Mitarbeiter. Die Ansatzpunkte hierzu sind vielfältig und nicht ganz einfach in der Umsetzung im Führungsalltag. Die Betrachtung der Palette führt nahezu dazu, auf jegliche Art der Handlung zu verzichten: Ist es doch so viel und kaum leistbar. Im fünften Abschnitt geht es aber auch darum, die *Führungskraft in ihrer Belastungssituation mit ihren Möglichkeiten und Potenzialen* zu betrachten. Jede Führungsperson kann letztlich nur das gewinnbringend umsetzen, bei dem sie auf eigene Ressourcen, Interessen und Fähigkeiten zurückgreifen kann. Schlussendlich wird sie als Vorbild auch daran gemessen, selbst gesundheitsförderlich den Anforderungen des Arbeitsalltags zu begegnen.

Ein *Analyseinstrument* bietet als Zusammenfassung der Abschnitte drei bis fünf die Gelegenheit, im eigenen Unternehmen oder in der eigenen Führungssituation eine Standortbestimmung vorzunehmen und erste Umsetzungsschritte einzuleiten.

Gesundheitsförderliche Gestaltung von Führung ist komplex. Zum Abschluss dieses Beitrages wird zusammenfassend darauf eingegangen, wie verschiedene Ansprüche und Facetten der Thematik für die eigene Praxis nutzbar gemacht werden können.

Gesundheit – ein relevantes Thema für die Chefetage?

Gesundheitsförderung wird häufig noch als »nice-to-have«-Thema betrachtet, wenn das Unternehmen in der komfortablen Lage ist, Ressourcen frei einsetzen zu können. Unternehmen müssen in der Regel wirtschaftlich erfolgreich sein. Sie wollen sich sozial – das heißt auch für die Gesundheit – engagieren, wenn es die Wirtschaftslage zulässt. Hier steckt die Denkweise dahinter, »Gesundheitsförderung kostet«. Unternehmen sollten sich hier engagieren, um ihr Image oder soziales Ansehen zu erhöhen oder auch um – sobald es möglich ist – sich gegenüber den Mitarbeitenden sozial zu verhalten.

Wenn Gesundheit ein relevantes Thema für die Chefetage ist, müssen wir für die Begründungslogik, warum Unternehmen sich hier engagieren sollen, die Optik des »Business Cases« einnehmen. Die nun folgende betriebswirtschaftliche Betrachtung des Themas kann und muss in der Umsetzung und Ausgestaltung von einer psychologischen Beurteilung des Themas abgelöst werden. Zunächst geht es aber darum aufzuzeigen, warum die eingangs skizzierte Betrachtungsweise zu kurz greift. Es ist nicht so, dass Unternehmen sich für die Gesundheit der Mitarbeiter/innen engagieren sollen, wenn sie zusätzlich verfügbare Mittel sozusagen für soziale Zwecke einsetzen können. Es ist vielmehr eine betriebswirtschaftliche Notwendigkeit, physisch und psychisch gesunde Mitarbeiter/innen einzusetzen, um am Markt erfolgreich zu sein. Bevor wir in die Analyse des Business Cases von Führung und Gesundheit einsteigen können, geht es darum, ein Verständnis von »Gesundheit« und seiner wirtschaftlichen Relevanz zu haben.

Die Weltgesundheitsorganisation WHO hat bereits 1946 Gesundheit als den Zustand des völligen körperlichen, seelischen und sozialen Wohlbefindens definiert und sich damit vor der Alltagsdefinition, Gesundheit ist die Absenz von Krankheit und Gebrechen, distanziert. In ihrem Regionalbüro für Europa (Kopenhagen) hat die WHO 1991 dann ihr Ziel Nr. 25 »Gesundheit der arbeitenden Bevölkerung« folgendermaßen definiert: »Bis zum Jahr 2000 sollte sich in allen Mitgliedstaaten durch Schaffung gesünderer Arbeitsbedingungen, Einschränkung der arbeitsbedingten Krankheiten und Verletzungen sowie durch die Förderung des Wohlbefindens der arbeitenden Bevölkerung der Gesundheitszustand der Arbeitnehmer verbessert haben.«

Die betriebswirtschaftliche Relevanz des Themas Gesundheit

Ulich [1] zeigt in seiner Zusammenstellung auf, wie sich die Lage momentan darstellt: In Deutschland entstehen jährlich ca. 467 Millionen Ausfalltage wegen krankheitsbedingter Abwesenheit. Die Kosten für den Produktionsausfall beziffert er auf 42,5 Milliarden Euro, wobei die arbeitsbedingten Erkrankungen 30 Prozent der Gesamtsumme der Erkrankungen ausmachen. Für die EU schätzt er die materiellen

Kosten durch Stress am Arbeitsplatz auf 20 Milliarden Euro. In der Schweiz schätzt das Staatssekretariat für Wirtschaft Seco die Kosten arbeitsbedingter Abwesenheit für die Wirtschaft auf 4,2 Milliarden Franken zuzüglich der entstehenden Kosten für die Invaliditätsversicherung.

Werden die Berichte 2003 und 2005 der Bundesanstalt für Arbeitsschutz und Arbeitsmedizin (BAuA) in Deutschland intensiver betrachtet, dann ist zwischen den Jahren 2001 und 2003 eine leichte Verschiebung zu identifizieren. Während im Jahr 2003 die oben genannten 467 Millionen Ausfalltage wegen Arbeitsunfähigkeit 3,14 Prozent des Bruttosozialproduktes ausmachen, waren es 2001 noch 508,6 Millionen Ausfalltage mit 3,44 Prozent des Bruttosozialproduktes.

Interessant ist auch die Verschiebung zwischen den Diagnosegruppen. Nach wie vor sind Krankheiten des Skeletts, der Muskeln und des Bindegewebes am weitesten verbreitet. Aber: Während sich der Anteil an Ausfalltagen hier von 140,3 Millionen auf 116,5 Millionen von 2001 auf 2003 reduziert hat, nimmt der Anteil der psychischen und Verhaltensstörungen zu. Waren es im Jahr 2001 noch 33,6 Millionen Ausfalltage, beläuft sich dieser Anteil 2003 bereits auf 45,54 Millionen Ausfalltage.

Auch die WHO beobachtet diesen Trend der Zunahme der psychischen Erkrankungen. 2001 postuliert die WHO: »Anhaltender Stress am Arbeitsplatz ist ein wesentlicher Faktor für das Auftreten von depressiven Verstimmungen. Diese Störungen stehen bei der weltweiten Krankheitsbelastung an vierter Stelle. Bis 2020 rechnet man damit, dass sie nach den Herzerkrankungen vor allen anderen Krankheiten auf dem zweiten Platz stehen werden.« Psychische Gesundheit als »state of well-being in which the individual realizes his or her own abilities, can cope with the normal stress of life, can work productively and fruitfully, and is able to make a contribution to his or her community« (WHO, 2001). In der Praxis zeigt sich, dass ein Umgang mit einem bestimmten »normalen Lebensstress« durchaus Teil der psychischen Gesundheit ist. Aber: Bereits heute wird davon ausgegangen, dass 28 Prozent der Arbeitnehmer in der EU (das sind

41 Millionen EU-Arbeitnehmer) unter stressbedingten Gesundheitsproblemen leiden und in Großbritannien 54 Prozent der Fehlzeiten
stressbedingt sind. [2] In der Schweiz beziffert das Seco die finanziellen Kosten der negativen Folgen von arbeitsbedingtem Stress in der
Schweiz auf ca. 7,8 Milliarden Franken oder etwa 2,3 Prozent des
Bruttoinlandsproduktes [3].

Die Rolle der Führung für die Gesundheit am Arbeitsplatz

Die betriebswirtschaftliche Relevanz des Themas Gesundheit am
Arbeitsplatz liegt bei der Betrachtung der Zahlen und Fakten auf
dem Tisch. Interessant ist die Frage, inwiefern Führung hier zu einer
Verbesserung der Arbeitssituation und schlussendlich zu den gesundheitsbezogenen Konsequenzen beitragen kann. Es ist allgemein
bekannt, dass physisch und psychisch gesunde Mitarbeiterinnen und
Mitarbeiter leistungsfähiger sind und ihre Fähigkeiten und Kenntnisse motivierter einbringen. Dass die Mitarbeitenden diese Gesundheit und Leistungsfähigkeit erhalten und fördern, ist auch ein Teil der
Führung. Schauen wir uns zum Beispiel einen Gipser an, der über
viele Jahre entsprechende einseitige körperliche Belastungen auf sich
nimmt und nicht bis zum Pensionierungsalter voll belastbar oder
einsetzbar bleibt. Die einseitige Belastung führt zu Verschleißerschei-
nungen, die schlussendlich bis zu einem arbeitsbedingten Arbeitsaus-
fall oder ggf. sogar zu einer Frühpensionierung führen können.

Indirekte gesundheitsbezogene Folgen entstehen dann, wenn die
Belastung der Gesundheit über weitere Mechanismen läuft. Zum
Beispiel kann eine entsprechende Unternehmenskultur des Misstrau-
ens, eine aus den Fugen geratene Work-Life-Balance oder dauerhafte
Überbelastung Stress erzeugen und dieses dann wiederum zu Gesundheitsbelastungen und Ausfällen führen. In manchen Unternehmen
oder Unternehmensbereichen kann das konsequent entlang der Hierarchie beobachtet werden: Sie erleben die Unternehmens- oder Abtei-
lungsspitze mit einer entsprechenden fehlenden Balance zwischen den

Lebensbereichen und Härte in der eigenen Sache – bis zum Herzinfarkt. Das zieht sich im Unternehmen durch und wird womöglich bei einem Wechsel der Stelle in das neue Umfeld mitgenommen.

Da spielt Führung eine wichtige Rolle: Die Relevanz von Führung und Gesundheit wurde in verschiedenen Fragestellungen untersucht und aufgezeigt. So konnten Illmarinen und Tempel [4] aufzeigen, dass das Vorgesetztenverhalten signifikant die Arbeitsfähigkeit älterer Mitarbeiterinnen und Mitarbeiter verbessert. Die Arbeitsfähigkeit erhöht sich in dieser Studie um den Faktor 3,6, wenn Anerkennung und Wertschätzung am Arbeitsplatz vorliegen. Auch Badura [5] kann einen validen Zusammenhang zwischen Führung und Gesundheit aufzeigen, Netta [6] konkretisiert diese Ergebnisse noch für den Führungsstil der partnerschaftlichen Führung und zeigt einen validen Zusammenhang dieses Führungsstils mit dem Schutz der Gesundheit auf.

Interessant sind auch die Forschungen zum psychologischen Konzept der »Gratifikationskrise«. Arbeitnehmer und Arbeitnehmerinnen mit einer Gratifikationskrise haben das Gefühl, dass sie für ihre Anstrengungen bei der täglichen Arbeit und für ihre Bemühungen, hier das Beste zu geben, im Gegenzug nicht die Belohnung/Gratifikation erhalten, die ihnen zusteht. Enterprise for Health EFH [7] konnten in ihrer Studie aufzeigen, dass diese oftmals durch verschiedene Führungsentscheidungen hervorgerufene Gratifikationskrise mit einem 3,42 mal höheren Risiko für einen Herzinfarkt einhergeht.

Bei der Betrachtung all dieser Zahlen und Fakten bleibt schlussendlich jetzt die Frage offen: Wie kann Führung gestaltet werden, dass sie nicht kurzfristig optimiert, sondern nachhaltig zu einer besseren Gesundheit des Einzelnen und dem damit verbundenen wirtschaftlichen Erfolg von Unternehmen beiträgt? Hierfür gibt es wie zu Beginn erwähnt verschiedene Optionen. Im folgenden Abschnitt werden die Aspekte der indirekten Führung vertieft.

Gesundheit als Teil der nachhaltigen und sozial-verantwortlichen Gestaltung der Mitarbeiterbeziehung

Gesundheit als Element der Führung fordert von den Unternehmen einen nachhaltigen und sozial-verantwortlichen Umgang mit verschiedenen Ressourcen, insbesondere auch mit der Gesundheit der Mitarbeiterinnen und Mitarbeiter.

Mit der Frage der nachhaltigen und sozial-verantwortlichen Gestaltung der Mitarbeiterbeziehung befassen sich die Diskussionen zur Corporate Social Responsibility, zum Corporate Citizenship und die Überlegungen zur nachhaltigen Entwicklung. Unterschiedliche Konzepte, die allesamt von einer erweiterten Geschäftsverantwortung der Unternehmen ausgehen und dabei in der Umsetzung ähnliche Themen abdecken. Es sollen nicht mehr »Ressourcen« verbraucht werden, wie regeneriert werden können, und das Unternehmen als »guter Bürger« verhält sich gegenüber den eigenen Mitarbeitenden so verantwortungsbewusst.

Betrachtet wird also die Frage der Nachhaltigkeit in der Gestaltung der Mitarbeitenden-Beziehung, der Wahrnehmung von sozialer Verantwortung gegenüber den eigenen Mitarbeitenden – hier mit Fokus auf deren Gesundheit.

Im Kern geht es darum, die Leistung der Mitarbeitenden nicht kurzfristig zu optimieren, sondern die Zusammenarbeit längerfristig sinnvoll zu gestalten und zwar so, dass unter anderem die Gesundheit der Mitarbeiterinnen und Mitarbeiter erhalten und gefördert wird.

In der nachhaltigen Unternehmensführung wie auch im Teilbereich »Gestaltung der Mitarbeitenden-Beziehung« geht es um verschiedene Ansprüche in der Führung, zum Beispiel die Orientierung an verschiedenen Stakeholder- oder Anspruchsgruppen (nicht nur die Kapitalgeber), die Integration in ein umfassendes Managementsystem und die Orientierung an den zu erwartenden Wirkungen.

Was kann konkret getan werden, wenn man sich dieser Art der Unternehmensführung und Gestaltung der Mitarbeitendenbeziehung zuwenden möchte? Zunächst geht es darum, zu reflektieren, wer alles Ansprüche an das Unternehmen hat und welche Ansprüche hieraus an die Gestaltung der Mitarbeitendenbeziehung und damit auch auf die Bedingungen an einen gesundheitsförderlichen Arbeitsplatz entstehen.

Unternehmerische Entscheidungsprozesse können ausgewogen getroffen werden, wenn die Anliegen verschiedener Anspruchsgruppen (Stakeholder) geprüft und berücksichtigt werden. In der Praxis bedeutet dies, dass ein Unternehmen verschiedenen Ansprüchen gerecht werden kann und anderen nicht. Die Entscheidung hierfür basiert auf der Analyse dieser Ansprüche und wird bewusst getroffen.

Der folgenden Abbildung können beispielhaft verschiedene Stakeholder oder Anspruchsgruppen und einige der Ansprüche, die von diesen Gruppierungen kommen können, entnommen werden. Es bleibt die Aufgabe der strategischen Unternehmensführung für die eigene Organisation oder den eigenen Verantwortungsbereich die zentralen Anspruchsgruppen zu identifizieren, in ihrer Wichtigkeit fürs Unternehmen zu bewerten und herauszufinden, welche Ansprüche sie an das Unternehmen stellen. Wenn diese Grundlage für die strategischen Entscheidungen erarbeitet wurde, dann steht eine Vielzahl an

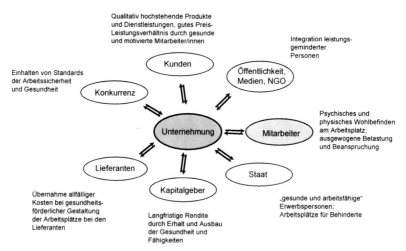

Abb. 1: *Beispielhafte Stakeholder-Ansprüche an die Gestaltung der Mitarbeiter-Beziehung mit Fokus Gesundheit*

Handlungsoptionen zur Wahl, die – abgestimmt auf die eigene unternehmerische Realität – ausgewählt und umgesetzt werden können.

Welche Möglichkeiten haben Unternehmen nun, die Mitarbeiter-Beziehung, auch im Bereich Gesundheit und Führung, nachhaltig und sozial-verantwortlich auszugestalten und auf die strategische Analyse der Stakeholderansprüche abzustimmen?

Viele verschiedene Gruppierungen haben hierzu Normen und Regelwerke definiert, die allesamt auch Aussagen zur Gestaltung der Mitarbeiter-Beziehung und auch im engeren Sinne zu Führung und Gesundheit beinhalten (zum Beispiel Arbeitssicherheit und Schutz der Gesundheit). Wir haben in einem interdisziplinären Forschungsprojekt der Zürcher Hochschule für angewandte Wissenschaften ZHAW eine Vielzahl dieser Regel- und Normenwerke (exemplarisch genannt werden: Internationale Arbeitsorganisation ILO, ISO 26000 Norm, Kriterienkatalog des Netzwerks für sozial-verantwortliche Wirtschaft der Schweiz /NSW) gesichtet und die Themen in die folgenden zehn Handlungsfelder gruppiert [8]:

1. Nachhaltigkeit und soziale Verantwortung normativ und strategisch ausrichten
2. Ausgewogene HR-Demografie und Diversity ermöglichen
3. Nachhaltig Mitarbeiter gewinnen und erhalten
4. Führung und Zusammenarbeit kooperativ umsetzen
5. Partizipation und Mitbestimmungsmöglichkeiten unterstützen
6. Lernen fördern
7. Lohnsystem differenziert betrachten
8. Arbeitssicherheit und Gesundheit managen
9. Vereinbarkeit von Lebensbereichen ermöglichen (»Life Domain«)
10. Arbeit und Employability sicherstellen

Insgesamt betrachtet haben nahezu alle Handlungsfelder des nachhaltigen und sozial-verantwortlichen Human Capital Managements direkten oder indirekten Einfluss auf die Gesundheit der Mitarbeitenden. Bei der Auswahl und Kombination der Handlungsfelder für das eigene Unternehmen geht es immer auch darum, die sozialen und schlussendlich betriebswirtschaftlichen Auswirkungen des Handelns (oder Nicht-Handelns) zu hinterfragen und mit in die Entscheidung für die Wahl von Handlungsoptionen zu integrieren. Der folgenden Abbildung sind die Modellvorstellungen des nachhaltigen Human Capital Managements mit seinem Aspekt der Stakeholderanalyse und -bewertung, den zehn verschiedenen Handlungsfeldern und seiner Wirkungsorientierung zu entnehmen.

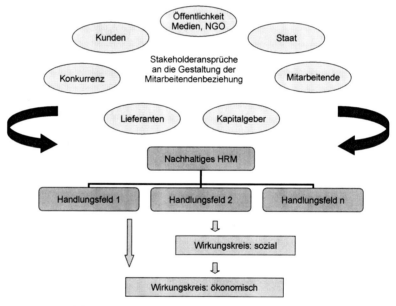

Abb. 2:   *Modellvorstellungen des Nachhaltigen Human Capital Managements [9]*

Für das Thema Führung und Gesundheit sind von besonderer Bedeutung die Handlungsfelder »Führung und Zusammenarbeit kooperativ umsetzen« und »Arbeitssicherheit und Gesundheit managen«. Im folgenden Abschnitt werden die konkreten Umsetzungsmöglichkeiten in diesen Themenfeldern ganz praktisch am Beispiel der umsatzstärksten Schweizer Unternehmen exemplarisch aufgezeigt.

278

Führung und Gesundheit in Schweizer Unternehmen

Mit dem Bezugsmodell des nachhaltigen Human Capital Managements konnte die Umsetzung in der Praxis überprüft und Beispiele der konkreten Umsetzung identifiziert werden [10]. Hierzu wurden Nachhaltigkeits- und Finanzberichte sowie Selbstdarstellungen von über 120 Schweizer Unternehmen untersucht und die Unternehmensrealität überprüft [11]. Die Grundlage für die Auswahl der Unternehmen und Berichte liefern die Arbeiten von Daub et al. [12]. Diese Arbeitsgruppe untersucht seit mehr als fünf Jahren die Quantität und Qualität der integrierten Geschäfts-/ Nachhaltigkeitsberichtserstattung in Schweizer Unternehmen. Der folgenden Abbildung ist zu entnehmen, wie sich die Branchenverteilung der Geschäftsberichte darstellt.

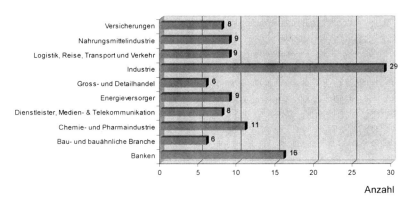

Abb. 3:   *Auswertung der Geschäftsberichtserstattung in 121 Schweizer Unternehmen*

Die Aussagen zur Gestaltung der Mitarbeiterbeziehung in den Geschäftsberichten dieser 121 Unternehmen wurden zunächst den zehn Handlungsfeldern des nachhaltigen Human Capital Managements zugeordnet und dann allgemein sowie im Branchenvergleich betrachtet.

Auffallend ist zunächst die Tatsache, dass das Thema Gesundheit in einigen Branchen in der Berichterstattung kaum erwähnt wird. Was heißt das bezogen auf die Relevanz? Interessant sind folgende

Beobachtungen: Bau- und bauähnliche Branchen legen vor allem im Themengebiet Arbeitssicherheit und Gesundheit einen Schwerpunkt. Chemie und Pharma sind in allen Themenfeldern »vorbildlich« und die Industrie – eine Branche, in der das Thema eine maximal hohe Relevanz haben sollte – unterscheidet sich stark im Engagement.

Die folgende Tabelle gewährt einen Blick in die konkreten Aktivitäten ausgesuchter Unternehmensbeispiele aus dem Pool der 121 untersuchten Unternehmensreportings: Was tun diese Unternehmen im Bereich Führung und Zusammenarbeit (zur indirekten Beeinflussung von Gesundheit)? Die Ansätze und das Verständnis zur Gestaltung von Führung variiert breit. Die Beispiele liefern Ideen für die eigene Praxis.

Tabelle 1: Ausgewählte Umsetzungsbeispiele Schweizer Unternehmen im Handlungsfeld »Führung und Zusammenarbeit kooperativ umsetzen«	
Ausgewählte Unternehmensbeispiele	**Handlungsfeld »Führung und Zusammenarbeit kooperativ umsetzen«**
ABB Schweiz AG	Aktive Förderung durch Vorgesetzte Analysen für optimale Arbeitsbedingungen
Luzerner Kantonalbank	»Aufwärts-Feedback«: Mitarbeitende beurteilen ihre Vorgesetzten
Holcim Schweiz AG	Belohnung von Eigeninitiative und Teamgeist
Hunziker	Belohnung für die Einreichung von Ideen
Georg Fischer AG	Förderung der Netzwerkbildung durch globale Ausbildung
Coop-Gruppe	Führung eines betriebseigenen Sozialdienstes
Migros-Genossenschafts-Bund MGB	Anwesenheitsmanagement (Gespräche mit häufig abwesenden Mitarbeitern werden geführt)
Schurter electronic components	Hohe Eigenverantwortung und Umsetzung innovativer Ideen Prinzip der offenen Türe für Mitarbeitende Kulturworkshops, Teammeetings, Firmenanlässe
SBB CFF FFS	Netz von neun Beratungsstellen für soziale Fragen

Ein Blick in die Unternehmenspraxis der 121 untersuchten Schweizer Unternehmen zeigt auch im Handlungsfeld »Arbeitssicherheit und Gesundheit managen« eine große Palette an Handlungsmöglichkeiten auf.

Tabelle 2: Ausgewählte Umsetzungsbeispiele Schweizer Unternehmen im Handlungsfeld »Arbeitssicherheit und Gesundheit managen«

Ausgewählte Unternehmensbeispiele	Handlungsfeld »Arbeitssicherheit und Gesundheit managen«
Neue Argauer Bank	Gesundheitsförderungsprogramm
Novartis	Leitlinien für Gesundheit, Sicherheit und Umweltschutz (GSU)
Luzerner Kantonalbank	Projekt »gesund und zwäg«
ABB Schweiz AG	Gesundheitszentren (zur Beratung, Gesprächen oder Impfungen) OHSAS 18001 zertifiziert
Holcim Schweiz AG	Occupational Health and Safety Strategy
SBB CFF FFS	Nachhaltige Gesundheitspolitik Konzept zur Suchtprävention in Form eines Leitfadens
Baloise Holding	Firmeneigene Sportclubs und Teilnahme an lokalen Gesundheitsinitiativen Kostenlose Grippeimpfungen
Serono	»Safety Comittee« versichert, dass alle nötigen Maßnahmen zur Sicherung der Gesundheit am Arbeitsplatz getroffen wurden.
Thurgauer Kantonalbank	Ernährungsberatung Organisierte Antiraucherseminare Sportliche Anlässe durch den TKB-Sportclub
Hunziker	Gesundheitsförderung (verschiedene Aktivitäten zur Förderung des Wohlbefindens)

Die Reportings der untersuchten 121 Unternehmen zeigen eine größere Auswahl an Umsetzungsbeispielen. Schlussendlich handelt es sich bei den Reportings immer um Selbstdarstellungen der Unternehmen, und es braucht eine intensivere Auseinandersetzung mit den

einzelnen Unternehmensbeispielen, um einen erfolgreichen Transfer
für den eigenen Führungsbereich zu bewerkstelligen. Die Möglichkeiten zur Gestaltung von Führung auf verschiedenen Ebenen mit
Blick auf die positiven Auswirkungen in der Gesundheitsförderung
werden in den folgenden Abschnitten beschrieben.

Führung hat das Ganze im Blick – Führung »indirekt« gestalten

*»Systems are and systems work, if not, they are not systems at all. Control
is what facilitates the existence and the operation of systems« (Beer)*

Die eigenen Möglichkeiten zur Gestaltung einer gesundheitsförderlichen Führung sind vielfältig. In der nachhaltigen Unternehmensführung geht es darum, langfristig den Erfolg des Unternehmens zu
sichern. Das geht nur unter bestimmten Voraussetzungen.

In der Führung müssen bestimmte Unternehmensziele erreicht
werden. Eine der wichtigsten Ressourcen der Dienstleistungsgesell-
schaft, um das zu erreichen, sind die Mitarbeiterinnen und Mitarbeiter. Für die Erreichung der Unternehmensziele braucht es alle. Unabhängig vom Ausbildungs- und Erfahrungsstand der Mitarbeitenden
sind die Motivation, die Gesundheit und die Weiterentwicklung der
Mitarbeitenden zentrale Erfolgskriterien. In diesem Punkt decken sich
die Anforderungen der Mitarbeiterinnen und Mitarbeiter mit denen
des Unternehmens. Schlussendlich geht es darum, die Waagschale
zwischen den Sachzwängen der Unternehmensführung und den Bedürfnissen der Einzelnen zum Wohle des Unternehmens – erreicht
durch die Mitarbeitenden – auszubalancieren.

Im folgenden Abschnitt wird aufgezeigt, wie die Rahmenbedingungen der Führung so gestaltet werden können. In der Führungs-
literatur wird teilweise postuliert, dass diese Art der »strukturellen
Führung« ein Substitut für die direkte Mitarbeiterführung sein kann.
Die Autorin teilt diese Auffassung nicht, dennoch werden genau über
die Elemente der strukturellen Führung die Rahmenbedingungen
geschaffen, die es einer Führungskraft erleichtern oder erschweren, die

Arbeitsbedingungen und die Führungsbeziehung zu einer Win-Win-Situation für die Mitarbeitenden und das Unternehmen zu gestalten.

Unternehmensrealität aus systemischer Perspektive

Wenn wir den Blick auf die Möglichkeiten zur Gestaltung der Rahmenbedingungen der Mitarbeiterinnen und Mitarbeiter lenken, ist es unumgänglich, sich kurz mit dem eigenen Organisationsverständnis und Menschenbild auseinanderzusetzen.

Die Gestaltung von Rahmenbedingungen im Unternehmen beinhaltet implizit Vorstellungen dazu, wie der Mensch funktioniert, was ihn antreibt und wie er zu Handlungen zu bewegen ist, die der Organisation dienlich sind. In der Organisationslehre existieren verschiedene Menschenbilder, das heißt. allgemein gültige Vorstellungen dazu, was die Natur des Menschen ist. Diese Vorstellungen sind immer auch an eine bestimmte Kultur und Zeitepoche gebunden und weisen in den westlichen Industrienationen eine gewisse Pluralität auf [vgl. Hug, 13].

Wenn wir die heutige Unternehmensrealität in vielen Bereichen genauer anschauen, dann stellen wir fest, dass eine Vielzahl an Einflüssen, Anforderungen, Meinungen etc. auf die Angehörigen eines Unternehmens einströmt. Hieraus – das heißt in Abstimmung mit der Umwelt des Unternehmens und in Abhängigkeit von der Meinungsbildung im Unternehmen – werden Entscheidungen getroffen und die Unternehmensrealität geschaffen. Eine zentrale Rolle spielt dabei die Wahrnehmung der beteiligten Personen: Wie beurteilen wir bestimmte Informationen oder Handlungen? Welche Schlüsse werden getroffen, welche Entscheidungen resultieren daraus?

Wenn wir uns dieser Betrachtung anschließen und erkennen, dass der Mensch als Individuum einerseits auf diese vielfältigen Anforderungen in der ihm eigenen Art und Weise reagiert und gleichzeitig damit aber wieder für die anderen Personen im Unternehmen eine neue Realität schafft, dann gehen wir im Kern von einer »systemischen Betrachtungsweise« aus. Das heißt Unternehmen oder Organisationen sind nichts Statisches, sondern werden von vielen Einzelnen geschaffen und konstruiert. Im Gegenzug werden die Mitarbeitenden in ihrer Handlungsweise durch das Unternehmen mit seinem komplexen Zusammenspiel an Rahmenbedingungen beeinflusst und zu bestimmten Verhaltensweisen animiert oder eben eher davon abgehalten.

Welche Möglichkeiten gibt es nun, die Zusammenarbeit in einem komplexen Unternehmensumfeld – das per Definition schon nicht komplett gestaltbar ist – so zu gestalten, dass es gesundheitsförderlich ist?

Die Rahmenbedingungen der Führung gestalten

Wenn die Führung von einem gesamten Unternehmen oder einer kompletten Unternehmenseinheit betrachtet wird, dann ergeben sich viele Ansatzpunkte, die Rahmenbedingungen der Mitarbeiterführung zu gestalten.

In der *normativen und strategischen Führung* werden Visionen, Leitbild und Strategien für die Führung des Unternehmens entwickelt. Oftmals sind in diesen Aussagen bereits Annahmen über die Art der Zusammenarbeit enthalten. Als Beispiel wird auf Visionen verwiesen, in denen es über die Einzigartigkeit der Mitarbeitenden und ihren Beitrag zum Unternehmenserfolg geht. Was liegt da näher als in der Umsetzung und Gestaltung der Mitarbeiterbeziehung entsprechend sorgsam und nachhaltig mit dieser Ressource Mensch umzugehen? In anderen Visionen und Leitbildern finden sich hingegen keine Aussagen zur Gestaltung der Mitarbeiterbeziehung, dafür aber Aussagen zur kurzfristigen Optimierung »we go for quick wins«. Auch hier sind bereits bestimmte Annahmen über »das Funktionieren« der Mitarbeitenden enthalten und es lässt sich erahnen, welche Konsequenzen solche Unternehmensausrichtungen für die Gestaltung der Mitarbeiterbeziehung haben. Die Erhöhung der Belastungssituation wird immer wieder erforderlich sein, um diese »quick wins« umzusetzen. Eine nachhaltige Gestaltung der Arbeitsbeziehung liegt nicht im Fokus der Betrachtung. Gesundheitsförderliche Gestaltung von Führung als Teil der normativen Führung, zum Beispiel in Vision, Leitbild oder entsprechender Policies oder auch konkreter (Teil-)Strategien zur gesundheitsförderlichen Gestaltung der Führung, schafft die Rahmenbedingungen für die Ausgestaltung der Führungsbeziehung in der Praxis. Unternehmen, die sich im besonderen Maße im Sinne der Corporate Social Responsibility oder der sozialen Nachhaltigkeit engagieren, werden diese Aspekte noch umfassender als Teil ihrer strategischen Führung beachten. (vgl. hierzu auch den folgenden Unterabschnitt).

Organisationsstrukturen und -abläufe machen Vorgaben zur hierarchischen Gliederung, zu Informations- und Entscheidungsprozessen und zur Möglichkeit der Einflussnahme und Abstimmung. Mitwirkungs- und Entscheidungsstrukturen werden geregelt, Handlungsspielräume definiert und die Abstimmung von Aufgaben, Verantwortung und Kompetenzen geklärt. Einerseits kann über die Gestaltung von Organisationsstrukturen und Abläufen sichergestellt werden, dass die Mitarbeitenden Klarheit über verschiedene Aspekte ihrer Tätigkeit haben (zum Beispiel Verantwortung und Kompetenzen). Andererseits kann – bezogen auf die spezifischen Bedürfnisse der jeweiligen Mitarbeitergruppen – die Partizipation und Mitbestimmung geregelt werden. Es gibt hier eine Vielzahl an Gestaltungsmöglichkeiten, einerseits die Belastung und Beanspruchung der Mitarbeitenden zu steuern und andererseits auch gesundheitsförderliche Aspekte wie Partizipation, ganzheitliche Aufgabengestaltung etc. umzusetzen. Ergänzend zur Optimierung der Organisationsstruktur und -abläufe im Sinne einer gesundheitsförderlichen Gestaltung der Organisation gibt es hier die Möglichkeit, durch Schaffung von entsprechenden Arbeitsgruppen, zum Beispiel Gesundheitszirkeln, das Thema Gesundheit auch ganz gezielt organisatorisch zu verankern. In Gesundheitszirkeln oder ähnlich bezeichneten Arbeitsgruppen können sich Mitarbeitende von verschiedenen Arbeitseinheiten treffen und kritische Belastungsfaktoren im Arbeitsalltag identifizieren sowie Möglichkeiten zur direkten Gesundheitsförderung entwickeln und umsetzen. In einem umfassenden Betrieblichen Gesundheitsmanagement (BGM) (vgl. Thul in diesem Band) werden diese und ähnliche Aktivitäten in einem umfassenden Managementsystem verankert und damit führbar gemacht.

Die *systematische Verankerung des Themas Gesundheit in einem umfassenden Managementsystem* ist ein notwendiges und sinnvolles Vorgehen, um das Thema Gesundheit systematisch in das Führungssystem zu integrieren. Teil eines solchen Managementsystems können Maßnahmen zur Erhöhung der Arbeitssicherheit sein, Programme zur aktiven Förderung der Gesundheit (zum Beispiel Rückenschule, Entspannungsübungen, Ernährungsberatung), Präventionsmaßnahmen und auch Fehlzeitenmanagement gehören dazu. In der Regel werden in solchen Managementsystemen auch entsprechende *Steuerungs- und Kennzahlensysteme* integriert. Das heißt in Unternehmen, die speziell auch auf die Gesundheit ihrer Mitarbeiter/innen achten, finden sich häufig einerseits Leistungsindikatoren guter Führung (als Grundlage von gesundheitsförderlicher Führung) und die Erhebung entsprechender Kennzahlen in der Berichterstattung andererseits.

Weitere Ansatzpunkte zur Gestaltung der »indirekten gesundheitsförderlichen Führung« sind im *Aufbau eines partnerschaftlichen Organisations- und Führungsklimas, Führungsleitlinien*, die auf die Belastung und Gesundheit der Mitarbeitenden abzielen, die Anpassung der *Führungsinstrumente* (zum Beispiel Mitarbeitergespräche) zu sehen. Die unmittelbare *Arbeitsgestaltung* (Arbeitszeit- und Arbeitsplatzgestaltung) hat großen Einfluss auf die Gesundheit der Mitarbeitenden und liegt sehr oft – zumindest in der Feinabstimmung – sogar im Einflussbereich jeder einzelnen Führungskraft.

Abschließend möchte ich darauf verweisen, dass all die genannten Möglichkeiten dann förderlich sind, wenn die Kernbotschaften stimmig sind und zueinander passen und damit tatsächlich handlungsleitend für die Mitarbeitenden sind. Um herauszufinden, was im eigenen Unternehmen wie aufgenommen und umgesetzt wird, wird empfohlen, immer wieder das eigene Vorgehen zu hinterfragen. In einem *Reflexionsprozess* zum Beispiel mit dem Human Resource

Management (HRM) oder in Abstimmung mit dem eigenen Vorgesetzten, den Kollegen im Führungskreis oder mit den Mitarbeitenden kann herausgefunden werden, was als förderlich und unterstützend und was als eher hinderlich und belastend wahrgenommen wird. So können beispielsweise gut gemeinte Kennzahlensysteme zur Erfassung von krankheitsbedingten Absenzen unter Umständen das Gegenteil bewirken: Mitarbeitende verspüren damit mehr Druck zur Präsenz am Arbeitsplatz, erholen und kurieren sich im Krankheitsfall nicht aus und ein sogenannter Präsentismus entsteht. Das heißt kranke Mitarbeitende sind am Arbeitsplatz, können nicht regenerieren, und eine nicht sehr gesundheitsförderliche Unternehmenskultur entsteht.

Analyseinstrument: Unternehmensführung und Gesundheit

Unternehmen, die die verschiedenen Aspekte der ganzheitlichen Führung umfassend durchleuchten und aufeinander abgestimmt umsetzen möchten, steht das folgende Instrument zur Selbsteinschätzung zur Verfügung. Der Beschriftung der Zeilen können die oben beschriebenen Handlungsfelder entnommen werden. In einer Selbstbewertung mit den Entscheidungsträgern oder Gesundheitsverantwortlichen im Unternehmen kann eine Selbsteinschätzung vorgenommen werden, ob das Thema im Unternehmen sozusagen »noch am Anfang steht« oder bereits »klare Vorstellungen« vorliegen oder umgesetzt werden. Damit diese Einschätzung konkret erfolgt, wird empfohlen, die praktischen Beispiele einzutragen. Die in der Diskussion entstehenden Handlungsfelder und Optionen können ebenfalls erfasst und später konkret ausgearbeitet und umgesetzt werden.

Oftmals ist bereits die Beurteilung der Ist-Situation des eigenen Unternehmens bezogen auf die Handlungsmöglichkeiten einer umfassenden verantwortungsbewussten Unternehmensführung aufschlussreich: Welche Werte postuliert das Unternehmen bezogen auf die Gesundheit der Mitarbeitenden? Welche weiteren Möglichkeiten (zum Beispiel Reflektion und Lernen) zur Gestaltung einer umfassenden Führung werden umgesetzt? Eine Fokussierung der Aspekte der ganzheitlichen Führung auf das Thema Gesundheit ist sinnvoll und gut umsetzbar.

Tabelle 3: Gestaltung von Führung als Element der Gesundheitsförderung – eine Selbsteinschätzung: Perspektive der ganzheitlichen Führung							
Ganzheitliche Führung	**1**	**2**	**3**	**4**	**5**	**Praktische Umsetzung, Beispiele**	**Handlungs-felder**
Gesundheitsorientierte Führung normativ und strategisch aus-richten							
Organisationsstrukturen und Prozesse anpassen							
Unternehmenskultur und Füh-rungsphilosophie leben							
Information und Kommunikation transparent gestalten							
Umfassendes HRM für Füh-rungskräfte und Mitarbeitende einsetzen							
Betriebliches Gesundheitsma-nagement und betriebliche Ge-sundheitsförderung als Teil des Managementsystems verstehen							
Indikatoren und Messsysteme ganzheitlich ausrichten und Transparenz schaffen							
Reflexions- und Lernprozesse einleiten und kontinuierlich fördern							
1 „Mit diesem Thema stehen wir erst am Anfang und müssen uns noch klar wer-den, welche Erwartungen wir erfüllen wollen." ... 5 „Zu diesem Thema haben wir bereits klare Vorstellungen entwickelt und unsere Ziele erreicht."							

288

Individuell und doch gerecht führen – Führung hat den Mitarbeiter und Mitarbeiterin im Blick

»Es kommt nicht darauf an, die Welt zu verändern, sondern sie zu vermenschlichen« (Karl Steinbuch)

Bei der Mitarbeiterführung kommen viele arbeits- und organisationspsychologische Erkenntnisse zum Tragen, die in der Praxis so einfach und schwer gleichermaßen umzusetzen sind. Betrachten wir den Anspruch »individualisiert führen und im sozialen Vergleich gerecht bleiben«. In einem Führungsbereich gibt es Mitarbeiterinnen und Mitarbeiter mit unterschiedlichem Know-how, Tempo, Gesundheitszustand und Engagement. Menschen sind verschieden, und das macht uns Menschen so menschlich, so interessant. Aus diesem Grund heraus sind Führungs- und Beurteilungsmethoden der individuellen Führung »modern« (zum Beispiel die ergebnisorientierte Beurteilung des MbO). Was es dann aber bedeutet gerecht zu bleiben, wenn von den Mitarbeiterinnen und Mitarbeitern Unterschiedliches verlangt wird, ist ein Spagat, der schwierig zu bewältigen ist.

Personenbezogener und bedingungsbezogene Intervention

Bei der Führung von Mitarbeiterinnen und Mitarbeitern unterscheidet Ulich [14] zwischen personenbezogener und bedingungsbezogener Intervention. Die bedingungsbezogene Intervention kommt den oben beschriebenen Ansätzen der ganzheitlichen Führung nahe, geht aber hier nochmals auf die Ebene der Arbeitssysteme, der Arbeitsgestaltung ein, während im vorigen Abschnitt die Ebene der Organisation betrachtet wurde. Bei der personenbezogenen Intervention geht es um eine einzelne Person, das heißt die Maßnahmen setzen auf deren individueller Ebene an. Zum Beispiel sollen krankheitsbezogene Fehlzeiten durch eine Rückenschule oder ein Stressimmunisierungstraining reduziert werden. Es werden also direkt die Belastungen optimiert und damit Fehlbeanspruchungen und Krankheiten vermieden. Bedingungsbezogene Interventionen hingegen setzen bei den Arbeits-

289

systemen oder Personengruppen an. Durch eine soziotechnische Auf-gabengestaltung [15], in der die Ganzheitlichkeit der Arbeit, die An-forderungsvielfalt, die Möglichkeiten zur Interaktion, Autonomie und zum Lernen im Vordergrund stehen, soll langfristig die Gesundheit am Arbeitsplatz erhöht werden. Dies wird erreicht vor allem über die Förderung eines positiven Selbstwertgefühls, dem Erhalt einer Kon-trollorientierung beim Mitarbeiter selbst, einer motivationsfördernden Arbeitsumgebung und dem Erhalt der Leistungsfähigkeit.

Eine *Über- und Unterforderung kann vermieden und die Sinnhaftig-keit der Arbeit* erhalten werden, wenn Mitarbeiterinnen und Mitarbei-ter umfassende Aufgaben erhalten und damit die Möglichkeit haben, die Ergebnisse der eigenen Arbeit mit den gestellten Anforderungen zu überprüfen. Eine solche ganzheitliche Aufgabengabengestaltung entsteht oftmals, wenn die Mitarbeiter – je nach Komplexität von Produkt oder Dienstleistung – einzeln oder als Team für eine gesamte Aufgabe verantwortlich sind. Die Verantwortung für eine gesamte Aufgabe umfasst damit planende, ausführende und kontrollierende Elemente. Ein solcher Aufgabenzuschnitt verhindert eine einseitige Beanspruchung der Mitarbeitenden und ermöglicht den Einsatz ver-schiedener Fähigkeiten, Kenntnisse und Erfahrungen.

Wenn in der Durchführung der Aufgaben Dispositions- und Entscheidungsspielraum besteht bzw. gezielt *Handlungsspielräume eingerichtet werden* und die Selbstorganisation gefördert wird, kann das zu einer Stärkung des Selbstwertgefühls bei den Mitarbeiterinnen und Mitarbeitern führen – und die Bereitschaft zur Übernahme von Verantwortung steigt. Die in einem solchen Arbeitsumfeld gemachten Erfahrungen, nicht einfluss- und bedeutungslos zu sein, stärken die psychische Gesundheit der Mitarbeitenden. Arbeit, die so gestaltet wird, dass die *Aufgabenbewältigung in Abstimmung mit anderen oder in einem Team erfolgen kann*, bietet die Möglichkeit zur gegensei-tigen Unterstützung. Für den einzelnen Mitarbeiter und die einzelne Mitarbeiterin bedeutet dies, dass durch gegenseitige Unterstützung Belastungen besser und Schwierigkeiten gemeinsam ertragen werden können. Möglichkeiten zur Selbstorganisation haben immer auch die

Chance, dass vorhandene Qualifikationen erweitert werden, die (geistige) Flexibilität erhalten und die beruflichen Qualifikationen weiterentwickelt werden.

Die Ausprägung der oben genannten Punkte muss zur Aufgabe und auch auf den Mitarbeiter abgestimmt erfolgen. Wenn der Handlungsspielraum und die Autonomie sowie auch die Möglichkeit zur Teamarbeit im Einzelfall sehr offen gestaltet werden, kann das auch zu einer erhöhten Belastung beziehungsweise zu einer erhöhten Beanspruchungssituation führen. Diese Entwicklung zu beobachten und situationsadäquat in der Führung umzusetzen, ist Aufgabe der Führung und erfordert insbesondere die permanenten Abstimmung zwischen Vorgesetztem / Vorgesetzter und Mitarbeiter/in.

Partnerschaftliche Führung geht grundsätzlich von einer wertorientierten Führung aus, bei der es um eine Klarheit in der Führungsbeziehung geht. Durch aktives Zuhören, bei dem die Führungsperson herauszufinden versucht, worum es der geführten Person wirklich geht, können Belastungssituationen verstanden und richtig eingeordnet werden – und es kann in Abstimmung mit dem Mitarbeiter oder der Mitarbeiterin Abhilfe geschaffen werden. Mitarbeitende können in der Regel sehr gut mit kurzfristig erhöhten Anforderungen umgehen. Wenn die psychische oder physische Belastung am Arbeitsplatz aber andauert und der Belastungs- und Beanspruchungsphase keine Erholung folgen kann, steigt das Gesundheitsrisiko.

Ein wichtiger Ansatzpunkt, dem zu begegnen, ist die Möglichkeit einer ausgewogenen »Work-Life-Balance« für die Mitarbeitenden. Auch hier sind die Bedürfnisse so vielfältig wie die Mitarbeitenden selbst. Während es für die einen um die Vereinbarkeit von Familie und Beruf geht, braucht es eine vernünftige Balance von Sport- und Freizeitaktivitäten und beruflicher Präsenz für die anderen.

Einer besonderen psychischen Belastung sind Mitarbeitende ausgesetzt, die das Gefühl haben, am Arbeitsplatz unfair behandelt zu werden oder ein konflikthaftes Arbeitsumfeld haben. Gerade die Forderung nach mehr Autonomie, Teamarbeit und Individualisierung in der Führung kann dazu führen, dass es zu solchen Situationen kommen kann. *Konflikte oder fehlende Fairness am Arbeitsplatz* fordern zunächst von den Führungskräften die Fähigkeit, sensibel solche Themen wahrzunehmen und im Gespräch aufzugreifen und gemeinsam nach Klärungen und Lösungen zu suchen.

Menschen, die das Gefühl haben, dass sie für ihre Anstrengungen bei der täglichen Arbeit und für ihre Bemühungen, hier das Beste zu geben, im Gegenzug nicht die Belohnung erhalten, die ihnen zusteht, befinden sich in einer so genannten »Gratifikationskrise«. Idealerweise wird schon frühzeitig im Dialog mit der Mitarbeiterin oder dem Mitarbeiter erkannt, wenn sich ein solches Gefühl einstellt, und die Interpretation bestimmter unternehmerischer Entscheidungen in einen stimmigen Kontext gesetzt, erläutert und damit für die Mitarbeitenden annehmbar und nachvollziehbar gemacht. Auf jeden Fall empfehlen sich auch hier der intensive Dialog mit dem Mitarbeiter, die wertschätzende und klärende Rückmeldung zur Leistung und zum Verhalten und ein transparenter Umgang mit Incentives bei allen Mitarbeitenden.

Auf dieser Ebene kann jede Führungskraft mit den Mitarbeitenden gemeinsam ansetzen. Es ist nicht immer gleich gut unterstützt, da braucht es die Steuerung des Ganzen. Es ist aber überall möglich und liegt in der Hand der Beteiligten.

Ergänzend können ganz konkrete *flankierende Maßnahmen zur Gesundheitsförderung* am Arbeitsplatz eingesetzt werden. Die Möglichkeiten hierzu sind vielfältig: Abgabe von Obst und Mineralwasser am Arbeitsplatz, Rückenschule und Gymnastik am Arbeitsplatz, Grippeimpfungen, Sport- und Ruheräume, gesunde Ernährungsangebote und Ernährungsberatung, Abonnements und Kooperationen mit Fitness-Studios, Beratungsangebote zum Thema Gesundheit....

Analyseinstrument: Mitarbeiterführung und Gesundheit

Analog zum Vorgehen im letzten Abschnitt kann wiederum die Checkliste eingesetzt werden, um die eigene Führungssituation unter die Lupe zu nehmen. Die verschiedenen Handlungsoptionen sind unter der Spalte »Führung von Mitarbeitenden« aufgeführt. In einer Selbstbewertung mit den Entscheidungsträgern oder Gesundheitsverantwortlichen im Unternehmen können Sie dann wiederum eine Einschätzung vornehmen, ob das Thema im Unternehmen sozusagen »noch am Anfang steht« oder bereits »klare Vorstellungen« vorliegen oder womöglich sogar umgesetzt werden. Auch diese Tabelle sieht die Option vor, die eigenen praktischen Beispiele, aus denen Sie Ihre Bewertung ableiten, einzutragen. Die in der Diskussion entstehenden Handlungsfelder und Optionen können ebenfalls erfasst und später konkret umgesetzt werden. Eine Vielzahl an Möglichkeiten zur Gestaltung von Führung werden bei Steiger und Lippmann [2008, 16] beschrieben.

Tabelle 4: Gestaltung von Führung als Element der Gesundheitsförderung – eine Selbsteinschätzung: Perspektive der Führung von Mitarbeitenden							
Führung von Mitarbeitenden	**1**	**2**	**3**	**4**	**5**	**Praktische Umsetzung, Beispiele**	**Handlungsfelder**
Über- und Unterforderung vermeiden sowie Sinnhaftigkeit der Arbeit bewahren							
Partnerschaftliche Führung leben und soziale Unterstützung bieten							
Handlungsspielräume einrichten, Kooperationen unterstützen, Teamarbeit und Selbstorganisation fördern							
Aktives Zuhören und offen, wertschätzend kommunizieren							
Individualisiert führen und im sozialen Vergleich gerecht bleiben							

Tabelle 4: Gestaltung von Führung als Element der Gesundheitsförderung – eine Selbsteinschätzung: Perspektive der Führung von Mitarbeitenden (Fortsetzung)							
Führung von Mitarbeitenden	1	2	3	4	5	Praktische Umsetzung, Beispiele	Handlungs-felder
Gratifikationskrisen vorbeugen und im Dialog klären							
Konflikte, Wahrnehmung von Unfairness etc. aktiv bearbeiten							
Work-Life-Balance der Mitarbei-tenden fördern							
Flankierende Angebote Gesund-heit							
1 „Mit diesem Thema stehen wir erst am Anfang und müssen uns noch klar wer-den, welche Erwartungen wir erfüllen wollen." ... 5 „Zu diesem Thema haben wir bereits klare Vorstellungen entwickelt und unsere Ziele erreicht."							

Als Führungskraft die eigenen Ressourcen und Fähigkeiten einsetzen

»Die gesunde Führungspersönlichkeit begeistert sich für das was sie tut. Das kommt daher, dass sie das ganze Spektrum ihrer Gefühlswelt wahr-nehmen kann.« (Kets de Vries) [17]

Führung gesundheitsförderlich zu gestalten, bietet viele Ansatz-punkte und Handlungsoptionen im Unternehmen. Die Führungs-kraft ist selbst Teil des Systems und Betroffene oder Betroffener. Eine erhöhte Druck- oder Belastungssituation bei den Mitarbeitenden geht oftmals mit einer hohen Beanspruchung und entsprechend erlebten Belastungssituation bei der Führungskraft einher. Damit eine Füh-rungsperson diesem Anspruch gerecht werden kann, muss sie ihre eigenen Ressourcen und Fähigkeiten kennen und nutzen können. Schlussendlich kann nur eine Führungskraft, die selbst vorlebt, was sie von ihren Mitarbeiter/innen verlangt, auch überzeugen und das Thema glaubhaft vertreten.

294

Gleichgewicht zwischen Ressourcen und Belastungen

Kernen und Meier [18] sehen eine Life-Balance für Führungskräfte (und Mitarbeiter/innen) als langfristiges Ziel, um das gesundheitliche Gleichgewicht mit den persönlichen Ressourcen zu erhalten. Gesundheit wird als »dynamisches, stabiles Fließgleichgewicht von Ressourcen und Belastungen« (S. 127) bezeichnet. Die Führungskraft ist nach diesem Verständnis immer einem Alltag ausgesetzt, der gesundheitsfördernde (salutogene) und krankmachende (pathogene) Faktoren mit sich bringt. Indem die Person immer wieder ein »Fließgleichgewicht« zwischen ihrer Person und ihrer Umwelt herstellt, versucht sie ihr Wohlbefinden zu optimieren. Die Belastungsfaktoren können dabei aus dem privaten Umfeld und aus der Arbeitssituation kommen. Da diese Einflussfaktoren unterschiedlich stark sein können und immer wieder variieren, braucht es Ressourcen bei der Führungskraft, die diese so einsetzen kann, dass die vorhandene Belastung durch eingesetzte Ressourcen dazu führen, dass der Mensch gesund ist. Das heißt die Person hat ein stabiles, dynamisches Fliessgleichgewicht in seinem Umfeld, sie befindet sich in einem relativ stabilen Gleichgewichtszustand.

Unter Belastungen werden vor allem von außen auf einen Menschen einwirkende Faktoren verstanden (ein objektiver Sachverhalt). Beanspruchung hingegen ist die subjektiv erlebte Belastung. Bei gleicher oder ähnlicher Belastung kann diese Beanspruchung sehr unterschiedlich wahrgenommen werden. Stressoren oder Belastungsfaktoren können sein: zwischenmenschliche Konflikte, Über- oder Unterforderung bei der Arbeit, ergonomische oder physikalische Einflüsse. Die Hauptquellen der Belastungsfaktoren sind in den psychosozialen Faktoren zu sehen. Mobbing, Veränderungssituationen, die fehlende Arbeitsplatzsicherheit, aber auch die erhöhten Arbeitsanforderungen gehören dazu. Die verschiedenen Belastungsfaktoren wirken oftmals nicht für sich alleine, sondern als Bündel – und je nachdem wie das Individuum, hier zum Beispiel unsere Führungskraft, diese

Gesamtkonstellation erlebt und verarbeitet, kommt es zu einer Balance oder zu einer zunehmenden In-Balance des Fließgleichgewichtes.

Wichtig für die Balance des Fließgleichgewichts ist die Ressourcenbasis der Führungskraft. Ausgangspunkt hierfür bildet die subjektive Bewertung der an eine Person gestellten Anforderungen. Die von der Person vorgenommene Bewertung der Anforderungen (primäre Bewertung) wird nach Kernen und Meier [18] mit den verfügbaren Ressourcen und Bewältigungsstrategien (Coping) verglichen. Wenn nach diesem sekundären Bewertungsprozess eine ungenügende Anzahl an Ressourcen und Bewältigungsmöglichkeiten zur Verfügung stehen, dann steigt die subjektiv erlebte Beanspruchung und die Folge ist eine psychophysische Dysbalance, zum Beispiel in Form eines chronischen Stresses oder Burnouts. Wenn genügend Ressourcen zur Verfügung stehen, dann sinkt die subjektiv erlebte Beanspruchung und eine psychophysische Balance mit einhergehender Gesundheit und Leistungsfähigkeit stellt sich ein.

Um ein gesundheitliches Gleichgewicht zwischen Ressourcen und Belastungen innerhalb und zwischen den Lebensfeldern herzustellen, unterscheiden Kernen und Meier [18] zwei »alltagsnahe« Modellvorstellungen, das Handlungsfeld- und das Wellnessmodell. Das Wellnessmodell postuliert eine gesundheitsförderliche Balance durch einen Ausgleich von Bewegung, Entspannung und Ernährung. Im Handlungsfeld-Modell wird zwischen dem privaten Handlungsfeld und dem professionellen und institutionellen Feld unterschieden. Während im professionellen Feld der persönliche Bezug zur Arbeit, zum Entfaltungspotenzial bei dieser Arbeit und das positive Arbeitserleben eine wichtige Rolle spielen, orientiert sich das institutionelle Feld an den Strukturen, Funktionen und der Organisationskultur. Die Führungskraft bewegt sich in allen drei Handlungsfeldern und führt Handlungen in allen drei Feldern aus. Das beeinflusst die Führungspersönlichkeit und die Führungsbeziehung zu den Geführten.

Welche konkreten Möglichkeiten hat eine Führungspersönlichkeit, mit den eigenen Ressourcen so umzugehen, dass sich ein stabiles

296

Fließgleichgewicht von Belastung und Beanspruchung einstellen kann?

Zunächst gehört dazu ein »guter Kontakt zu sich selbst«, verbunden mit der Fähigkeit die persönlichen Fähigkeiten und Ressourcen zu kennen und nutzen zu können. Beanspruchungen können dann gut eingeschätzt werden und die Führungskraft kann sich in der Folge in den eigenen Handlungsfeldern so ausgewogen bewegen, dass dauerhaft kein Belastungs-Beanspruchungs-Ausgleich auf Kosten eines Handlungsfeldes (zum Beispiel des privaten Umfeldes) erfolgt. Mittelfristig würde dieses Verhalten zu einer erhöhten Inbalance führen, deren Folgen die Führungskraft sowie das private Umfeld zu tragen hätte.

Zur Wahrnehmungsfähigkeit gehört auch die Sensibilität für die eigene Gesundheit und die gesundheitsrelevanten Faktoren, die in verschiedenen Lebensbereichen Einfluss auf die psychische und physische Gesundheit nehmen. Die Führungskraft braucht neben Zeit für ihre Arbeit und ihr soziales Umfeld auch Zeit für sich selbst, um die eigene Situation – losgelöst von den Belastungen des Alltags – reflektieren zu können und sich selbst beobachten zu können. Oftmals ist die Führungsbegleitung in Form von Führungscoachings oder auch Intervisionsarbeit mit anderen Führungskräften hier sehr unterstützend.

Eine Führungskraft, die ihre persönliche Situation und ihre Führungssituation mit allen Facetten einschätzen kann, hat die Basis, um sich schlussendlich in die eigenen Mitarbeiter und Mitarbeiterinnen einfühlen zu können. Gerade die wahrgenommene Belastung einer Beanspruchung ist sehr subjektiv und variiert von Person zu Person. Um die Führungsbeziehung sinnvoll gestalten zu können, braucht es neben Einfühlungsvermögen auch eine gewisse »Geschicktheit« im sozialen Umgang. Hierzu gehören kommunikative Fähigkeiten sowie die Kenntnis über den korrekten Einsatz verschiedener Führungsinstrumente. Prozess- und Methodenkompetenz sowie die Fähigkeit zur permanenten Reflektion des Geschehens sind notwendige persönliche

297

Voraussetzungen, um den Belastungen des Führungsalltags erfolgreich begegnen zu können.

Analyseinstrument: Selbstführung und Gesundheit

Auch für Betrachtung der persönlichen Situation der Führungskraft steht – analog zum Vorgehen in den letzten beiden Abschnitten – eine Checkliste zur Einschätzung der eigenen Situation zur Verfügung. Die Aspekte zur Einschätzung der eigenen Führungssituation sind in der Spalte »Selbstführung« aufgeführt. In einer Selbstbewertung mit den Entscheidungsträgern oder im Führungscoaching können erneut Einschätzungen vorgenommen werden, ob das Thema bei der Führungskraft sozusagen »noch am Anfang steht« oder bereits »klare Vorstellungen« vorliegen. Es wird empfohlen, die eigenen praktischen Beispiele, aus denen Sie Ihre Bewertung ableiten, einzutragen. Die in der Reflexion entstehenden Handlungsfelder und Optionen können ebenfalls erfasst und später konkret umgesetzt werden.

Tabelle 5: Gestaltung von Führung als Element der Gesundheitsförderung – eine Selbsteinschätzung: Perspektive der Selbstführung							
Selbstführung	1	2	3	4	5	Praktische Umsetzung, Beispiele	Handlungs-felder
Persönliche Ressourcen und Fähigkeiten kennen und nutzen							
Eigene Gesundheit und ge-sundheitsrelevante Faktoren wahrnehmen, in verschiedenen Lebensbereichen umsetzen							
Über sich nachdenken und sich selbst beobachten							
die Führungssituation mit ihren verschiedenen Facetten ein-schätzen							

Tabelle 5: Gestaltung von Führung als Element der Gesundheitsförderung – eine Selbsteinschätzung: Perspektive der Selbstführung (Fortsetzung)							
Selbstführung	1	2	3	4	5	Praktische Umsetzung, Beispiele	Handlungs-felder
Sich in andere einfühlen können, Teamgeist haben und andere motivieren, im sozialen Umgang „geschickt sein"							
Prozess- und Methodenkompetenz besitzen							
Reflektieren können							
Diverse Führungsinstrumente kennen und einsetzen							
1 „Mit diesem Thema stehe ich erst am Anfang" 5 „Mit diesem Thema habe ich mich intensiv auseinandergesetzt und kann mich selbst gut einschätzen/führen"							

Gesundheitsförderliche Gestaltung von Führung – auf was kommt es an?

Führung im Spannungsbogen verschiedener Anspruchsgruppen und vielfältiger Ansprüche ist ein komplexes Unterfangen. Die gesundheitsförderliche Gestaltung von Führung ist eine komplexe Herausforderung in der Praxis. Zur Gestaltung des eigenen Führungsalltags gibt es eine Vielzahl an Theorien, Modellen, empirischen Befunden und Best-Practice-Beispielen. Der Praxis steht all dies gebündelte und überprüfte Wissen zur Verfügung, um die Anforderungen zu verstehen und Handlungsoptionen zu entwickeln.

In der praktischen Umsetzung passen nicht alle Umsetzungsmöglichkeiten zu jedem Unternehmen oder einzelnen Mitarbeitenden. Es geht immer auch darum, die Vielfalt an Möglichkeiten in den eigenen Kontext einzuordnen und für die Anforderungen der konkreten Führungssituation nutzbar zu machen. Eine zentrale Rolle in diesem Prozess spielt die Persönlichkeit, das Engagement und das Verhalten der Führungskraft. Es geht darum, Wege und Möglichkeiten auszuwählen, die auch zur Führungsperson passen, diese mit genügend

299

Fach- und Methodenkompetenz umzusetzen und im Dialog mit verschiedenen Personengruppen, allen voran den eigenen Mitarbeiterinnen und Mitarbeitern, zu hinterfragen und weiterzuentwickeln. Eine Schlüsselqualifikation hierbei ist die Fähigkeit zur Kommunikation und Reflexion von Inhalten, Prozessen und Strukturen.

Damit Gesundheit Chefsache sein kann, brauchen die Führungskräfte

⇨ eine differenzierte Sicht der Dinge,

⇨ ein breites Handlungsrepertoire,

⇨ eine nachhaltige und sozial-verantwortliche Ausrichtung der Führung,

⇨ die Fähigkeit zur Reflexion des eingeschlagenen Weges und müssen schlussendlich

⇨ verschiedene Blickwinkel und Handlungsoptionen zu einem Ganzen vereinen können.

» Alles sollte so einfach wie möglich sein – aber nicht einfacher.«
(Albert Einstein)

Literatur

[1]   ULICH, E. (2007). *Förderung der Gesundheit im Betrieb – Positionsbestimmung, HR-Today, Juli 2007.*

[2]   *inqa.de/Initiative Neue Qualität der Arbeit (2005). Mitarbeiterorientiertes Führuen und soziale Unterstützung am Arbeitsplatz; http.//www.inqa.de/Inqa/Redakion/Zentralredaktion/ PDF/Publikationen/mitarbeiterorientiertes-fuehren-pdf.*

[3]   RAMACIOTTI, D. & RERRIARD, J. (2000): *Die Kosten des Stresses in der Schweiz. Gruppe für angewandte Psychologie (GPA) der Universität Neuenburg & ERGOrama A.G., Genf.*

[4]   ILLMARINEN, J. & TEMPEL, J. (2002). *Arbeitsfähigkeit 2010, Bildungswerk.*

[5]   BADURA, B. IN H. SUMMER (2007). *Entsolidarisierung von Führungsverhalten und mögliche Auswirkungen auf die Gesundheit, Industrielle Beziehungen, Vol. 14, Iss. 3, p. 270-279.*

[6]   NETTA, F. (2007). *Partizipation, Gesundheit und wirtschaftlicher Erfolg – neue Analysen und Erkenntnisse zum Gesundheitsmanagement, Vortrag: Forum Gesundheitscoaching und Arbeitswelten, Helm Stierlin Institut, Heidelberg.*

[7]   ENTERPRISE FOR HEALTH (2005). *Psychosoziale Gesundheit und Führung. Dokumentation. Bertelsmann-Stiftung.*

[8]   EBERHARDT, D., WINISTÖRFER, H. & MERZ, R. (2005). *Erfolgsfaktoren: Nachhaltigkeit und soziale Verantwortung, HR Today (11), S. 22-25.*

[9]   EBERHARDT, D. (2007). *Nachhaltige Unternehmensführung – Excellence durch Verknüpfung wirtschaftlicher, sozialer und gesellschaftlicher Forderungen, in: B. Haas, R. Oetinger, A. Ritter & M. Thul (Hrsg.): Nachhaltige Unternehmensführung – Excellence durch Verknüpfung wirtschaftlicher, sozialer und gesellschaftlicher Forderungen. Hanser.*

[10]   EBERHARDT, D. (2008). *Wie wird nachhaltiges HRM gestaltet? Ergebnisse einer Untersuchung in 120 der grössten Schweizer Unternehmen. Vortrag anlässlich der Personal Swiss. http://www.psychologie.zhaw.ch/de/psychologie/ueber-uns/news/newsdetails/news/wie-wird-nachhaltiges-hrm-gestaltet.html*

[11]   SCHEIBER, P., WALDER, D. & ZIMMERMANN, M. (2007). *Nachhaltiges Human Capital Management – Stakeholderansprüche, normative Grundlagen und praktische Umsetzung, Projektarbeit, Zürcher Hochschule für Angewandte Wissenschaften, Studiengang Betriebsökonomie, unveröffentlichtes Manuskript.*

[12]   DAUB ET AL. (2007), *Die besten integrierten Geschäftsberichte der Schweiz – Aktuelle Ergebnisse und Bilanz einer Studie über fünf Jahre, Basel: edition gesowip*

[13]   HUG, BRIGITTA (2008). *Menschenbilder. In T. Steiger und E. Lippmann (Hrsg.) Handbuch Angewandte Psychologie für Führungskräfte – Führungskompetenz und Führungswissen (S. 3-15), 3. Auflage, Band 1, Springer.*

[14]   ULICH, E. (2001). *Arbeitspsychologie, 5. vollständig überarbeitete und erweiterte Auflage, Stuttgart: Schäffer-Poeschel.*

[15]   STEIGER, T. (2008). *Organisationsverständnis, in T. Steiger und E. Lippmann (Hrsg.) Handbuch Angewandte Psychologie für Führungskräfte (S. 18-33), Band 1, 3. Auflage, Springer.*

[16]   STEIGER, T. & LIPPMANN, E. (2008). *Handbuch angewandte Psychologie für Führungskräfte, 3, Aufl., Berlin: Springer.*

[17]   KETS DE VRIES, F.R. (2004). *Chefs auf die Couch. Harvard Business Manager, April, S. 62-73*

[18]   KERNEN, H. & MEIER, G. (2008). *Mit den eigenen Ressourcen haushalten – persönliches Ressourcen-Management für Führungskräfte und die Mitarbeitenden, in T. Steiger und E. Lippmann (Hrsg.) Handbuch Angewandte Psychologie für Führungskräfte (S. 123-149), Band 1, 3. Auflage, Springer.*

Zusammenfassung

Wenn eine Führungskraft erfolgreich das Thema Gesundheit im Unternehmen verankern möchte, braucht es mehr als die reine »Positionsmacht« (ich bin der Chef und habe das Sagen). Das führt zu keiner nachhaltigen Führung, ganz besonders nicht bei Themen, die – auf den ersten Blick betrachtet – nicht zu den Kernaufgaben der Führungskraft gehört. Hilfreich hierfür ist vielmehr eine breit abgestützte Sicht über die Facetten der Führung.

Führung gesundheitsförderlich gestalten

⇨ ist ein relevantes Thema für die Chefetage,
⇨ ist Teil der sozial-verantwortlichen und nachhaltigen Unternehmensführung,
⇨ ist in der Führung der Mitarbeiterinnen und Mitarbeiter sehr anspruchsvoll und muss den Spagat bewältigen von »individualisiert führen und im sozialen Vergleich gerecht bleiben« und
⇨ ist eine Herausforderung an die Führungsperson, die mit ihren eigenen Möglichkeiten die Führung gestaltet.

Führungskräfte müssen verschiedenen Ansprüchen gerecht werden, damit sie das Thema glaubwürdig verfolgen und verankern können. Dazu gehört die differenzierte Sichtweise der Dinge, ein breites Handlungsrepertoire, eine nachhaltige und sozial-verantwortliche Ausrichtung der Führung und schlussendlich die Fähigkeit, verschiedene Blickwinkel und Handlungsoptionen zu einem Ganzen vereinen zu können.

Gesundheit ist Führungsthema – ein Disput der Herausgeber

Lutz Becker, Gunter Frank, Walter Kromm

Ein beliebter Witz unter Ärzten lautet: Chirurgen können alles und wissen nichts, Internisten können nichts und wissen alles. Wenn man sich also in der Medizin selbst in vielen Fällen nicht einig ist: Warum geben Ärzte jetzt sogar noch ein Führungsbuch heraus? Dies reizt zur Nachfrage. Prof. Dr. Lutz Becker, der Mit-Herausgeber der Reihe »Die Neue Führungskunst – The New Art of Leadership« des Symposion Verlages, übernimmt im folgenden Disput die Rolle des Advocatus Diaboli und fordert die zwei Herausgeber auf, ihre Beweggründe für ihre fachfremden Therapieempfehlungen zu schildern.

Lutz Becker: Auf den ersten Blick überrascht es, wenn Ärzte sich so vehement in das Thema Führung einschalten und sogar ein eigenes Buch hierzu initiieren...

Walter Kromm: Der Leser mag sich die Frage stellen, warum beschäftigen sich Ärzte mit dem Thema Führung. Ich habe früher selbst viele Jahre in der Wirtschaft bzw. in Führungsstäben gearbeitet. Später ist mir dann klar geworden, dass Gesundheit im Unternehmen, die Leistungsfähigkeit und Leistungsbereitschaft der im Unternehmen agierenden Menschen wenig mit dem zu tun haben, was wir im Medizinstudium gelernt haben. Auch die früher oft postulierte Managerkrankheit – also die Annahme, dass viel Arbeit krank macht – konnte ich meist nicht nachvollziehen. Was krank macht, ist eher das Gefühl, nichts bewirken zu können, keine Spielräume zu haben und nicht genügend wertgeschätzt zu werden für das, was man leistet.

Gunter Frank: Als praktische Ärzte und Berater wissen wir, dass in den Unternehmen ein enormer Druck besteht. Der Wunsch deshalb etwas für die Gesundheit der Mitarbeiter zu tun, ist durchaus vorhanden. Über die Jahre ist uns aber aufgefallen, dass mit den klassischen Gesundheitsprogrammen in den Unternehmen keine wirklichen Verbesserungen bewirkt werden. Regelrecht kontraproduktiv sind Präventivangebote, wenn sie hauptsächlich auf die Vermeidung von Risikofaktoren zielen und versuchen, durch Auslösen von Ängsten Verhaltensänderungen zu bewirken. Das hat uns veranlasst, genauer hinzuschauen und zu überlegen, welches denn nun die Stellschrauben sind, mit denen man Gesundheitskennziffern tatsächlich verbessern kann. Und da wurde schnell klar: Gesundheit im Unternehmen ist ein Führungsthema.

Lutz Becker: Welche Gesundheitskennziffern meinen Sie?

Gunter Frank: Mit Gesundheitskennziffern meinen wir zum einen klar messbare Daten wie Fehlraten oder Medikamenteneinnahmen, auch die Zahl bestimmter organischer Erkrankungen, zum anderen aber auch die immer mehr in den Vordergrund drängenden weichen Diagnosen, also psychosoziale Befindlichkeitsstörungen wie zum Beispiel Schlafstörungen, die man mit moderner Diagnostik nicht als organische Erkrankung fassen kann, die aber doch für die Menschen einen hohen Leidensdruck darstellen.

Lutz Becker: Oder wie Sie beide so schön sagen: »Wenn der Krankenstand steigt, gehören nicht die Mitarbeiter zum Arzt, sondern die Führungskräfte.«

Walter Kromm: Genau. Deshalb behaupte ich, weder noch so gut gemeinte Gesundheitsprogramme im Unternehmen noch der Gang zum Betriebsarzt – so wichtig sie auch sind – haben auch nur annähernd so viel Einfluss auf die Gesundheit im Unternehmen wie die Führungskräfte. Das war dann auch der Ausgangspunkt unserer Studie, der in diesem Buch vorgestellten SHAPE-Studie. Uns ging es dabei um die spannende Frage: Worin liegen die Ressourcen, die es mir ermöglichen, auch hohen Anforderungen gerecht zu werden, ohne dabei gesundheitlichen Schaden zu nehmen? Letztlich geht es um die Frage, was das Geheimnis gesunder Unternehmen ist – gesund in Bezug auf die im Unternehmen agierenden Leistungsträger, gesund aber auch in Bezug auf den wirtschaftlichen Erfolg.

Lutz Becker: Die Mitarbeiter und Führungskräfte, die zu Ihnen in die Praxis kommen, haben Beschwerden, sie sind krank und suchen deshalb den Arzt auf. Trotzdem sagen Sie, dass hier eigentlich nicht der Arzt helfen kann, sondern die Führung im Unternehmen gefordert ist. Nun sind aber Führungskräfte doch keine Ärzte...

Gunter Frank: Als Allgemeinmediziner stellen wir fest, dass wir bei den meisten Patienten, die zu uns in die Praxis kommen, mit dem medizinischen Wissen, das wir gelernt haben, nicht viel anfangen können. Diese Menschen kommen überwiegend mit Beschwerden in die Sprechstunde wie zum Beispiel Schlafstörungen, Stimmungsschwankungen oder Rückenschmerzen. Ich kann Blut abnehmen oder Röntgenbilder erstellen, werde aber nicht herausfinden, woher diese Störungen kommen. Wenn man sich dann abseits der Drei-Minuten-Medizin die Zeit nimmt, mit den Menschen zu sprechen, stellt man aber sehr schnell fest: Diese Beschwerden haben entweder mit Problemen im Privatleben zu tun – oder eben im Berufsleben. Bei Befindlichkeitsstörungen hilft mir weder ein Herzkreislauf-Präventions-Seminar noch kann mir der Besuch beim Arzt wirklich helfen. Hier muss ich meine persönlichen, für mein Leben wichtigen Ressourcen definieren und auch pflegen, um die Gesundheit zu erhalten. Wir verbringen jedoch die meiste Zeit unseres Lebens am Arbeitsplatz, und ich glaube nicht, dass der Kneippguss um 5 Uhr morgens oder die Jogaübung um 22 Uhr für die meisten Menschen eine Lösung sein kann. Wichtiger sind die Ressourcen, die ich innerhalb des Berufslebens vorfinde.

Lutz Becker: Wie kamen Sie dann darauf, dass es sich bei diesen Befindlichkeitsstörungen vor allem um ein Führungsthema handelt?

Gunter Frank: Wir haben uns daraufhin mit dem Thema näher befasst. Ob wir nun die Erkenntnisse aus Führungskräfte-Checkups oder Gesundheitsseminaren, die Walter Kromm und ich für Führungskräfte durchführen, ansehen oder die internationale Datenlage analysieren – es läuft immer auf eines hinaus: Letztendlich hängt es stark vom Verhalten des Vorgesetzten ab, ob ein Mitarbeiter sich krank fühlt und Rückenschmerzen so wahrnimmt, dass er deswegen zum Arzt geht oder eben nicht. Spricht man mit Mitarbeitern und Führungskräften, kommt einem sehr schnell der Verdacht, dass die Befindlichkeitsstörungen nicht auf eine falsche Ernährung oder den fehlenden Jogging-Parcours zurückgehen, sondern dass es einfach die fehlende Freude an der Arbeit ist – womit wir dann beim Thema Führung sind.

Walter Kromm: Auf die Idee, dass Gesundheit etwas mit Führung, Haltung und Atmosphäre zu tun hat, brachten mich nicht die Kranken sondern eher die Gesunden. Als ich viele Jahre täglich mit Leistungsträgern zusammen war, hat mich immer die Frage interessiert, warum bleiben so viele dieser Personen trotz scheinbar jede Menge gesundheitsgefährdender Einflüsse gesund? Ich habe dann das vertrauliche Gespräch mit diesen Personen gesucht. Auf die Frage: »Warum sind Sie gesund geblieben?« hat mir niemand geantwortet, weil ich drei Mal pro Woche durch den Park renne oder weil ich keine Eier esse. Nein, meist waren es Antworten wie: »ich bin gesund geblieben, weil es mir Spaß macht, was ich mache«, »weil ich mich in meinem Umfeld wohl fühle«, »weil ich weiß, wenn's mal brenzlig wird, habe ich jemanden, der mir hilft«, »weil ich verstehe, was hier passiert«. Lange wurde geglaubt, wer viel arbeitet, stirbt den Heldentod und bekommt einen Herzinfarkt. Dem ist offensichtlich nicht so: Wir haben herausgefunden, dass vor allem männliche Führungskräfte – organisch gesehen – eine hoch gesunde Population sind. Problematisch wird es erst, wenn elementare menschliche Bedürfnisse anhaltend frustriert werden. Welche Bedürfnisse am meisten frustriert werden zeigen wir ja in unserem Beitrag.

Lutz Becker: Viele Führungskräfte würden jetzt sagen, die Leute sollen sich zusammennehmen.

Gunter Frank: Ja, das kann man sagen, aber bitte dann auch realistisch bleiben. Mit der vorherrschenden Praxis der Krankschreibung wird man so am kürzeren Hebel sitzen bleiben. Viel besser wäre es, eine Häufung von Krankmeldungen offensichtlich organisch gesunder Mitarbeiter als Chance zu nutzen, einmal das eigene Unternehmensklima zu reflektieren. Es geht hier nämlich um viel mehr: Wir möchten zeigen, dass diese Beschwerden nur die Spitze des Eisbergs darstellen. Wenn in einem Unternehmen Mitarbeiter sich wegen dieser Beschwerden krank schreiben lassen, sind auch die anwesenden Mitarbeiter knapp davor oder zumindest wenig motiviert bei ihrer Arbeit – das heißt im gesamten Unternehmen herrscht eine Stimmung, die nicht arbeits- und gesundheitsförderlich ist. Der Beitrag von Frau Benz in diesem Buch weist deshalb darauf hin, dass wir weniger auf die Krankheitsziffern, also auf die abwesenden Mitarbeiter sehen sollten, sondern auf die große Zahl der anwesenden – denn die sind dann zwar anwesend, aber wahrscheinlich in ihrer Motivation eingeschränkt. Deswegen kann ich zwar sagen: »Reißt euch zusammen«, werde damit aber die Situation in keiner Weise verbessern können. Selbst wenn diese Mitarbeiter dann aus Angst, den Arbeitsplatz zu verlieren, tatsächlich anwesend sind, werden Sie bei weitem nicht die Leistung erbringen, die sie gesund motiviert erbringen könnten.

Lutz Becker: Wir versuchen in der Buchreihe schon seit mehreren Bänden die Frage zu beantworten: »Was ist eigentlich gute Führung?« Wir haben schon viele Antworten gehört, aber keine, die endgültig war. Was würden Sie als Arzt als gute Führung bezeichnen?

Walter Kromm: Eine gute Führungskraft hat die Fähigkeit, Menschen einzuladen, ihre Potenziale zu entfalten. Sie hat die Fähigkeit, den Mitarbeitern das Gefühl zu vermitteln, dazuzugehören, geachtet und wertgeschätzt zu werden, gibt ihnen aber auch gleichzeitig die Möglichkeit, eine gewisse Autonomie zu behalten. Wir nennen das »salutogene« Ressourcen. Diese Ressourcen erhalten die Gesundheit. Sie fördern nicht nur die Leistungsfähigkeit, sondern auch die Leistungswilligkeit – sie sind sozusagen eine Art »Impfung« gegen die angeblich krankmachende hohe Arbeitsbelastung. Führungskräfte, die in der Lage sind, ihren Mitarbeitern diese Ressourcen zur Verfügung zu stellen, werden dann auch viele Ressourcen seitens ihrer Mitarbeiter zurückbekommen. Es findet dann ein »Ressourcen-Austausch« statt, von dem alle profitieren.

Lutz Becker: Man hat in der Wirtschaft ja immer wieder den Konflikt zwischen der Sachanforderung, seinen Job zu erfüllen, und den sozialen Anforderungen. Gerade in schwierigen Zeiten schlägt das Pendel mehr in Richtung der Sachanforderung aus. Ich sage es mal provozierend: Der Mitarbeiter soll seinen Job machen, bis er umfällt, und die Klappe halten, wenn's ihm schlecht geht. Fällt es nicht gerade in wirtschaftlichen Krisen schwer, sich diesen sozialen Anforderungen zu widmen?

Gunter Frank: Es gibt immer auch Krisenzeiten, bei denen die Sachthemen im Vordergrund stehen. In dieser Situation kann ich als Unternehmen kaum anfangen, plötzlich eine neue Unternehmenskultur einzuführen, sondern da sollte ich bereits von einer guten Unternehmenskultur zehren können. Gesundheit ist ein Nachhaltigkeits-Thema: Ich baue in Zeiten, in denen es gut geht, Ressourcen auf – und kann mich dann in der Krise auf loyalere und gesündere Mitarbeiter stützen, die ich dann durchaus auch stark fordern kann. Das ist also keine Einbahnstraße: Wenn ich in eine gute Führung und damit in die Gesundheit der Mitarbeiter investiere, bekomme ich in Krisenzeiten dafür wieder etwas zurück.

308

Lutz Becker: Sie sprechen von Fordern. Ich glaube, es ist eines der ganz großen Probleme, dass nur wenige Führungskräfte in der Lage sind, Ziele richtig zu setzen. Sie setzen zwar ihre Ziele, können diese aber nicht in die Sprache der Mitarbeiter übersetzen – die Mitarbeiter haben subjektiv keinen Einfluss auf die Erreichung der ihnen vorgegebenen Ziele. Ein Beispiel: Viele Führungskräfte arbeiten mit indirekten Variablen, da bekommt ein Vertriebsmitarbeiter die Aufgabe »Umsatz zu machen« – meine ehemaligen Vertriebsmitarbeiter können ein Lied davon singen. Inzwischen bin ich klüger geworden: So etwas Komplexes wie Umsatz kann der betroffene Mitarbeiter nur zu einem ganz kleinen Teil unmittelbar steuern – die Aufgabe, die ihm gestellt worden ist, ist für ihn im Grunde unlösbar. Was der Mitarbeiter aber machen kann: Er kann den Telefonhörer in die Hand nehmen, eine bestimmte Anzahl von Kunden anrufen, auf eine bestimmte Art und Weise Kundenbesuche vorbereiten und so weiter. Das hat der Mitarbeiter selber im Griff. Setzt die Führungskraft solche direkten Ziele, weiß der Mitarbeiter, wo er steht. Seine möglicherweise krank machende Unsicherheit wird reduziert.

Gunter Frank: Das ist richtig. Den Telefonhörer in die Hand zu nehmen, Lust zu haben, diese Arbeit zu tun, auch für meinen Chef gute Arbeit zu leisten, hat viel mit Motivation zu tun. Und da sind wir direkt wieder bei den Parametern, die auch für Gesundheit genannt werden. Wenn ich das Gefühl habe, dass ich eingebunden bin, dass meine Kompetenz geschätzt wird, dass von mir etwas gefordert wird, ich aber auch die Rückmeldung bekomme, wenn ich einen guten Job gemacht habe – das sind genau die Dinge, die mich dann mit mehr Freude und motivierter zum Telefonhörer greifen lassen, als wenn ich das Gefühl habe, es ist eh egal, was ich mache, meine Mitarbeit wird nicht wertgeschätzt, ich weiß nicht, wo der Kahn hinschippert und die Zahlenvorgaben sind eh komplett unrealistisch. Wir kommen zu ganz klassischen Führungsthemen wie Transparenz, Fairness und Verlässlichkeit. Diese Tugenden beeinflussen in den Unternehmen sehr stark sowohl die Gesundheits-Kennziffern und in gleicher Weise auch Motivation und Unternehmenserfolg.

Lutz Becker: Wir wissen, dass Burnout und Befindlichkeitsstörungen dramatisch zunehmen. Heißt das jetzt, dass wir die falschen Führungskräfte haben? Oder ist es vielleicht so – und das ist meine These –, dass viele Führungskräfte danach ausgewählt werden, in welchem Bereich sie erfolgreich waren. Zum Beispiel wird der erfolgreiche Vertriebler zum Vertriebsleiter, weil das Unternehmen Angst hat, ihn zu verlieren, wenn man ihm nicht etwas anbietet. Nur: Der erfolgreiche Vertriebsmann muss nicht jemand sein, der auch erfolgreich ein Team führt. Machen wir da etwas falsch an der Stelle?

Gunter Frank: Es ist so: Der beste Gabelstaplerfahrer ist nicht der beste Chef der Gabelstaplerfahrer. Ich glaube, Großunternehmen wissen das auch und schicken dann die Leute, die sie für Führungspositionen auswählen, auf spezielle Schulungen. Nur kann man gute Führung eben nicht im Crashkurs lernen. Es stellt sich in der Tat die Frage, welche Führung brauchen wir, um die genannten positiven Effekte zu erreichen. Ich habe zum Beispiel in den Checkups Führungskräfte kennengelernt, die selbst stark über Zahlen geführt werden – und darin konnten wir eine große Problematik erkennen, weil Zahlen nicht das sind, was jemand als Bestätigung wirklich haben möchte.

Lutz Becker: Wenn ich zehn Prozent mehr Umsatz machen möchte, heißt das, dass der Mensch an der Drehmaschine die Maschine zehn Prozent schneller laufen lassen muss? Da fehlt der Zusammenhang, da fehlt die Story.

Gunter Frank: Das mag für eine Drehmaschine gelten, für einen Menschen gelten andere Erfolgsregeln. Wenn ich als Führungskraft für 100 Mitarbeiter verantwortlich bin, erhöhe ich doch den Output nicht durch meine persönliche Drehzahl, sondern durch die Fähigkeit, die Motivation der 100 Mitarbeiter zu erhöhen. Doch genau dies

310

wird durch Quartalszahlen nicht gemessen. Führungskräfte leiden darunter, dass sie sehr kurzfristig mit ihren Zahlen Verbesserungen darstellen müssen, was auf Kosten der Substanz geht. Das hat viel mit Trickserei zu tun und macht nicht zufrieden. Und zweitens damit, dass diese Zahlen eben nicht die leistungsfördernde Atmosphäre repräsentieren, die nachhaltiges Erfolgspotenzial im Unternehmen freisetzt – wie zum Beispiel Wertschätzung, Transparenz oder Autonomie der Mitarbeiter. Und jetzt kommen wir zu einem Kernpunkt unseres Buches, den Herr Prof. Badura in seinem Beitrag beschrieben hat: dass wir zusätzliche Kennzahlen benötigen, die diese weichen Faktoren messen, wenn wir diesen nachhaltigen langfristigen Motivationseffekt erreichen möchten. Es gilt nun einmal der Satz: »If you can't measure it, you can't manage it.«

Lutz Becker: Sollte man sich hier die Frage stellen, ob die Unternehmensführung überhaupt an einer nachhaltigen Entwicklung interessiert ist? Wenn die durchschnittliche Überlebenserwartung eines Topmanagers in seiner Position oft nur eine Sache von Monaten ist, wird er wenig Interesse an Nachhaltigkeit, vor allem der nachhaltigen Pflege und Entwicklung seiner Humanressourcen im Unternehmen haben...

Gunter Frank: Das ist ein wichtiger Punkt. Es ist ein große Motivationsbremse, wenn junge CEOs damit rechnen müssen, die Früchte einer nachhaltigen Veränderung nicht auch ernten zu können. Diese Situation wird immer häufiger. Um hier etwas zu ändern, müssen wahrscheinlich ziemlich dicke Bretter gebohrt werden. Ein Argument dazu wird aber in diesem Buch klar und deutlich: Wenn solche langfristigen Strategien nicht mehr möglich werden, wird das Unternehmen Probleme bekommen, nicht nur bezüglich der Mitarbeitergesundheit.

Lutz Becker: Was passiert, ist, dass die Führungskräfte in ihrer eigenen Welt leben und die Dinge darstellen, ihre Mitarbeiter aber in einer anderen Welt. Das passt nicht zueinander – was ich als Mitarbeiter selbst vor Ort in meiner Arbeit wahrnehme und das, was ich von der Führungskraft höre. Die Folge ist, dass es zu inneren Konflikten bei den Mitarbeitern kommt, dem schwächeren Glied in der Kette, und dann eben auch zu Führungsproblemen.

Walter Kromm: Ganz wichtig ist es meiner Auffassung nach, eine Atmosphäre zu schaffen, die es erlaubt, Entscheidungen zu hinterfragen. Herrscht eine Kultur, in der Bedenken geäußert werden dürfen, so ist das nach meiner Überzeugung ein eindeutiger Wettbewerbsvorteil. Übrigens: Wertgeschätzte, loyale, angstfreie Mitarbeiter sind besonders gute »Assessment-Spezialisten«. Sie sehen die Schwächen von Führungsentscheidungen oft mit dem »Vergrößerungsglas«.

Lutz Becker: Wenn man einmal in die Wirtschaft schaut, wie wenige Manager einen »Führer«-Schein haben, sprich Führungswissen systematisch erlernen durften, darf man sich über Geisterfahrer nicht wundern. Und dann sollte man sich einmal überlegen, wie enorm die Schäden sein können, die solche Geisterfahrer für Unternehmen und Allgemeinheit anrichten können.

Das Thema Gesundheit ist in Unternehmen ja nichts Neues, um die Jahrhundertwende hatten ja schon einige verantwortliche Firmen die Werksärzte eingeführt. Einerseits aus sozialen Aspekten heraus, andererseits aus der Erkenntnis, dass ein hoher Krankenstand kontraproduktiv ist. Ich glaube aber, dass wir eine neue Generation von Werksärzten brauchen. Wir haben heute nicht mehr die Arbeitsunfälle, nicht mehr die Vergiftungen am Arbeitsplatz – dafür aber den Anstieg an psychischen Erkrankungen. Brauchen wir da nicht eine neue Generation von Werksärzten, die auch als Coachs für die Führungskräfte da sind?

Gunter Frank: Falls der einzelne Mitarbeiter Unterstützung braucht, sind externe Lösungen, die mehr Anonymität bieten, sicher besser.

Gute Betriebsärzte haben dazu ein gutes externes Therapeutennetz. Moderne Betriebsärzte sehen jedoch im Vorfeld, bei der Thematisierung der vielfachen Stressfaktoren, inzwischen ihr Hauptbetätigungsfeld. Diese Kollegen, mit denen wir uns regelmäßig austauschen, wissen aber auch: Der Ball liegt im Feld der Chefs. Sie definieren Ihre Rolle zunehmend als Berater des Vorstandes. Instrumente hierfür beschreibt zum Beispiel Prof. Fischer in seinem Buchbeitrag. Nur, um da etwas zu bewirken, brauchen Betriebsärzte auch ein hohes Standing.

Lutz Becker: Also nicht der Betriebsarzt, sondern die Führungskräfte sind für die Gesundheit verantwortlich...

Gunter Frank: Ja – und genau hier liegt eine Kernaussage unseres Buches: Man kann Gesundheitsfragen nicht zum betriebsärztlichen Dienst hinunterdelegieren! Vielmehr muss ich mich als Chef vom Betriebsarzt beraten lassen, was ich nicht optimal mache und wo die Verbesserungsmöglichkeiten liegen. Der Betriebsarzt sollte heutzutage nicht derjenige sein, der die Scherben aufsammelt, sondern in eine Führungsstrategie eingebunden werden. Wer jedoch im Personalbereich oder auch noch im betriebsärztlichen Dienst immer noch glaubt, er könne über Tanzkurse, Kochkurse oder Präventionsseminare die Gesundheit der Mitarbeiter verbessern, ohne den Führungsstil zu reflektieren, wird eines erleben: Die Leute werden nicht hingehen, solange sie unfair behandelt werden, es zu wenig Transparenz gibt, ihre Arbeit nicht wertgeschätzt wird. Ich habe es häufig erlebt, dass man viel Geld in Gesundheitsmaßnahmen investiert, dass man ein Fitnesscenter für die Mitarbeiter baut, um zu zeigen, was man alles tut. Aber all das ändert nichts wirklich an der Situation, solange ich nicht an das Thema Führung herangehe. Dieses Buch ist deshalb ein klarer Appell: Gesundheit im Unternehmen ist ein Führungsthema. Checkups können individuelle Risiken abdecken (wie wir in unserer täglichen Arbeit sehr wohl wissen), Tanzkurse zwei Menschen näher bringen. Aber ohne dass sich die Führung diesem Thema nicht selbstkritisch zuwendet, werden solche Gesundheitsaktivitäten wenig Nutzen für das gesamte Unternehmen generieren.

Lutz Becker: Wir haben festgestellt, dass Gesundheit und Führung voneinander abhängen. Ist es nicht so, dass Gesundheit Führung messbar macht? Gute Führung könnte man, natürlich neben den betriebswirtschaftlichen Kenngrößen, an Gesundheitszahlen messen. Hätten wir damit ein neues Instrument geschaffen?

Gunter Frank: Ja, das geht. Verschiedene Beiträge in diesem Buch zeigen, dass man anhand von Gesundheitskennziffern die Qualität der Führung ermitteln kann. Wir glauben, dass Gesundheitskennziffern sogar für das Rating der Banken ein Parameter sein könnten, die Qualität der Führung zu messen und damit auch die ökonomische Entwicklung des Unternehmens einzuschätzen. Wir müssen nur darauf achten, diese Gesundheitskennziffern sorgfältig zu definieren und sauber zu halten – denn Maßzahlen für Gesundheit wecken schnell große Begehrlichkeiten unterschiedlicher Interessensgruppen in der Medizin. Ein Beispiel: Für die Pharmazie wäre es sicher reizvoll, in ein solches Messinstrument auch Blutwerte mit einfließen zu lassen – Cholesterinsenker könnten dann das Rating verbessern. Das ist offensichtlich Unsinn, aber gerade in der Medizin erleben wir oft, dass über Surrogatparameter Verbesserungen vorgespielt werden, die aber in Wirklichkeit gar nichts bringen. Ich kann zwar durch Medikamente künstlich festgelegte Normwerte erreichen, aber ich muss auch belegen, dass es dem behandelten Menschen dann insgesamt besser geht und er länger lebt. Und genau dieser Nachweis gelingt später oft nicht. Eine ziemlich übliche, aber leider nicht dem Gesamtergebnis verpflichtete therapeutische Vorgehensweise.

Lutz Becker: Sehen Sie eine Möglichkeit, die Gesundheit »sauber« zu messen, ohne dass die Kennziffern durch solche Interessensgruppen verfälscht werden?

Gunter Frank: Man sollte eine unabhängige, interdisziplinäre Institution schaffen, die kompetent und unabhängig festlegt, welche Gesundheitskennziffern tatsächlich nachhaltige Gesundheit messen. Und das mit der dazu notwendigen Autorität. Eine solche Institution würde auch deutlich machen, wo die Grenzen von Kennziffern liegen. Platzieren sollte man eine solche Institution nicht direkt im medizinischen Einflussbereich, eher im betriebswirtschaftlichen Umfeld. Es handelt sich hier um ein ehrgeiziges Projekt, für das wir gerade angefangen haben, zu werben. So entwickelte und sehr gut evaluierte Kennziffern könnten eine Unternehmensberichterstattung aufwerten und in ihrer Aussagekraft bezüglich der zukünftigen Entwicklung erhöhen.

Walter Kromm: Wir brauchen also ein Messinstrument, das verlässlich die Qualität von »Führung« messen kann, um zu sehen, was man sonst nicht sieht. Ein Messinstrument, das mit dazu beitragen kann, ein Unternehmen »gesund« zu machen – gesund in Bezug auf den wirtschaftlichen Erfolg, »gesund« aber auch in Bezug auf die im Unternehmen agierenden Leistungsträger.

Lutz Becker: Führungskräfte sind Kennziffern gewohnt, sie agieren mit Kennziffern. Deshalb liegt es nahe, auch beim Thema Gesundheit Kennzahlen anzubieten. Reicht das aber? Ist Führung nicht eine Haltung?

Gunter Frank: Das ist richtig. Aber ich kann's drehen und wenden wie ich will: Wenn ich in großen Unternehmen etwas erreichen möchte, brauche ich solche Kennziffern. Wenn es aber *nur* um Kennziffern geht, durchschauen die Mitarbeiter schnell, dass es wieder nur Zahlen sind, die im Mittelpunkt stehen und nicht die Menschen – und die Effekte werden nicht nachhaltig sein. Deswegen muss man bei der Führungskräfteauswahl darauf achten, Menschen einzustellen, die in der Lage sind, auch eine passende Haltung zu entwickeln – nämlich Interesse am Mitarbeiter zu haben, die Fähigkeit zu haben, den Mitarbeiter richtig einzusetzen, zu wissen, wo er überfordert oder unterfordert ist, zu wissen, wie lobe ich ihn richtig. Ich halte diesen Punkt für zentral. Wenn ich mir zum Beispiel Krankenhäuser anschaue, in denen meist Menschen arbeiten, die hoch motiviert genau diesen Beruf ergriffen haben, und doch herrscht dort inzwischen oft deprimierende Motivationslosigkeit, dann hat dies ganz entscheidend etwas mit Führung zu tun. Wir brauchen in der Tat Werkzeuge, um die geeigneten Personen für Führungsaufgaben auszuwählen, die dann auch in der Lage sind, solche Kennziffern richtig einzusetzen. Es muss also zweierlei passieren: Man muss bei der Führungskräfte-Auswahl darauf achten, dass jemand diese Haltung mitbringt – und man braucht diese Kennziffern, um die Verbesserungen zu messen und damit letztlich durchsetzen zu können.

Lutz Becker: Wir haben ja Unternehmen, häufig aus dem amerikanischen Raum kommend, die sehr stark auf der Suche nach individuellen Spitzenleistungen sind. Ist das nicht grundsätzlich der falsche Ansatz, sollte man nicht nach einer konstanten Teamleistung auf einem konstant hohen Niveau abzielen?

Gunter Frank: Entscheidend ist doch: Menschen sind Individuen und jeder braucht etwas Anderes. Kennziffern und Normwerte dürfen nicht dazu führen, dass zum Schluss alle das Gleiche bekommen, aber keiner das, was er braucht. Führung heißt, bei den Mitarbeitern das individuelle Potenzial zu sehen. Handelt es sich um einen Mitarbeiter, der Spitzenleistungen vollbringen kann, dann braucht er diese Spitzenleistungen auch, sonst ist er nicht glücklich. Der Beitrag von Herrn Dr. Netta hat diesen Zusammenhang anhand der Partizipation verdeutlicht: Partizipation ist ein entscheidender Faktor für Gesundheit und Erfolg im Unternehmen. Es gibt immer Leute, die sehr stark mitreden und sich einbringen wollen, und es gibt Leute, die eigentlich nur eine klare Vorgabe haben wollen. Führung bedeutet, diese individuelle Spannbreite zu sehen und auch einzusetzen. Wem das als Führungskraft gelingt, der wird insgesamt eine gute Leistung vollbringen. Es geht nicht darum, einen Durchschnitt zu kreieren, sondern ich muss das individuelle Potenzial wecken – und das wird immer unterschiedlich sein.

Lutz Becker: Das heißt, die Zusammenstellung im Team muss stimmen...

Gunter Frank: ... was ja auch gut untersucht ist! Bei der Frage, wie man verschiedene Persönlichkeiten im Team mischt, sind die Psychologen schon sehr weit. Wenn ich nach diesen Gesichtspunkten von vorneherein ein Team zusammenstellen kann, so dass es von den Eigenschaften her passt, ist das natürlich der optimale Fall. Aber solch eine Situation werden Führungskräfte nur selten vorfinden. Meistens müssen sie mit den Mitarbeitern arbeiten, die sie nun einmal haben. Und da gilt es, das Potenzial der einzelnen Personen zu wecken. Und um es noch einmal zu betonen: Das gleiche gilt für die Gesundheit. Wenn ich es als Führungskraft schaffe, dass meine Mitarbeiter mit Freude arbeiten und ihre Leistung richtig abrufen, dann werden sie auch gesund bleiben.

Lutz Becker: Anliegen des Buches ist es, nicht nur deutlich zu machen, was Mitarbeiter gesund und damit von der Sprechstunde der Ärzte fernhält, sondern dass es zugleich ein hartes Thema ist, das den Unternehmenserfolg bestimmt. Die Autoren machen deutlich: Es sind Soft skills, die aber einen harten Benefit bedeuten.

Walter Kromm: Die Ergebnisse der SHAPE-Studie lassen vermuten, dass sich die Gesundheit der Leistungsträger in einem Unternehmen kombinieren lässt mit dem wirtschaftlichen Erfolg der Unternehmen. Aber die Initiative für ein gesundheits-und ertragsorietiertes Klima sollte vom Stärkeren ausgehen. In vielen Firmen, die ich kennen gelernt habe, war es genau umgekehrt: Die Leute an der Spitze erwarten von den anderen, dass sie geachtet und bewundert werden. Das funktioniert so nicht. Am schnellsten kommt man voran, wenn die

Unternehmensleitung der Ausgangspunkt für eine Veränderung des Betriebsklimas ist. Das kostet keinen Cent und weckt schlummernde Produktivitätsreserven. Ich will es mal so sagen: In den USA gibt es den CEO, den »Chief Executive Officer«, dies könnte auch als Abkürzung für »Chief Emotion Officer« stehen.

Gunter Frank: Wir möchten die Unternehmensführungen dafür sensibilisieren, dass es sich lohnt, diesen Weg zu gehen. Es ist ein ökonomisches Thema, bei dem es um nachhaltigen Erfolg geht und auf lange Sicht dabei auch gute Zahlen herauskommen. Ich gebe zu, dass es vielen Führungskräften schwer fällt, sich für eine solche, eher langfristige Sichtweise zu begeistern. Die Augen davor zu verschließen, bedeutet jedoch, die Potenziale des Unternehmens nicht auszuschöpfen. Aber wir werden nicht müde darauf hinzuweisen, dass das Thema mittel- und langfristig ein ökonomisches Thema ist. Wir sprechen hier über zwei Seiten der gleichen Medaille: Sowohl ökonomischer Erfolg als auch positive Gesundheitskennziffern speisen sich aus derselben Quelle – und die heißt Führungskompetenz. Das ist die Kernbotschaft dieses Buches.

Führen in der Krise
Unternehmens- und Projektführung in schwierigen Situationen

Jedes Unternehmen, jedes Projekt gerät irgendwann in eine Krise. Die Anzeichen dafür sind unmissverständlich und beunruhigend: erhöhter Zeitdruck auf Planungs-, Entscheidungs- und Umsetzungsprozesse, drastisch schrumpfende Handlungsspielräume, eine wachsende Gefahr des Scheiterns.

In solchen akuten Situationen sind Führungskräfte gefragt. Sie müssen schnell und besonnen handeln, damit sich die Krise nicht zu einer Katastrophe ausweitet.

Krisen sind Zuspitzung und Wendepunkt zugleich. Manche kommen überraschend, andere sind hausgemacht. Es gibt keine Patentrezepte gegen Krisen. Aber man kann ihre Mechanismen verstehen und erkennen, welche Dynamik sie entwickeln.

Mit dieser Perspektive greifen die Autoren dieses Buches das Thema auf. Sie erläutern, warum es gerade in der Krise auf die Führungskraft ankommt, und verdeutlichen, mit welchen Strategien auf kritische Ereignisse in der Projektarbeit oder im Unternehmen reagiert werden kann.

Dabei wird bewusst auf eine Alles-wird-gut-Rhetorik verzichtet. Vielmehr liefern die Autoren wirksame Werkzeuge, mit denen man Krisen erkennt, eindämmt und überwindet.

Führen in der Krise
Unternehmens- und Projektführung in
schwierigen Situationen
Herausgeber: Lutz Becker,
Johannes Ehrhardt, Walter Gora
Hardcover, 396 Seiten mit zahlreichen
Abbildungen
ISBN 978-3-939707-52-3
Preis 59,00 (incl. MwSt. und
Versandkosten)
Symposion Publishing 2009

Bestellung per Fax: 0211/8669323

Leseproben unter:
www.symposion.de/fuehrung

symposion

Management und Führungspraxis
Digitale Fachbibliothek auf USB-Stick

In Zeiten von globalem Wettbewerb und steigender Komplexität sind Führungskräfte mehr denn je gefordert, Projekte erfolgreich zu lenken, Innovationen voranzutreiben und Visionen zu entwickeln. Bewährte Managementmethoden und praxisorientiertes Führungs-Know-how sind hierzu unerlässlich.

Was Sie als Führungskraft heute und in Zukunft wissen und können müssen, zeigt diese Digitale Fachbibliothek.

Sie finden hier Fachwissen auf über tausend Seiten und in über sechzig Powerpoint-Präsentationen und Excel-Tools. Die Bibliothek bietet Ihnen viele Funktionen für effizientes Arbeiten. Zum Beispiel die praktische Volltextsuche über alle Inhalte, die Sie schnell zum Ziel führt oder die Import-Funktion, mit der Sie eigene Inhalte in die Bibliothek integrieren.

Den USB-Stick können Sie sofort ohne Installation nutzen. Sie können Ihre Bibliothek online aktualisieren – schnell, mobil und wann Sie wollen.

Management und Führungspraxis
Herausgeber: Lutz Becker
Digitale Fachbibliothek auf USB-Stick,
über 1.200 Seiten mit zahlreichen
Arbeitshilfen, Powerpoint-Präsentationen und Excel-Tools.
ISBN 978-3-939707-46-2
Preis 249,- Euro (inkl. MwSt.
und Versandkosten)
Symposion Publishing GmbH

Die Digitale Fachbibliothek bietet umfassende Informationen zu

⇨ Gestaltung/Veränderung der Unternehmenskultur
⇨ Führung und Controlling von Projekten/ Prozessen
⇨ Anwendung bewährter Managementmethoden und -Tools
⇨ Nutzung von modernen Führungsmethoden/-prinzipien
⇨ Handhabung von Zielvereinbarungen
⇨ Lösung von Konflikten

Bestellung per Fax: 0211/8669323
Leseproben unter:
www.symposion.de/fuehrung

symposion